校企双元合作开发"互联网 + 教育"新形态一体化系列教材

商业银行综合柜台业务

主　编　王圆圆　左汲笈　李　雪

副主编　王淑红　戴　炜　李　武　郭文娟

参　编　耿福侠　额尔德木图　刘静萍

图书在版编目（CIP）数据

商业银行综合柜台业务 / 王圆圆，左汲笈，李雪主编 .—合肥：合肥工业大学出版社，2023.7

ISBN 978-7-5650-6200-1

Ⅰ . ①商… Ⅱ . ①王… ②左… ③李… Ⅲ . ①商业银行—银行业务 Ⅳ . ① F830.33

中国国家版本馆 CIP 数据核字（2023）第 139220 号

商业银行综合柜台业务

SHANGYE YINHANG ZONGHE GUITAI YEWU

王圆圆　左汲笈　李　雪　主编

责任编辑　张　慧
出版发行　合肥工业大学出版社
地　　址　（230009）合肥市屯溪路 193 号
网　　址　www.hfutpress.com.cn
电　　话　人文社科出版中心：0551-62903205
　　　　　营销与储运管理中心：0551-62903198
规　　格　787 毫米 × 1092 毫米　1/16
印　　张　16.25
字　　数　309 千字
版　　次　2023 年 7 月第 1 版
印　　次　2023 年 7 月第 1 次印刷
印　　刷　河北柏兆达印刷有限公司
书　　号　ISBN 978-7-5650-6200-1
定　　价　59.80 元

前言

高职院校教师、教材、教法“三教”改革是由新技术支撑的教学改革。随着“互联网＋职业教育”的迅猛发展，教师运用现代信息技术更新教材和改进教法成为新常态，具体表现为适应新技术的需求，通过创造性的转化，将其需求纳入教学标准和教学内容，这种新技术在实验、实训、实习等教学关键环节中的应用尤为重要。高等职业教育的特点在于实践性和应用性，高等金融职业教育要培养具有商业银行业务处理能力、金融会计核算能力、金融业务营销能力、证券投资分析能力的高素质技能型人才。面对金融行业日益增长的人才需求，以及财经类专业学科之间呈现出的不断交叉、渗透与融合的发展趋势，实践教学逐渐步入协作融合之路。如何应对社会对人才需求的不断变化及结合社会实践培养高素质的人才，将是高等职业院校教育面临的巨大挑战。因此，高等职业院校教育需要加强“理实一体化”教学，提高学生的综合实践能力，满足社会环境对人才的要求。

编者通过与来自银行业务一线的行业专家共同分析论证，在对金融服务与管理专业所涵盖的业务岗位群体进行工作任务与职业能力分析的基础上编写了这本《商业银行综合柜台业务》。本书以就业为导向，以商业银行综合柜员岗位职责为核心，结合党的二十大报告中“全面提高人才自主培养质量，着力造就拔尖创新人才”的要求，根据高职学生的认知特点，将传统的理论教学模式转变为以工作项目为中心的教学模式，将商业银行从业人员培训的基本业务知识、业务技能与高等职业院校教学实训相结合，从员工岗位晋升路径出发，根据具体岗位要求分项目、分模块具体阐述业务知识，涵盖了现代商业银行中的基本业务内容。通过学习本书，学生可以在较短时间内迅速掌握银行的基本业务知识，提高业务处理能力。

本书的编写以培养学生综合职业能力为核心，以校企合作为切入点，以学生的学习情境围绕项目驱动具体任务的形式展开，具体任务就是实训内容的实施。

本书突出“岗课赛证”，通过情境模拟、小组讨论、实践操作等多种手段反映实训内容，对学生要完成的模块采用展示操作流程、操作步骤、凭证等方式，使实训项目具有岗位模拟的针对性、实用性、可操作性。本书共十个项目，主要内容包括商业银行柜员基本业务能力、个人柜面业务、对公业务、贷款业务、结算业务、保证金业务、查冻扣业务、代理业务、应急事件处理、商业银行从业人员礼仪培训。每个项目设计知识目标、技能目标、素质目标和知识巩固练习。

本书由王圆圆、左汲笈、李雪担任主编，王淑红、戴炜、李武、郭文娟担任副主编，耿福侠、额尔德木图和刘静萍参编。具体编写分工如下：王圆圆编写项目一、项目二（模块二至模块四）、项目三、项目十（模块三、模块四）；左汲笈编写项目七（模块三）；李雪编写项目十（模块一）；王淑红编写项目二（模块一）、项目五；戴炜编写项目四，项目七（模块一、模块二）；李武编写项目八、项目九；郭文娟编写项目十（模块二）；刘静萍编写项目六，模拟仿真实训部分由左汲笈、王圆圆完成。此外耿福侠、额尔德木图参与本书资料收集整理和编辑工作。

本书为校企双元合作教材，在编写过程中与湖南典阅教育科技有限公司——典阅研究院达成战略合作，在实训中引入了典阅研究院的平台。该平台也是全国技能大赛银行业务的专用平台。教师在使用该平台时，可联系编者取得免费账号。

本书在编写过程中，参考并引用了相关金融书刊及网络资源，在此向作者和网站表示最诚挚的感谢！

由于时间紧迫和编者水平有限，本书还存在一些不完善或疏漏之处，恳请广大读者批评指正。

编　者

2023 年 4 月

目录

项目一　商业银行柜员基本业务能力

知识目标

1. 掌握商业银行的基础知识。
2. 熟悉各类单据、单证的填写规范。
3. 掌握重要单证、印章的管理规范。
4. 了解重要单证的类别。
5. 认识各类业务印章的用途。

技能目标

1. 熟练掌握点钞、传票翻打要求与技巧。
2. 认识真伪钞区别，能快速识别假币。
3. 了解和识别居民身份证和临时身份证。

素质目标

培养从业者干一行、爱一行、钻一行，精益求精、尽职尽责的职业素养；培养从业人员热爱工作岗位、对工作极端负责，敬重自己所从事职业的道德操守。

模块 1　商业银行基础知识

一、银行业的起源与发展

（一）我国银行业的起源与发展

我国关于银钱业的记载，较早的是南北朝时期的寺庙典当业。到了唐代，出现了类似汇票的“飞钱”，这是我国最早的汇兑业务。

北宋真宗时期，由四川富商发行的交子，成为中国早期的纸币。到了明代、清代以后，当铺成为主要的信用机构。

明末时期，一些较大的经营银钱兑换业的钱铺发展成为银庄。银庄产生初期，除兑换银钱外，还从事贷放，到了清代才逐渐开办存款、汇兑业务，但最终在清政府的限制和外国银行的压迫下，走向衰落。

中国近代银行业是在 19 世纪中叶才兴起的。1897 年 5 月 27 日，中国民族资本自办的第一家银行——中国通商银行在上海设立，标志着中国现代银行业的产生。1905 年，官商合办的户部银行在北京成立，它是我国最早的中央银行，1908 年改称为“大清银行”，1912 年改称为“中国银行”。

新中国银行业的发展主要经历了以下几个阶段。

（1）1948—1953 年，初步形成阶段。1948 年 12 月 1 日，中国人民银行成立，它标志着新中国金融体系的建立，并逐步成为全国唯一的国家银行。

（2）1953—1978 年，“大一统”的金融体系阶段。其基本特征为：中国人民银行是全国唯一办理各项银行业务的金融机构，集中央银行和商业银行功能于一身，内部实行高度集中管理，统收统支。

（3）1979 年至 1983 年 9 月，改革初期阶段。在此期间，中国银行、中国农业银行、中国建设银行相继独立，打破了“大一统”的格局。

（4）1983 年 9 月至 1993 年，初具规模阶段。在此期间，我国的金融机构体系进行了一系列的改革。1984 年 1 月 1 日中国工商银行成立。1994 年形成了以中国人民银行为核心，以四大专业银行为主体，其他各种金融机构并存的金融机构体系。

（5）1994 年至今。1994 年，国务院进一步改革金融体制，建立了在中央银行宏观调控下的政策性金融与商业性金融分离、以国有商业银行为主体的多种金融机构并存的金融机构体系。这一新的金融机构体系目前仍处在完善过程之中。

截至 2021 年 6 月 30 日，全国共有 4 608 家银行业金融机构，其中股份制商业银行 12 家、国有大型商业银行 6 家、村镇银行 1 642 家、农村商业银行 1 569 家，农村信用社 609 家、企业集团财务公司 257 家、城市商业银行 130 家、金融租赁公司 71 家、信托公司 68 家、农村资金互助社 41 家、外资法定代表人银行 41 家、农村合作银行 26 家、汽车金融公司 25 家、消费金融公司 29 家。

（二）西方银行业的起源与发展

"银行"一词英文为"Bank"，是由意大利文"Banca"演变而来的。人们公认的早期银行业的"萌芽"起源于文艺复兴时期的意大利。

在意大利文中，"Banca"是"长凳"的意思。从 12 世纪中期开始，欧洲许多城市流通种类繁多的货币，随着商业的发展，不同地区之间商品交易日益困难。于是，有些意大利人、犹太人在威尼斯等地沿街摆摊，专门从事鉴定、兑换各种货币的业务，他们有时也接受存款、发放高利贷。在市场上他们人各一凳，据以经营货币兑换业务。

早期银行业的产生与国际贸易的发展有着密切的联系。中世纪的欧洲地中海沿岸各国，尤其是意大利的威尼斯、热那亚等城市是著名的国际贸易中心。在历史上，较早出现的银行是 1171 年成立的威尼斯银行和 1407 年成立的热那亚银行。当时的社会货币制度混乱，各国商人所携带的铸币的形状、成色、重量各不相同，为了适应贸易发展的需要，必须进行货币兑换。于是，单纯从事货币兑换业并从中收取手续费的专业货币商便开始出现并发展。

随着异地交易和国际贸易的不断发展，来自世界各地的商人们为了避免长途携带货币而产生的麻烦和风险，开始把自己的货币交存在专业货币商处，委托其办理汇兑与支付业务。这时候的专业货币商已经反映出银行的最初职能：货币的兑换与款项的划拨。

随着接受存款的数量不断增加，专业货币商发现多个存款人不会同时支取存款，于是他们开始把汇兑业务中暂时闲置的资金贷放给社会上的资金需求者，形成代理支付制度。最初，专业货币商贷放的款项仅限于自有资金，随着代理支付制度的出现，借款者即把所借款项存入贷出者之处，并通知贷放人代理支付。可见，从实质上看，贷款已经不仅限于现实的货币，而是有一部分变成了账面信用，这标志着现代银行的本质特征已经出现。

现代商业银行的最初形式是资本主义商业银行，它是资本主义生产方式的产物。随着生产力的发展、生产技术的进步、社会劳动分工的扩大，资本主义生产关系开始萌芽，一些手工场主同城市富商、银行家一起形成新的阶级——资产阶级。

封建主义银行由于贷款具有高利贷的性质，年利率平均在 20%~30%，严重阻碍着社会闲置资本向产业资本的转化。另外，早期银行的贷款对象主要是政府等一批特权阶层而非工商业，新兴的资产阶级工商业无法得到足够的信用支持，而资本主义生产方式产生与发展的一个重要前提是要有大量的为组织资本主义生产所必需的货币资本，因此，新兴的资产阶级迫切需要建立和发展资本主义银行。

资本主义商业银行的产生，主要通过两种途径：一是旧的高利贷性质的封建主义银行逐渐适应新的经济条件，演变为资本主义银行。例如，在西欧，由金匠业演化而来的旧式银行，主要是通过这一途径缓慢地转化为资本主义银行。二是新兴的资产阶级按照资本主义原则组建的股份制银行，这是主要的途径，在最早建立资本主义制度的英国表现得尤其明显。

1694 年，在政府的帮助下，英国建立了历史上第一家资本主义股份制的商业银行——英格兰银行。它的出现，宣告高利贷性质的银行业在社会信用领域垄断地位的结束，标志着资本主义现代银行制度开始形成以及商业银行的产生。从这个意义上说，英格兰银行是现代商业银行的鼻祖。继英格兰银行之后，欧洲各资本主义国家都相继成立了商业银行。从此，现代商业银行体系在世界范围内开始普及。

二、商业银行的性质与职能

（一）商业银行的性质

1. 商业银行是企业

商业银行与一般工商企业一样，是以营利为目的的企业。商业银行具有从事业务经营所需要的自有资本，它依法自主经营、自负盈亏，以追求利润为目标，并以其全部法定代表人财产对外承担责任。商业银行以利润最大化为目的，它对利润的追求表现为：创立或经营商业银行带来盈利；是否办理某一笔业务或接纳某一位顾客，也要看它能否为银行带来利润。

2. 商业银行是特殊企业

商业银行又是不同于一般工商企业的特殊企业。其特殊性具体表现为经营对象的差异。一般工商企业经营的是具有一定使用价值的商品，从事商品的生产和流通；而商业银行是以金融资产和金融负债为经营对象，经营的是特殊商品——货币和货币资本，经营内容包括货币收付、借贷以及各种与货币运动有关的或者与之相联系的金融服务。从社会再生产过程看，商业银行的经营是工商企业经营的条件。与一般工商企业的区别，使商业银行成为一种特殊的企业——金融企业。

3. 商业银行是特殊的金融企业

商业银行既有别于国家的中央银行，又有别于专业银行和非银行金融机构。

中央银行是国家的金融管理当局和金融体系的核心，具有很高的独立性，不对客户办理具体的信贷业务，不以营利为目的。专业银行和各种非银行金融机构只限于办理某一方面和几种特定的金融业务，业务经营具有明显的局限性。而商业银行的业务经营则具有很强的广泛性和综合性，既经营“零售”业务，又经营“批发”业务，其业务触角延伸至社会经济生活各个角落，已经成为“金融百货公司”和“万能银行”。

（二）商业银行的职能

商业银行主要有四大基本职能。

1. 信用中介

信用中介是商业银行最基本、最能反映其经营活动特征的职能。这一职能的实质是通过银行的负债业务把社会上的各种闲散货币集中到银行，再通过资产业务把它投向社会经济各部门。商业银行作为货币资本的贷出者与借入者的中介人或代表来实现资本的融通，并从吸收资金的成本与发放贷款的利息收入、投资收益的差额中获取利益收入，形成银行利润，成为买卖“资本商品”的“大商人”。商业银行通过信用中介的职能实现资本盈余和短缺之间的融通，并不改变货币资本的所有权，改变的只是货币资本的使用权。

2. 支付中介

商业银行除了作为信用中介，融通货币资本以外，还执行着货币经营业的职能。其通过存款在账户上的转移，代理客户支付，在存款的基础上，为客户兑付现款等，成为工商业团体和个人的货币保管者、出纳和支付代理人。以商业银行为中心，形成经济过程中无始无终的支付链条和债权债务关系。

3. 信用创造

商业银行在信用中介职能和支付中介职能的基础上，产生了信用创造职能。商业银行是唯一能够吸收各种存款和用其所吸收的各种存款发放贷款的金融机构，在支票流通和转账结算的基础上，贷款又转化为存款，这种存款在不提取现金或不完全提现的基础上，增加了商业银行的资金来源，最后在整个银行体系，形成数倍于原始存款的派生存款。商业银行以信贷活动创造和收缩活期存款，而活期存款是构成货币供给量的主要部分。因此，商业银行就可以把自己的负债作为货币来流通，具有了信用创造功能。

4. 金融服务

随着经济的发展，工商企业的业务经营环境日益复杂化，银行间的业务竞争也日益剧烈化，商业银行由于联系面广，信息比较灵通，特别是电子计算机在银行业务中的广泛应用，使其具备了为客户提供信息服务的条件，企业“决策支援”等服务应运而生。工商企业生产和流通专业化的发展，又要求把许多原来的属于企业自身的货币业务转交给银行代为办理，如发放工资、代理支付其他费用等。个人消费也由原来的单纯钱物交易，发展为转账结算和个人金融服务，如银行卡消费、个人理财服务等。现代化的社会生活，从多个方面给商业银行提出了金融服务的要求。在强烈的业务竞争权力下，各商业银行也不断开拓服务领域，通过金融服务业务的发展，进一步促进资产负债业务的扩大，并把资产负债业务与金融服务结合起来，开拓新的业务领域。因此，在现代经济生活中，金融服务已成为商业银行的重要职能。

三、商业银行的类型与组织形式

（一）商业银行的类型

在西方各国，商业银行的发展基本遵循两大主流模式，即职能分工型商业银行和全能型商业银行。

1. 职能分工型商业银行

职能分工型商业银行又称分离型商业银行，是指主要从事短期性金融业务的商业银行，以经营工商企业短期存放款和提供结算服务为基本业务，基本特点是法律限定金融机构必须分门别类各有所司，也就是有明确的分工。在历史上，英国、美国、日本等国曾长期采用此模式。但自 20 世纪 70 年代以来，伴随着金融自由化和金融创新的浪潮，商业银行传统的分工界限已被突破，开始趋向全能化、综合化经营。

2. 全能型商业银行

全能型商业银行又称综合型商业银行，是指可以经营长短期资金融通以及其他所有金融业务的商业银行。全能型商业银行的特点就在于资产、负债的多元化。德国、瑞士、奥地利等国长期采用这种模式，其中以德国尤为典型。采用这一模式的优点主要有：一是能向客户提供全面的、综合的服务；二是可以调剂银行各项业务盈亏，通过业务多元化分散风险，从而有利于银行的经营稳定；三是可以增强与客户的全面联系；四是有利于提高商业银行的综合竞争力。

（二）商业银行的组织形式

一个国家商业银行的组织形式，受到该国社会经济环境、经济发展程度以及政治、法律制度的影响。目前各国商业银行的组织形式具体有以下几种。

1. 单一银行制

单一银行制也叫单元制，指不设任何分支机构的商业银行组织结构模式，银行业务完全由一个独立的银行机构经营。这种制度以美国为代表，美国的银行法一般禁止或限制银行开设分支行。推行单元制的优点主要在于：①可以限制商业银行之间的相互吞并，不易形成金融垄断；②商业银行的地方性强，有利于协调银行与地方政府之间的关系；③商业银行具有较大的独立性和自主性，业务经营上比较灵活；④管理层次较少，从而决策层的意图传导较快。

但是，在单元制模式下，商业银行在整体实力的扩展上会受到较大限制，导致商业银行在经济发展和金融业的竞争中常处于不利的地位。因此，随着金融业竞争加剧，以单元制为特征的美国银行的组织制度也发生了巨大变化，其发展趋势是银行分支机构多，银行分支网络化。

2. 分支银行制

分支银行制又称总分制，是指法律上允许商业银行在总行之外，在国内外各地普遍设立分支银行的一种组织形式。目前世界上大多数国家的商业银行都采用这种制度，比较典型的是英国。这种制度的优点在于：①分支银行遍布各地，有利于迅速发展各种银行业务；②其规模可按业务发展的需要而扩张，使银行经营取得较好的规模经济效益；③分支机构多，业务范围较大，易于组织资金，实力强，可以相互之间调剂资金，分担风险；④可实施高度专业化的分工，以提高工作效率；⑤一定程度地克服地方干预，促进银行业的竞争；⑥由于银行数量少，便于国家管理和控制。

其缺点是：①容易形成金融垄断；②层次多，较难管理；③经营状况依赖总行，对地方经济缺少关切；④大规模调动资金，不利于地方经济发展。

3. 集团银行制

集团银行制又称为控股银行制，是指由某集团成立股权公司，再由该公司控制或收购两家以上银行的银行组织制度。这种股权公司既可以由非银行的大型企业组建，也可以由大银行组建。持股公司所拥有的银行在法律上是独立的，但其业务与经营政策统属于同一控股公司。这种形式在美国最为流行，美国许多州都通过立法禁止或限制银行开设分支行。

实行银行持股公司制的优点在于：①规避单一银行制下开设分支行的限制，弥补单一银行制的不足；②扩大资本总量，增强经营实力，提高抵御风险的能力和竞争能力；③实现业务多元化。其缺点是容易引起金融权力过度集中，并在一定程度上影响银行的经营活力。

4. 连锁银行制

连锁银行制或称“联合制”，是指由某一个人或集团购买两家或两家以上的独立银行的多数股份，从而达到控制这些银行的程度。这些银行的法律地位仍然是独立的，但实际上其业务和经营政策因控股而被某一个人或某一集团所控制，其业务和经营管理由这个人或这个集团决策控制。

它与控股银行制一样，都是为了弥补单一银行制的不足、规避对设立分支行的限制而实行的。两者的共同之处是通过控股方式实现对银行的控制，而区别在于：连锁银行制没有股权公司的存在形式，无须成立控股公司。

这种体制盛行于美国的中西部地区，但没有控股银行制普遍。连锁银行制受个人或某一集团的控制，不易获得银行所需要的大量资本，因此许多连锁银行相继转为银行分支机构或组成持股公司。

5. 代理银行制

代理银行制也称往来银行制，指银行间签订代理协议，委托对方银行代办指定业务的一种组织形式。一般银行代理关系是相互的，它们互为对方代理银行。代理银行制在国际上非常普遍，其中最为发达的是美国。

代理银行制，一方面，可以弥补分支机构不足的缺陷；另一方面，优势不同的银行相互代理，还可以起到优势互补的作用。例如，大银行与小银行之间签订代理协议后，大银行可以为小银行办理诸如汇票承兑、同业拆借等小银行不能直接经营或直接办理效果不好的业务活动，并可以为小银行提供诸如业务培训、客户拓展等服务，而小银行则可利用自身资金来源相对稳定、充裕的优势弥补大银行资金相对的不足，也可提供支票付款的服务。

四、商业银行的发展趋势

（一）商业银行体制自由化

商业银行体制自由化作为一种发展趋势，主要包括以下两个方面的内容。

一是金融市场自由化。其主要是放宽有关税收限制或取消外汇管制，允许资金在国内及在各国间自由流动。

二是商业银行业务经营自由化。其主要体现为商业银行业务的多样化和一系列金融新业务的产生，出现了许多新的金融资产形式、新的金融市场和新的支付转账媒介。

（二）金融服务网络化

我国电子商务的快速发展为银行业提供了新的服务领域和服务方式。作为传统银行变革的根本动力，电子商务充分利用现代网络技术帮助银行突破传统的营销模式，一改以往商业银行依靠设立网点吸引更多客户的营销渠道，从线上挖掘更多的潜在客户。

网上购物、网上交易、网上支付、网上消费、网上理财、网上储蓄、网上信贷、网上结算、网上保险等将成为未来银行市场竞争的热点。在国内，中国银行、中国建设银行、招商银行相继推出网上银行业务。网上银行将迫使银行业经营理念、经营方式、经营战略、经营手段发生革命性变革。

（三）金融服务人性化

金融服务将越来越趋向于人性化，具体来说包括以下两点。

一是对客户的人性化服务。客户将不再面对银行营业机构的员工整体，而是直接面对一个人，这个人可能是银行为企业提供的财务顾问，他可以为企业提供全面的投资、理财顾问服务；也可能是职业投资经理，为企业提供投资代理、委托服务。一人进厂，全面服务，通过这样的人性化服务，促进与客户的相互了解，建立长期合作关系，并使这些客户与银行形成长期依赖。

二是金融产品的人性化。随着社会资金、资源由国家、政府、企业向个人主体转移，金融产品将更多向个人倾斜，个人金融产品将异军突起，针对个人投资者的特色产品将大量涌现，金融产品个性化、多元化、居民化将成为未来社会的竞争焦点。

（四）银行机构集中化

银行的规模化经营以及科技手段的运用导致银行的经营管理手段完善。21 世纪的银行业将发生银行机构集中化的革命。

一是银行机构日益大型化。在未来的金融市场竞争中，随着竞争的加剧，各银行为增强竞争实力，提高抗风险能力，降低经营成本，必然向大型化、规模化扩展，以满足客户对金融产品和服务提出的新的需求，提高技术创新和使用新技术的能力，为股东带来更丰厚的利润，银行机构将日益通过兼并、重组、扩张等方式实现规模化和集中化。

二是银行机构向国际化集中。随着经济国际化、全球化的深入，银行业务的国际化和全球化将为银行的发展带来革命性的变革，银行服务将向全功能转化，以国际大银行为中心的兼并、重组将使银行机构向国际化集中。

（五）金融竞争多元化

现代商业银行的竞争，除了传统的银行同业竞争、国内竞争、服务质量和价格竞争以外，还面临全球范围内日趋激烈的银行业与非银行业、国内金融与国外金融、网上金融与一般金融等的多元化竞争，银行活动跨越了国界、行业，日益多元化。其面临的金融风险也不仅是信用风险，还扩大到利率风险、通货膨胀风险、通货紧缩风险、汇率风险、金融衍生工具风险、政治风险等，经营管理风险日益扩大。

【课堂活动】

学生查阅资料介绍我国的商业银行演变与发展，教师点评并对商业银行基础知识进行梳理。

模块 2　书写练习

一、各类单据书写规范练习

银行单位和个人填写的各种票据和结算凭证是办理支付结算和现金收付的重要依据，直接关系到支付结算的准确、及时和安全。票据和结算凭证是银行、单位和个人凭以记载账务的会计凭证，是记载经济业务和明确经济责任的一种书面证明。因此，填写票据和结算必须做到标准化、规范化、要素齐全、数字正确、字迹清晰、不错漏、不潦草、防止涂改。

（一）数字书写的基本要求

1. 位数准确

用数字来计算时，数的位数是由该数首位数的位数决定的。如：2 368，首位数“2”的位数是千位，所以这个数是千位数，即二千三百六十八。书写时位数必须准确，避免少些或多写位数的情况出现。

2. 书写清楚，容易辨认

在书写数字时，必须字迹清晰，笔画分明，一目了然，各个数字应有明显的区别，以免混淆。

3. 书写流畅，力求规范化

为了使计算工作达到迅速准确，数字书写力求流畅、美观、规范化。

（二）阿拉伯数字的书写

（1）数字的书写与数位结合在一起写数时，每一个数字都要占一个位置，且数字大小匀称，笔画流畅，字体要自右上方向左下方倾斜地写，数字与底线通常呈 60° 倾斜（图 1–1）。

（2）一般每个格内数字占 1/2 或 2/3 的位置，要为更正数字留有余地。

（3）除“7”和“9”上低下半格的 1/4，下伸次行上半格的 1/4 外，其余数字都要紧贴底线，但上不可顶格。

（4）数字“6”的竖上伸至上半格的 1/4 处。

（5）阿拉伯数字应当逐个地写，不得连笔写。除“4”和“5”外，其他数字必须一笔完成。

（6）同行的相邻数字之间要空出半个阿拉伯数字的位置，但也不可预留间隔（以不能增加数字为好）。

（7）小写金额前面应当书写币种符号或者货币名称简写，币种符号与阿拉伯数字之间不得留有空白。凡阿拉伯数字前写有币种符号的，后不再写货币单位。

（8）以元为单位的阿拉伯数字，除表示单价等情况外，一律填写到角分；无角分的，角位和分位写“00”；有角无分的，分位写“0”。

（9）采用三位分节制。数的整数部分，采用国际通用的“三位分节制”，即从个位向左每三位数字用分节号“,”分开。

图 1-1 阿拉伯数字手写字体

（三）大写金额书写练习

1. 书写方法

中文大写金额数字应用正楷或行书填写（表 1-1）。如壹、贰、叁、肆、伍、陆、柒、捌、玖、拾、佰、仟、万、亿、元、角、分、零、整（正）等字样，不得用一、二（两）、三、四、五、六、七、八、九、十、毛、另（或 0）填写，不得自造简化字。如果金额数字书写中使用繁体字，如陸、億、萬等，也应受理。

表 1-1 大小写金额数字对照

小写	大写
1	壹
2	贰
3	叁
4	肆
5	伍
6	陆
7	柒
8	捌

续表

小写	大写
9	玖
10	拾
数量单位	
拾	佰
仟	万
亿	
金额单位	
元（圆）	角
分	零
整（原则上角后不写“整”）	

2. 人民币的大写

大写金额数字前未印有货币名称的，应当加填货币名称。大写金额应紧接货币名称填写，两者中间不得留有空白。大写金额数字到“元”为止的，在“元”之后应写“整”（或“正”）字；在“角”之后可以不写“整”（或“正”）字；大写金额数字有“分”的，“分”之后不写“整”（或“正”）字。

3. “0”的写法

（1）阿拉伯数字中间有“0”时，中文大写金额要写“零”字。如：1 905.80应写成人民币壹仟玖佰零伍元捌角。

（2）阿拉伯数字中间连续有几个“0”时，中文大写金额中间可以只写一个“零”字。如：7 003.16 应写成人民币柒仟零叁元壹角陆分。

（3）阿拉伯金额数字万位或元位是“0”，或者中间连续有几个“0”，万位、元位也是“0”，但千位、角位不是“0”时，中文大写金额中间可以只写一个“零”字，也可以不写“零”字。如：1 260.42 应写成人民币壹仟贰佰陆拾元肆角贰分，或者写成人民币壹仟贰佰陆拾元零肆角贰分；105 000.83 应写成人民币壹拾万伍仟元零捌角叁分，或者写成人民币壹拾万零伍仟元捌角叁分。

（4）阿拉伯金额数字角位是“0”，而分位不是“0”时，中文大写金额元后面应写“零”字。如：15 608.09 应写成人民币壹万伍仟陆佰零捌元零玖分，347.05应写成人民币叁佰肆拾柒元零伍分。

值得注意的是，壹拾、壹佰、壹仟、壹万的“壹”字，不得遗漏。

（四）日期的书写

（1）票据的出票日期必须使用中文大写数字来书写。

（2）为防止变造票据的出票日期，应按照以下要求书写。

①月的写法规定：1月、2月前加“零”，如：1月写作“零壹月”，11月写作“壹拾壹月”，10月写作“零壹拾月”。

②日的写法规定：1日至10日、20日、30日前加“零”，如：30日写作“零叁拾日”；11日至19日前加“壹”，11日写作“壹拾壹日”。

（3）票据的出票日期使用小写填写的，银行不予受理。大写日期未按要求规范填写的，银行可予受理，但由此造成损失的，由出票人自行承担。

二、重要单证、印章管理规范练习

（一）重要单证

1. 重要单证的分类

重要单证包括有价单证和重要空白凭证。有价单证是指经批准发行的印有固定面额的特殊凭证，主要包括银行发行或银行代理发行的实物债券、旅行支票、定额存单以及印有固定面额的其他单证。重要空白凭证是指无面额的经银行或客户填写金额并签章后，具有支付票款效力的空白凭证，包括各类存折、存单、存款开户证实书、支票、汇票、本票、银行卡、外汇兑换水单、债券收款凭证及其他重要空白凭证等。

2. 重要单证的使用和管理

（1）各种重要单证必须由专人负责保管，建立严密的进出库和领用制度，坚持章证分管的原则。

（2）柜员领用重要单证时，每开启一箱（包）重要单证，必须逐捆（本）清点，每开启一捆（本）重要单证时，必须逐本（份）进行清点，不能只点大数，防止印刷重号、跳号、漏号。

（3）柜员每班使用重要单证时，必须顺号使用，不得跳号使用。

（4）各种重要单证应纳入表外核算，有价单证以面额入户，重要空白凭证以一份1元的假定价格入账。

（5）重要单证保管人员变动时，应按会计人员变动的有关规定办理交接手续，经监交人员、接交人员核对，达到账簿、账表、账证（实）三相符后，方可办理交接手续离岗。

（6）重要单证在未使用前，不得事先加盖相关业务印章和个人名章。

（7）任何部门和个人不得以任何名义将重要单证挪作他用。

（8）每日营业终了，各柜员及重要单证保管人员必须核点各类重要单证的库存数量、号码，与重要单证登记簿及报表表外科目核对。重要单证登记簿数字必须与实物、报表数字核对一致，做到账实、账表相符。

重要单证的销毁

除银行汇票、银行承兑汇票、商业承兑汇票由一级分行组织销毁外，其他重要空白凭证由二级分行统一进行销毁。销毁时，应由组织销毁部门填制一式两联重要单证（卡）销毁清单，报主管行长批准，由会计主管人员或结算专管员会同审计部门、保卫部门核实并监督销毁。各种重要空白凭证在销毁前，除原封未开的重要空白凭证可采取抽点法外，其余应当全部复点。如发现账实不符，应立即追查，在未查对落实前，一般不得销毁，情节严重的应将有关情况和处理意见及时向上级行报告。销毁完毕，必须由监销人员在重要单证（卡）销毁清单上注明销毁日期，并在监销人签章处签章。要将一份重要单证（卡）销毁清单报分行备案；另一份销毁清单和作废重要凭证（卡）登记簿按年装订，随会计档案一同保管。

（二）业务印章

1. 业务印章的分类

（1）柜台业务专用章（对公）：用于对公柜台办理各项业务时对外出具的各类业务单证（如开户证实书、资信证明、申请书回单、挂失回执等）、报表等；用于系统内往来双方预留印鉴的签章，以及对业务部门出具的各类业务回单（如保证金业务开户、划款 / 销户、冻结 / 解冻通知书回执等）和报表等。

（2）财务专用章：用于各单位部门对外预留印鉴，银行向外签发支票（本票、汇票）、电（信）汇凭证、进账票据背书、向银行清算中心转账划款凭证。

（3）储蓄专用章：专用于对外签发的储蓄单证。

（4）业务清讫章：用于现金收入凭证及现金进账回单；用于各种现金付出凭证；用于转账凭证、回单、收付通知。

（5）结算专用章：用于签发结算凭证以及结算款项的查询查复、银行承兑汇票的查询和查复。

（6）汇票专用章：用于银行对外签发银行汇票、银行承兑汇票以及办理商业汇票转贴现、再贴现的背书等。

（7）本票专用章：用于银行对外签发的银行本票。

（8）受理凭证专用章：用于受理客户提交而尚未进行转账处理的各种凭证回执。

（9）贷款合同专用章：用于银行对外签订的贷款合同、银行与客户签订的银行承兑协议。

（10）票据交换专用章：用于同城票据交换的交换凭证计数单。

（11）个人名章：用于已经记载的各种单证、凭证、账簿和报表等。

（12）其他会计业务印章：不属于以上种类的其他会计业务专用章。

2. 业务印章的使用和管理

（1）各种专用印章不仅要有专人保管用印，而且不得散乱放置，要把印章存放在带锁的印章盒里。

（2）营业时打开印章盒，如临时离岗，印章盒要上锁，做到“人在章在，人走章锁，严禁托人代管”。

（3）营业结束，各柜台的柜员必须对所使用的印章进行认真清点，核对相符后，入箱上锁，放入保险柜保管。印章保管人员遇公差或因事请假，应办理交接及登记手续，会计主管负责监交。

（4）严格各种专用印章的使用范围，个人之间不得私自授受专用印章，因个人之间授受专用印章出了问题，原保管人员要承担连带责任。

（5）印章的加盖应清晰到位，严禁在重要单证上预盖印章。

（6）各种印章、名章要爱护使用，应经常保持印章清洁、字迹清晰。

（7）汇票专用章和本票专用章使用人不得监管相关重要空白凭证。

（8）印章丢失时，必须立即上报单位负责人和上级主管部门，并向公安机关登记备案，声明作废。

3. 业务印章的收缴和销毁

（1）用印单位各种会计业务印章（除个人名章外）停止使用后，应封存上交财务会计部门统一保管、统一销毁。票据交换专用章、汇票专用章和本票专用章停止使用后，由财务会计部门统一收缴并逐级上交至颁发部门统一销毁。

（2）用印单位封存上交各种停止使用的会计业务印章时，应在“业务印章保管使用及印模登记簿”上登记停用日期、上交日期及停用原因，填制上交、销毁清单，加盖印模后，上交财务会计部专管人员，要求交接清楚，手续完备，并将回执作为登记簿的附件。

（3）财务会计部收到基层上交的印章后妥善保管，对停用的印章提出处理意见，报经行长室批准后进行封存或销毁。

（4）财务会计部对须销毁的印章单独填制销毁清单，经行长室批准同意后，会同稽核部、安全保卫部进行现场销毁。

三、各类单证的填写

（一）变更银行结算账户申请书

对公账户的法定代表人、户名、税务登记证、地址等重要信息发生改变时，需要到账户的开户银行办理账户相关信息的变更手续。而银行会提供空白的变更银行结算账户申请书（图 1–2），由账户所有人按变更申请书内容填写。

账户名称			
开户银行代码		账　号	
账户性质	基本（　）专用（　）一般（　）临时（　）个人（　）		
开户许可证核准号			
变更事项及变更后内容如下：			
账户名称			
地　　址			
邮政编码			
电　　话			
注册资金金额			
证明文件种类			
证明文件编号			
经营范围			
法定代表人或单位负责人	姓　　名		
	证件种类		
	证件号码		
关　联　企　业		变更后的关联企业信息填列在"关联企业登记表"中。	
上级法人或主管单位的基本存款账户核准号			
上级法人或主管单位的名称			
上级法人或主管单位法定代表人或单位负责人	姓　　名		
	证件种类		
	证件号码		
本存款人申请变更上述银行账户内容，并承诺所提供的资料真实、有效。 存款人（签章） 年　月　日		开户银行审核意见： 经办人（签章） 开户银行（签章） 年　月　日	开户银行审核意见： 经办人（签章） 人民银行（签章） 年　月　日

第一联　存款人留存

填写说明：

1. 存款人申请变更核准类银行结算账户的存款人名称、法定代表人或单位负责人的，中国人民银行当地分支行应对存款人的变更申请进行审核并签署意见。
2. 带括号选项填"√"，本申请书中"变更事项及变更后内容如下"：没有发生变更内容不用填。
3. 本申请书一式三联，一联存款人留存，一联开户银行留存，一联中国人民银行当地分支行留存。

图 1–2　变更银行结算账户申请书

（1）账户名称（营业执照上单位名称全称）。

（2）开户银行代码。

（3）账号。

（4）账户性质（勾选）。

（5）开户许可证核准号（其中，非基本存款账户还需填写基本存款账户开户登记证核准号）。

（6）变更事项及变更后的内容（需全部填写）。

（7）存款人处盖公章、填写日期。

注意：若有关联企业，则还需填写关联企业的相关信息。

（二）个人转账 / 汇款凭证

个人转账 / 汇款凭证（图 1–3）需要填写以下内容。

个人转账/汇款凭证

□转账　　□汇款　　年　月　日　交易流水号：

客户填写栏	付款人	名称		收款人	名称	
		联系电话			账号	
		证件种类			开户银行	
		证件号码				
	币别		□人民币　□港币　□美元	金额	千 百 十 万 千 百 十 元 角 分	
	同城转账		□普通　□实时			
银行打印						

会计主管　　授权　　复核　　录入

汇款备填	汇款种类：□普通汇款　□普通附言汇款　□礼仪汇款	附言：
	汇款用途：	
	收款人地址及邮编：	

现金汇款客户信息	姓名______　性别：□男　□女　国籍：□中国　□______
	电话______　身份证证件号：______
	地址______
代理人	姓名______　联系电话______
	证件名称：□身份证　□______　证件号码：□□□□□□□□□□□□□□□□□□
	地址______

本人已确认银行打印内容正确无误　　客户签名确认……

客户填写内容不作为凭证要素，所有记录以客户确认的银行打印内容为准

客户回单信息打印

业务提示

1. 现金异地汇款客户请填写“现金汇款客户信息”栏，代办转账或汇款请填写“代理人”栏，并向银行出示身份证件原件。
2. 密码设置三不要。
   不要设置六位相同数字的密码。
   不要用您的生日作为密码。
   不要用您的电话、车牌号码作为密码。
3. 客户资料是银行与客户紧密联系的纽带，如果您的联系电话、居住地址有变化，请及时来我行办理变更手续。
4. 其他未尽事宜，按照监督机构及我行有关管理规定办理。

温馨提示：请不要给陌生人汇款，谨防被骗！

图 1–3　个人转账 / 汇款凭证

（1）勾选业务项目（转账或汇款）。

（2）日期。

（3）付款人信息（需全部填写）。

（4）收款人信息（需全部填写）。

（5）币别（勾选）。

（6）金额（数字前的货币符号要与币别一致）。

（7）同城转账（勾选）。

（8）汇款备填（需全部填写）。

（9）现金汇款客户信息（需全部填写）。

（10）客户签名确认。

注意：若客户为代理人，在填写以上事项的同时，还需填写代理人信息。

（三）现金支票

填写现金支票（图 1–4）时需要注意以下问题。

（1）填写出票日期（大写）时需要注意以下两点。

① 1~10、20、30 前大写均加零，如零壹、零壹拾、零贰拾、零叁拾。

② 11~19 前大写均加壹，如壹拾壹、壹拾贰、壹拾玖。

（2）大小写金额均一致，且小写金额前要加人民币符号“¥”。

（3）现金支票收款人应写本单位名称，现金支票背面“被背书人”栏内加盖单位的财务专用章和法定代表人章。

（4）支票的用途为必填项。由于现金支票一般是企业出纳人员用来提取现金的，所以用途主要有：①提备用金；②提差旅费；③提工资。

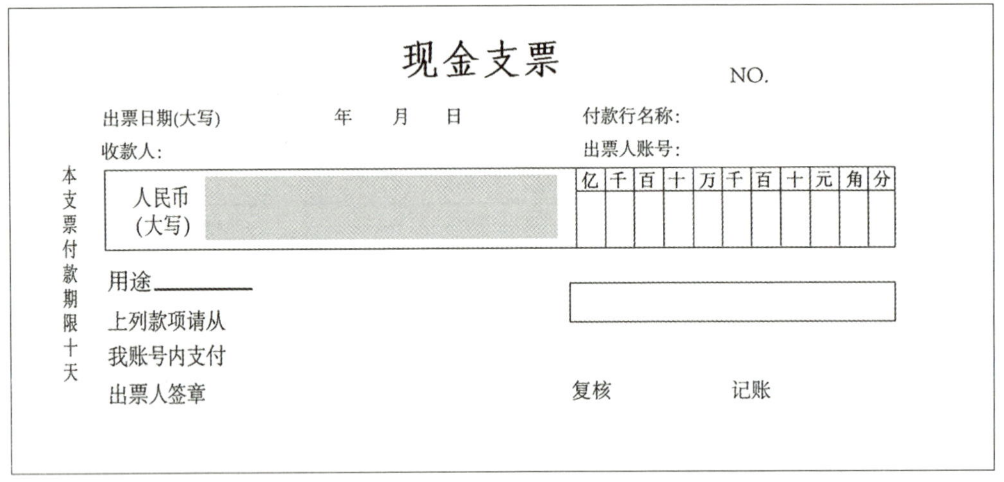

现金支票　　NO.

出票日期(大写)　　年　月　日　　付款行名称:

收款人:　　出票人账号:

本支票付款期限十天

人民币(大写)	亿	千	百	十	万	千	百	十	元	角	分

用途________

上列款项请从
我账号内支付
出票人签章　　复核　　记账

图 1–4　现金支票

（四）转账支票

转账支票（图 1–5）的书写规范与现金支票一致。转账支票收款人应填写对方单位名称或收款人个人姓名，且背面不盖章。其用途为货款、转款、借款等用于同城交易的各种款项。

转账支票　NO.

本支票付款期限十天

出票日期(大写)　年　月　日　付款行名称：

收款人：　出票人账号：

人民币(大写)	亿	千	百	十	万	千	百	十	元	角	分

用途________

上列款项请从

我账号内支付

出票人签章　复核　记账

图 1–5　转账支票

（五）现金单

现金单（图 1–6）需要填写以下内容。

（1）勾选需要办理的业务（存款或取现）。

（2）填写日期。

（3）客户填写项除备注外均为必填项。其中，金额为小写，数字前不需要填写币种符号。

现金单 Cash Voucher　□存现 Deposit　□取现 withdrawal　日期：Date____年 Year____月 Month____日 Day

客户填写 Customers fill	客户名称 A/C name		账号 Account No.			
	开户行 A/C with Bank		币种 Currency		金额 Amount	
	来源/用途 Suorce/Purpose		备注 Remark			
银行填写 Filled in by the bank						

第一联：银行留存

The 1st copt for Bank'k file

图 1–6　现金单

（六）现金交款单

现金交款单（图 1-7）主要针对单位客户，只要到银行将现金存入对公账户，都需要填写现金交款单。并且，交款单的每个项目都为必填项。

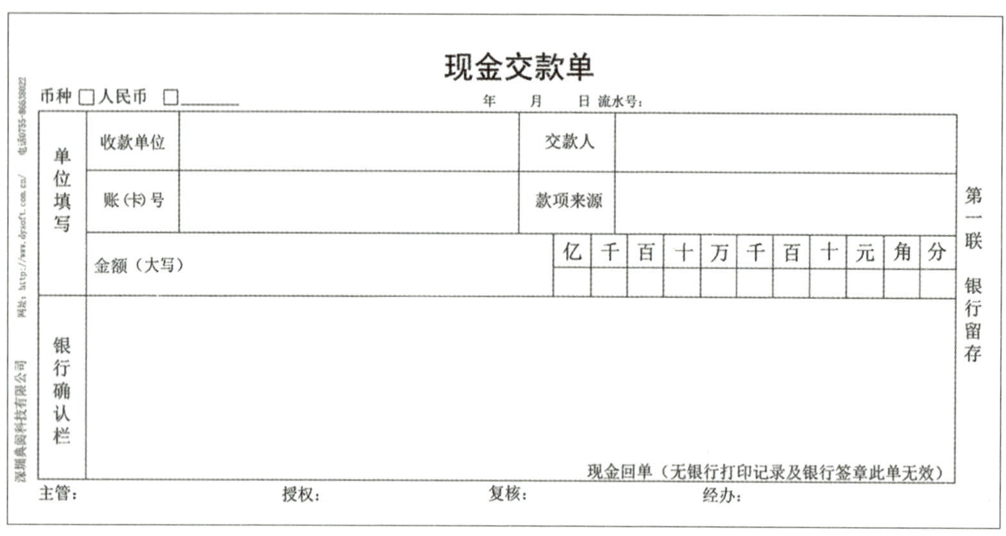

现金交款单

币种 □人民币 □______　　　　年　月　日 流水号：

单位填写	收款单位		交款人										
	账（卡）号		款项来源										
	金额（大写）		亿	千	百	十	万	千	百	十	元	角	分
银行确认栏	现金回单（无银行打印记录及银行签章此单无效）												

主管：　　授权：　　复核：　　经办：

第一联 银行留存

深圳典阅科技有限公司　网址：http://www.dysoft.com.cn/　电话0755-86638022

图 1-7　现金交款单

（七）一般业务申请书

一般业务申请书（图 1-8）需要填写以下事项。

（1）若办理该业务的申请人为个人，则除了备注栏以外，基本资料中的个人客户信息都应填写。

（2）若申请人为单位客户，只需填写单位填写栏的所有事项。其中，证件类型为营业执照，证件号码为营业执照编号。

（3）若申请人为代理人，则除了填写基本资料外，还需填写代理人资料。

（4）客户确认（若为单位客户，盖公章即可）。

一般业务申请书

年　月　日 流水号:

<table>
<tr><td rowspan="2">基本资料</td><td colspan="2">客户姓名：________ 联系电话或地址：________
证件类型：□居民身份证 □港澳居民来往内地通行证 □外国护照 □ ________
证件号码：________ 备注：________</td></tr>
<tr><td>单位填写
（个人客户不填）</td><td>单位名称：________
____
账（卡）号：________
（选填）证件类型：________ 证件号码：________</td></tr>
<tr><td>代理人资料</td><td colspan="2">代理人姓名：________ 代办理由及关系：________
证件类型：□居民身份证 □港澳居民来往内地通行证 □外国护照 □ ________
证件号码：________ 职业：________
联系电话：________ 证件起止日期：________</td></tr>
<tr><td colspan="3">申请事项：

已确认所申请业务与银行打印记录内容相符且正确无误。

银行签章

客户确认签章：</td></tr>
</table>

第一联 银行留存

本次服务申请了　项内容，其详细明细参见

图 1-8　一般业务申请书

（八）撤销银行结算账户申请书

填写撤销银行结算账户申请书（图 1-9）时需注意，除开户许可证核准号外都为必填项，而临时存款账户和预算单位专用存款账户除填写该账户开户登记证核准号外还应填写基本存款账户开户登记证核准号。最后盖公章、填写日期。

撤销银行结算账户申请书

账户名称			
开户银行名称			
开户银行代码		账号	
账户性质	基本（ ） 专用（ ） 一般（ ） 临时（ ） 个人（ ）		
开户许可证核准号			
销户原因			

我公司申请撤销上述账户，承诺所提供的证明文件真实，有效。并承诺已交回或销毁在贵行购买但未使用的重要空白票据和结算凭证，若有遗失上述重要空白票据和结算凭证，损失自负。我公司将被要求赔偿银行所遭受的由于银行执行由客户签发的，或声称由客户或者代表客户签发的支付票据和结算凭证引起或者相关的任何损失。 存款人（签章） 年 月 日	开户银行审核意见： 经办人（签章） 开户银行（签章） 年 月 日

第一联 中国人民银行当地分支行留存

填表说明：

1.带括号的选项填“√”。

2.撤销基本存款账户,临时存款账户和预算单位专用存款账户，填写本表一式三联，一联存款人留存，一联开户银行留存，一联由开户银行报送中国人民银行。

3.撤销一般存款账户、非预算单位专用存款账户、个人银行结算账户，填写本表一式两联，一联存款人留存，一联开户银行留存。

图 1-9 撤销银行结算账户申请书

（九）个人开户与银行签约服务申请书

个人开户与银行签约服务申请书（图 1-10）需要填写以下内容。

（1）填写客户信息。

①若申请人为客户本人，则需填写申请人资料。其中移动电话和固定电话可以任选其一，E-mail 为选填项，其余事项都为必填项。

②若申请人为代理人或监护人，除填写申请人资料外，还需填写代理人或监护人相关信息。其中移动电话和固定电话可以任选其一，E-mail 为选填项，其余

事项都为必填项。

（2）勾选需要办理的业务选项。

（3）客户签名（若为代理人或监护人，则只需在代理人或监护人处签名）。

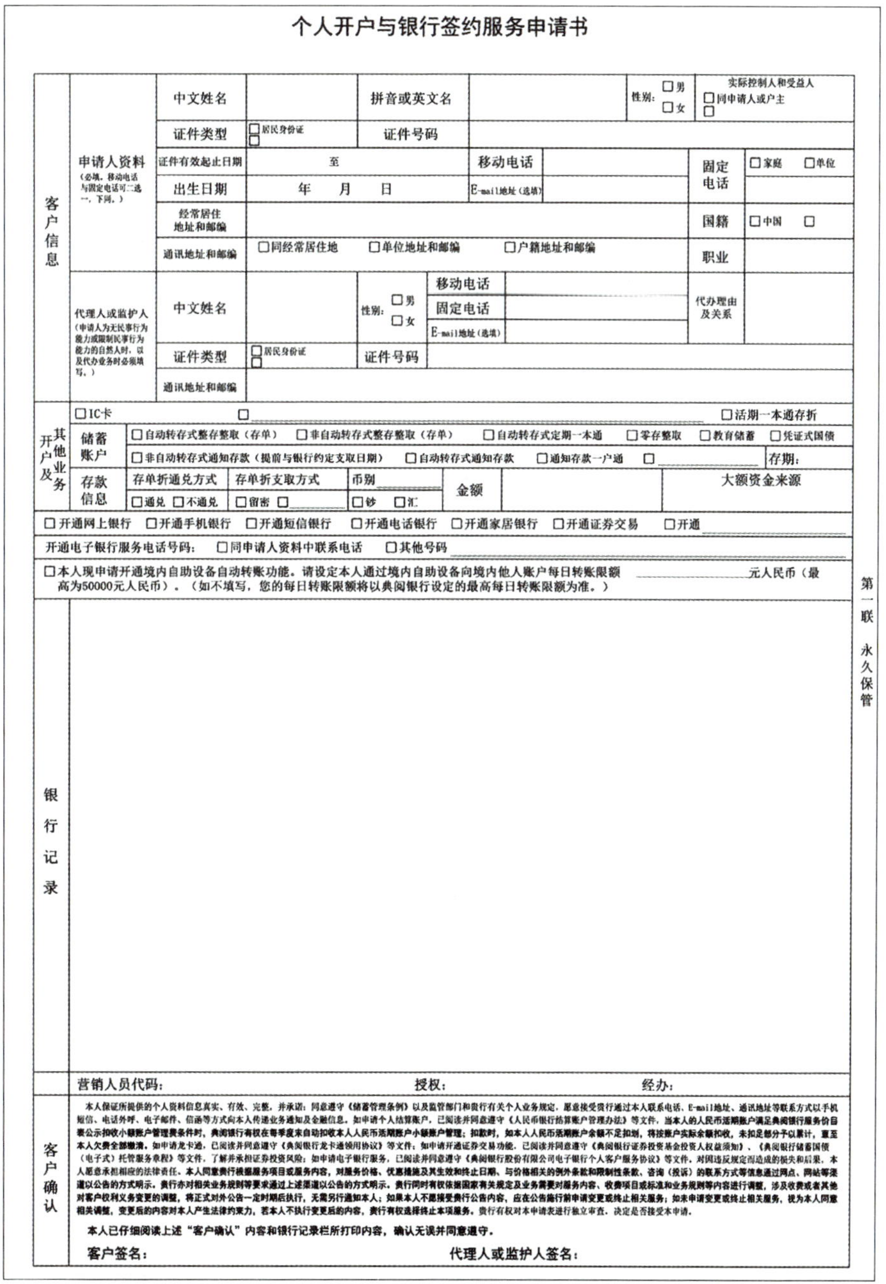

个人开户与银行签约服务申请书

客户信息

申请人资料（必填，移动电话与固定电话可二选一，下同。）

中文姓名　　拼音或英文名　　性别：□男 □女　　实际控制人和受益人 □同申请人或户主 □

证件类型 □居民身份证 □　　证件号码

证件有效起止日期　　至　　移动电话　　固定电话 □家庭 □单位

出生日期　　年　月　日　　E-mail地址（选填）

经常居住地址和邮编　　国籍 □中国 □

通讯地址和邮编 □同经常居住地 □单位地址和邮编 □户籍地址和邮编　　职业

代理人或监护人（申请人为无民事行为能力或限制民事行为能力的自然人时，以及代办业务时必须填写。）

中文姓名　　性别：□男 □女　　移动电话　　固定电话　　E-mail地址（选填）　　代办理由及关系

证件类型 □居民身份证 □　　证件号码

通讯地址和邮编

开户及其他业务

□IC卡　□______　□活期一本通存折

储蓄账户 □自动转存式整存整取（存单） □非自动转存式整存整取（存单） □自动转存式定期一本通 □零存整取 □教育储蓄 □凭证式国债

□非自动转存式通知存款（提前与银行约定支取日期） □自动转存式通知存款 □通知存款一户通 □______　存期：

存款信息　存单折通兑方式 □通兑 □不通兑　存单折支取方式 □留密 □______　币别______ □钞 □汇　金额　　大额资金来源

□开通网上银行 □开通手机银行 □开通短信银行 □开通电话银行 □开通家居银行 □开通证券交易 □开通______

开通电子银行服务电话号码： □同申请人资料中联系电话 □其他号码______

□本人现申请开通境内自助设备自动转账功能。请设定本人通过境内自助设备向境内他人账户每日转账限额______元人民币（最高为50000元人民币）。（如不填写，您的每日转账限额将以典阅银行设定的最高每日转账限额为准。）

第一联 永久保管

银行记录

营销人员代码：　　授权：　　经办：

客户确认

本人保证所提供的个人资料信息真实、有效、完整，并承诺：同意遵守《储蓄管理条例》以及监管部门和贵行有关个人业务规定，愿意接受贵行通过本人联系电话、E-mail地址、通讯地址等联系方式以手机短信、电话外呼、电子邮件、信函等方式向本人传递业务通知及金融信息。如申请个人结算账户，已阅读并同意遵守《人民币银行结算账户管理办法》等文件，当本人的人民币活期账户满足典阅银行服务价目表公示扣收小额账户管理费条件时，典阅银行有权在每季度末自动扣收本人人民币活期账户小额账户管理；扣款时，如本人人民币活期账户余额不足扣划，将按账户实际余额扣收，未扣足部分予以累计，直至本人欠费全部缴清。如申请龙卡通，已阅读并同意遵守《典阅银行龙卡通领用协议》等文件；如申请开通证券交易功能，已阅读并同意遵守《典阅银行证券投资基金投资人权益须知》、《典阅银行储蓄国债（电子式）托管服务章程》等文件，了解并承担证券投资风险；如申请电子银行服务，已阅读并同意遵守《典阅银行股份有限公司电子银行个人客户服务协议》等文件，对因违反规定而造成的损失和后果，本人愿意承担相应的法律责任。本人同意贵行根据服务项目或服务内容，对服务价格、优惠措施及其生效和终止日期、与价格相关的例外条款和限制性条款、咨询（投诉）的联系方式等信息通过网点、网站等渠道以公告的方式明示。贵行亦对相关业务规则等要求通过上述渠道以公告的方式明示。贵行同时有权依据国家有关规定及业务需要对服务内容、收费项目或标准和业务规则等内容进行调整，涉及收费或者其他对客户权利义务变更的调整，将正式对外公告一定时期后执行，无需另行通知本人；如果本人不愿接受贵行公告内容，应在公告施行前申请变更或终止相关服务；如未申请变更或终止相关服务，视为本人同意相关调整，变更后的内容对本人产生法律约束力，若本人不执行变更后的内容，贵行有权选择终止本项服务。贵行有权对本申请表进行独立审查，决定是否接受本申请。

本人已仔细阅读上述“客户确认”内容和银行记录栏所打印内容，确认无误并同意遵守。

客户签名：　　代理人或监护人签名：

图 1-10　个人开户与银行签约服务申请书

（十）进账单

银行进账单（图 1-11）是持票人或收款人将票据款项存入其开户银行账户的

凭证，也是开户银行将票据款项记入持票人或收款人账户的凭证。其中，出票人、收款人的全称为交易双方的单位名称，账号为单位账号，开户行为单位账户的开户行；金额的大小写要一致；票据种类、票据张数、票据号码不需要填写。

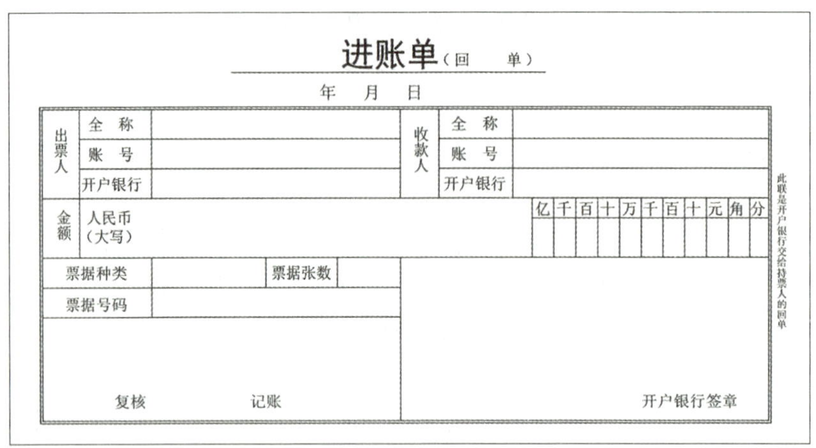

进账单（回　单）

年　月　日

出票人	全称		收款人	全称	
	账号			账号	
	开户银行			开户银行	
金额	人民币（大写）			亿千百十万千百十元角分	
票据种类		票据张数			
票据号码					
复核　记账			开户银行签章		

此联是开户银行交给持票人的回单

图 1-11　进账单

（十一）开立单位银行结算账户申请书

开立单位银行结算账户申请书需要填写以下内容。

（1）存款人姓名（营业执照上单位名称全称）。

（2）电话。

（3）地址。

（4）邮编。

（5）存款人类别（组织机构代码证上的机构类型）。

（6）组织机构代码。

（7）法定代表人、单位负责人。

（8）行业分类（参照申请书下方行业分类）。

（9）注册资金。

（10）经营范围（填写营业执照上主要经营范围即可）。

（11）证明文件种类（营业执照、法定代表人证书、非正规就业劳动组织证书）。

（12）税务登记证。

（13）资金性质（社会保障资金）。

（14）存款人处盖公章、填写日期。

（十二）特定业务申请书

特定业务申请书（图 1-12）需要填写以下内容。

（1）填写客户信息。

①若申请人为个人客户，则需填写客户姓名、联系电话或地址、证件类型（勾选）、证件号码。

②若申请人为单位客户，则需填写单位名称、账（卡）号。

③若申请人为代理人，除填写申请人资料外，还需填写代理人资料。

（2）勾选申请事项。

（3）客户签名（若为代理人，则只需在代理人处签名）。

特定业务申请书

年　月　日　流水号：

基本资料	客户姓名：______ 联系电话或地址：______ 证件类型：□居民身份证 □港澳居民来往内地通行证 □外国护照 □ ______ 证件号码：______ 备注：______	
	单位填写（个人客户不填）	单位名称：______ 账（卡）号：______ （选填）证件类型：______ 证件号码：______
代理人资料	代理人姓名：______ 代办理由及关系：______ 证件类型：□居民身份证 □港澳居民来往内地通行证 □外国护照 □ ______ 证件号码：______ 职业：______ 联系电话：______ 证件起止日期：______	
申请事项	□凭证（卡）挂失　□密码挂失　□密码重置 □撤销挂失　□凭证（卡）补发　□挂失销户 □其他：______	

已确认所申请业务与银行打印记录内容相符且正确无误。

银行签章

客户确认签章：

第一联　银行留存

图 1-12　特定业务申请书

【课堂活动】

请在下面账页内书写阿拉伯数字。

模块 3 技能训练

思政园地

指尖上的工匠精神

点钞大师陶萍入选南京市首批“南京工匠”，从一指戳单张，到两指打算盘、三指弹钢琴，还有四指挠痒痒和五指弹琵琶。“指纹磨平，指甲磨翻。”中国人民银行南京分行的点钞大师陶萍就是这样练就了自己快于点钞机的点钞“绝技”。正常点钞机的速度基本上在五六秒钟一把，陶萍的点钞速度最快则为 4 秒钟。“一指点钞像小鸡啄米，多指点钞像挠痒痒”，陶萍给自己的手艺起了一个个好玩又好听的名字。这些年，她凭借自己的本事受邀去电视台录节目，获得了大大小小的荣誉。很多人问过陶萍，到底要怎么练才能像她一样，陶萍坦言她练到指纹磨平、指甲磨翻。“我参加比赛的时候，全科有 12 个人，为了让我练习点钞，所有人手上都磨出了水泡。我的目的就是为集体争光。”就这样，陶萍的手磨出了水泡，水泡破了磨出了伤口，伤口长好了又变成了老茧。点钞的绝技就是这样一天天“磨”了出来。在机器一天天取代人工的今天，有时候像陶萍这样的手艺人仿佛已经落伍。但在陶萍看来，机器是不能取代手工的。陶萍表示，点钞是一个手、眼、脑三结合的技艺，要求员工心静，还要快。“机器总会出现一些故障，肯定要用手工来点钞的。”在陶萍看来，手工点钞是种吃苦耐劳的“工匠”精神，这种精神必须要传承下去。凭着十几年来与钞票“亲密接触”所练就的特殊感觉，她可以在飞速点钞的同时识别出假币。在陶萍的心里，工匠精神就是干一行爱一行。在她心中，只要坚持，没有做不成的事。

党的二十大报告指出，全面建设社会主义现代化国家，必须坚持中国特色社会主义文化发展道路，增强文化自信，围绕举旗帜、聚民心、育新人、兴文化、展形象建设社会主义文化强国，发展面向现代化、面向世界、面向未来的，民族的科学的大众的社会主义文化，激发全民族文化创新创造活力，增强实现中华民族伟大复兴的精神力量。作为银行员工要秉承着干一行爱一行、专一行精一行的职业精神，要争做肯吃苦、肯钻研、肯奉献的复合型人才，与时代发展同频共振，在平凡岗位上铸就“匠心精神”。

（资料来源：编者根据相关内容整理改写）

一、手工点钞

点钞，即整理、清点钞票，是指按照一定的方法查清票币的数额，在银行业中泛指清点各种票币，又称票币整点。目前对前台柜员以及出纳人员来说，手工点钞是一项经常性的、大量的、技术性很强的工作。点钞速度的快慢、技术水平的高低，直接影响工作的效率和质量。因此，点钞技术是前台柜员和出纳员的必备技能之一，点钞技术的质量和效率是考核前台柜员和出纳员业务素质的重要指标，学好点钞技术是做好出纳工作的基础。

（一）点钞的基本要求

“五好钱捆”标准：点准、挑净、墩齐、捆紧、盖章清楚。

在整点票币的过程中，一般都必须经过拆把、持票、清点、记数、墩齐、扎把、盖章这几个环节，其具体要求有以下几个方面。

（1）端正姿态。应选择高度适当的座位，一般要高于写字的高度，双肘能在桌面上自如转动，就座后，身体直立，全身肌肉自然放松，两腿分开与肩膀齐宽，胸部挺起，不要紧靠桌沿。

（2）票币墩齐。点钞时，首先搓揉票币使之松开，然后墩齐，每张票币都应平直，有弯折、折角的票币要弄直、抹平，有损伤或涂写的票币要挑出。点完后每 100 张整理为一“把”，每 10 把整理为一“捆”。

（3）开扇均匀。使用各种点钞方法时，都应将票币打开呈微扇形或坡形，便于捻动并可防止夹张，能提高点钞的速度和准确性。

（4）点数准确。点数准确是点钞技术的核心内容，只有在准确的基础上求快，才能保证点钞的质量。要做到点数准确，就必须集中精力，双手点钞，脑子记数。

手、眼、脑相互配合，共同完成点钞。

（5）动作连贯。点钞的过程中每个环节之间都必须紧密衔接，即在拆把、清点、墩齐、捆扎、盖章等几个环节都要连贯协调。清点时的动作应连贯，清点速度应均匀。

（二）点钞方法

（1）手持式点钞法。手持式点钞法主要有手持式单指单张点钞法和手持式多指多张点钞法，它们都按清点、记数、捆扎三步进行。

①手持式单指单张点钞法。

a. 清点。先用左手把钞票夹在中指和无名指之间，让钞票竖起，稍向内倾斜，拿稳呈扇形。用右手清点时，拇指在前，食指和中指在右托住钞票，拇指指尖在钞票的右上角向下捻动，同时无名指来回拨动，拇指和无名指要协同动作，如图 1–13 所示。

图 1–13　手持式单指单张点钞法

b. 记数。采用心记记数法：每捻动一张记一个数，即

1、2、3、4、5、6、7、8、9、1（10）；

1、2、3、4、5、6、7、8、9、2（20）；

……

1、2、3、4、5、6、7、8、9、9（90）；

1、2、3、4、5、6、7、8、9、10（100）。

采用这种记数法的优点是将十位数字变成一位数字，省脑易记，不易出差错。

②手持式多指多张点钞法。

a. 清点。右手拇指轻轻托在钞票右侧内角扇形的下端，其余四指并拢弯曲，指尖呈斜直线。点数时小指、无名指、中指、食指指尖依次捻钞票右上角，与拇指摩擦后拨票，一指清点一张，一次点四张为一组。左手拇指、中指随着左手清点逐渐向上移动，食指稍加力向前推动以适应待清钞票的厚度，如图 1–14 所示。

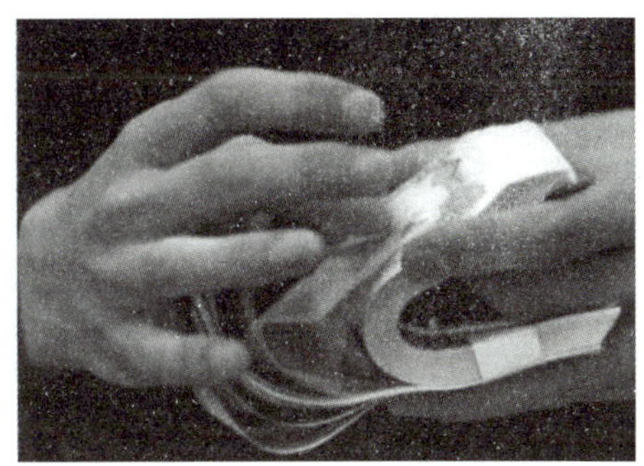

图 1-14　手持式多指多张点钞法

b. 记数。采用分组记数法，每组记一个数，数至 25 组为 100 张。

（2）手按式点钞法。

①单指单张点钞法。

a. 按钞及拆把。将钞票平放在桌面上，两肘自然放在桌面上。以钞票左端为顶点，与身体成 45°，左手小指、无名指按住钞票左端约 1/3 处，小指在前，无名指贴着小指随后，中指自然弯曲，然后食指伸向纸条下端，将纸条勾断，中指、无名指、小指随即立起，用指尖按钞，手心朝下。食指与拇指张开，为配合右手点数做准备，如图 1-15 所示。

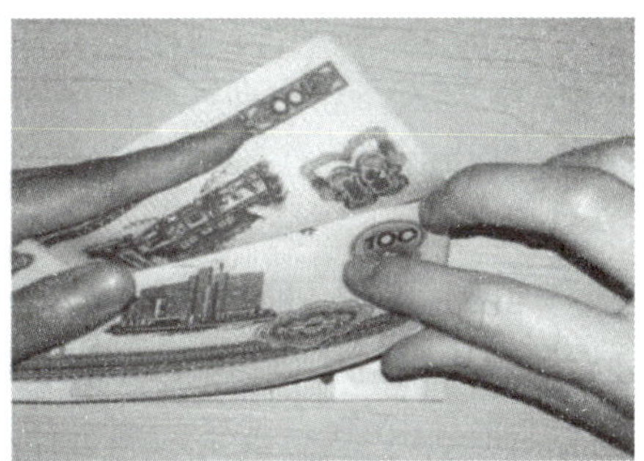

图 1-15　单指单张点钞法

b. 清点。右手掌心向下，右手腕抬起，中指伸直，拇指从钞票右端内侧起部分钞票。食指指尖将钞票右侧内角与拇指摩擦后向内向上提，提起后左手拇指迅速接过，向上推，送到左手食指与中指之间夹住，依次连续操作。

c. 记数。记数同手持式单指单张点钞法。

②多指多张点钞法。

a. 按钞及拆把。按钞及拆把同手按式单指单张点钞法。

b. 清点。右手掌心向下，拇指放在钞票端内侧，挡住钞票。食指、中指、无名指、小指指尖依次由钞票右侧外角向内向下逐张拨点，一指拨点一张，一次点四张为一组，依次循环拨动。每点完一组，左手拇指将点完的钞票向上掀起，用食指与中指将钞票夹住。如此循环往复，如图 1-16 所示。

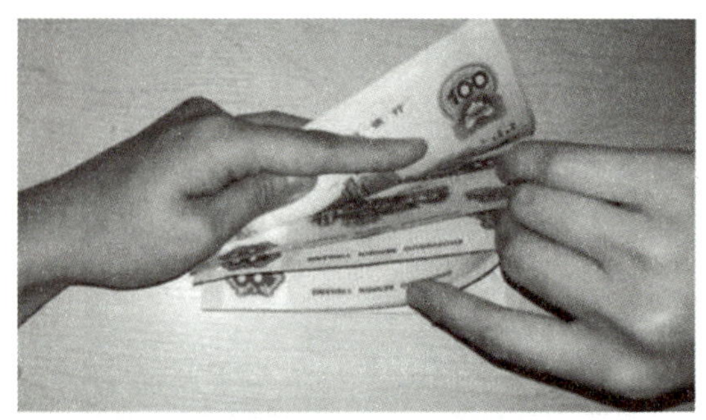

图 1–16　多指多张点钞法

c. 记数。采用分组记数法，同手持式多指多张点钞法。

（3）扇面式点钞法。把钞票捻成扇面状进行清点的方法叫扇面式点钞法。

①持钞。钞票竖拿，左手拇指在票前下部中间票面约 1/4 处。食指、中指在票后同拇指一起捏住钞票，无名指和小指卷向手心。右手拇指在左手拇指的上端，用虎口从右侧卡住钞票呈瓦形，食指、中指、无名指、小指均横在钞票背面，做开扇准备。

②开扇。以左手为轴，右手食指将钞票向胸前左下方压弯，然后再猛向右方扇动，同时右手拇指在票前向左上方推动钞票，食指、中指在票后面用力向右捻动，左手指在钞票原位置以逆时针画弧捻动，食指、中指在票后面用力向左上方捻动，右手手指逐步向下移动，至右下角时即可将钞票推成扇面。如有不均匀的地方，可双手持钞票抖动，使其均匀。

打开扇面时，左右两手一定要配合协调，不要将钞票捏得过紧，如果点钞时采取一次按 10 张的方法，扇面要开小些，便于清点。

③点数。左手持扇面，右手中指、无名指、小指托住钞票背面，拇指在钞票右上角 1 厘米处，一次按下 5 张或 10 张；按下后用食指压住，拇指继续向前按第二次，以此类推，同时左手应随右手点数速度向内转动扇面，以迎合右手按动，直到点完 100 张为止。

（三）扎把

点钞完毕后需要对所点钞票进行扎把，通常将 100 张捆扎成一把，有缠绕式和扭结式两种扎把方法。

（1）缠绕式。临柜收款采用此种方法，需使用牛皮纸腰条将点过的 100 张钞票墩齐，左手从长的方向拦腰握着钞票，使之成为瓦状（其幅度影响扎钞的松紧，在捆扎中幅度不能变），右手握着腰条头将其从钞票长的方向夹入钞票的中间（离一端 1/3~1/4 处），从凹面开始绕钞票两圈，在翻到钞票原度转角处将腰条向右折叠 90°，将腰条头绕捆在钞票的腰条转两圈打结。

（2）扭结式。考核、比赛采用此种方法，需使用绵纸腰条将点过的 100 张钞票墩齐，左手握钞，使之成为瓦状，右手将腰条从钞票凸面放置，将两腰条头绕到凹面，左手食指、拇指分别按住腰条与钞票厚度交界处，右手拇指、食指夹住其中一端腰条头，中指、无名指夹住另一端腰条头，并合在一起，右手顺时针转180°，左手逆时针转180°，将拇指和食指夹住的那端从腰条与钞票之间绕过、打结。

二、传票翻打

传票翻打，也称为传票算，是指在经济核算过程中，对各种单据、发票或凭证进行汇总计算的一种方法，一般采用加减运算。它是加减运算在实际工作中的具体应用，可以为会计核算、财会分析、统计报表提供及时、准确、可靠的基础数据，是财经工作者必备的一项基本功，并被列入全国会计技能比赛的正式项目。

传票本分为两种，一种是订本式传票，是在传票的左上角装订成册，一般在比赛中使用；另一种是活页式，在全国会计技能大赛中采用。

（一）传票翻打坐姿要求

（1）身体要自然坐直，两脚放平，与胳膊平行，眼睛与屏幕的距离在40~50厘米。

（2）显示器的位置应当在视线以下45°左右。

（3）右手手指轻放在规定的基准键上，手腕平直，传票放在键盘下方。

（二）传票翻打正确指法

各手指要放在基本键上，输入数字时，每个手指只负责相应的几个键，不要混淆。手腕平直，手指自然弯曲，击键只限于手指指尖，身体其他部分不要接触工作台或键盘。输入时，手稍微抬起，只有要击键的手指伸出击键，击完后立即收回，停留在基准键上。击键速度要均匀，用力要轻，有节奏感，不可用力过猛。在击键时，只能依靠手指和手腕的灵活运动，而不能靠整个手臂的运动。

（三）翻页快速准确

（1）墩齐。双手拿起传票侧立于桌面墩齐。

（2）开扇。左手固定传票左上角，右手沿传票边沿轻折，打开呈扇形，扇形角度为20°~25°。

（3）固定。右手用夹子固定左上角，防止翻打时散乱。

（4）“按”。左手小指、无名指和中指按住传票的左下端。

（5）“翻”。左手大拇指逐页翻起传票，并交给食指夹住。

（四）传票翻打口诀

先翻一步，眼比手快。手脑并用，看比按快。

（五）肢体要求

（1）左右手协调。左手翻传票时，右手直接将传票上的数字敲入计算器。

（2）眼、脑、手协调。左手翻开传票时，眼睛应迅速看完上面的数字，同时大脑记住数字，右手连续不断地将此行数字敲入计算器。确保右手未打完当页数时，左手已经翻到下一页，保持动作流畅。

三、假币识别

（一）鉴别真伪钞的主要依据

（1）纸张特征。纸张是钞票的基础。不仅钞纸本身运用防伪技术，而且印刷技术、质量水平都集中反映在印钞纸上。造纸原料大多采用纤维较长的棉、麻等植物，这样造出来的纸张光洁、坚韧、挺度高、耐磨性强，经长时间流通使用后纤维不松散、不发毛、不断裂。各国钞票纸张一般都专门制造，而且为了使钞票纸张明显区别于普通纸张，目前世界上大多数国家将水印、安全线、纤维丝和彩点技术运用在钞票纸张中。

①水印是在造纸过程中，通过丝网的变化使纸浆的厚度密度不同而形成的各种水印图案。水印可分为固定水印、非固定水印和连续水印三种。其中固定人像水印技术难度较高，其图案迎光透视清晰可见、生动逼真、立体感强，一般用于大面额钞票中。

②安全线是在造纸过程中加入的，它包括金属线、塑料线、聚酯线、缩微印刷线、荧光线等。

③纤维丝、彩点是在纸浆中加入的，分为可见和不可见两种。可见纤维丝及彩点在钞票纸表面即可看到；不可见纤维丝及彩点在自然光源下为无色，借助紫光灯等仪器方可看到。

（2）制版技术。制版技术也是印刷技术中防伪的一个主要方面。钞票上的人物、风景等各种图案，主要是用版纹的点、线组合表现出来的。它能反映出发行国家的艺术风格和防伪能力，主要靠制版过程中的精致功夫和工艺水平。目前有手工雕刻和机器雕刻两种制版工艺。

手工雕刻制版多用于钞票主要图案的设计，其图案线条精细、形象逼真、版纹深浅粗细富于变化但不紊乱，具有很好的防伪效果。机器雕刻制版多用于几何图案、花边、面值数字和文字等方面，它的特点是样式新颖、花纹线条复杂而多变、不易伪造。目前机器雕刻技术上的新方法有折光法和隐像法。

（3）印刷方法。印刷技术的优劣，在防伪方面起着极其重要的作用。综合目前各国印刷钞票的技术，一般有以下几种。

①凹版印刷。用雕刻的某种金属凹版来印刷钞票的主要部位，如人像和主景。用手摸用此法印刷的部位能感到油墨凸起，其线条精细、层次分明。

②凸版印刷。刻出的版纹和通常使用的图章一样，印刷时版面和纸张直接接触，使纸面受压，反面有凸起的痕迹。使用这种方法可以在不同部位用不同颜色的油墨印刷。

③平版印刷（胶印）。使用这种方法印出的线纹平整，所以此方法多用于印刷大面积的图案。

除上述三种方法外，还有胶版叠印、双面对印、花纹对接等方法。

（4）油墨质量。油墨是制版技术和印刷方法的主要媒介，其质量好坏直接影响印刷的质量，所以各国钞票使用的油墨都是由专门研究机构在严格保密情况下调制的。

大多数国家钞券的墨色鲜亮而不浓，图纹线条细，墨层薄，实在光洁，油墨和纸张的亲和性好，油墨色调调配比较协调。所用的油墨可分为磁性油墨、无色荧光油墨、激光油墨、同色异谱油墨、光可变油墨、温变油墨、红外油墨和防复印油墨等。

（二）假币识别方法

假币出现会给群众造成财产损失，假币的泛滥更会造成国家经济的不稳定。制假、售假、用假侵害了群众利益，干扰了货币流通的正常秩序，破坏了社会信用原则，是社会经济生活中的一大毒瘤。因此，普及假币鉴别知识，提高群众识别假币水平，保护人民币的合法地位和群众的根本利益，是当前各金融部门的一件大事。目前，"一看、二摸、三听、四测"是普通消费者鉴别假币的简单、有效办法。

（1）看。看就是靠肉眼仔细观察钞票的颜色、图案、花纹等外观情况。

①看钞票的水印是否清晰，有无层次感和立体效果。

②看有无安全线，真币的安全线是在造纸时采用专门工艺夹在纸张中制成的，迎光清晰可见，有的上面还有微缩文字。假币的安全线一般是用特殊油墨描绘在纸张表面的，平视可见，迎光看则模糊不清。

③看专用油墨印刷图案，如第五套人民币上的隐形面额数字、光变油墨面额数字用眼就很容易鉴别。

④看主景、人像图案层次是否分明清晰、逼真，真币的人像表情传神，富有立体感，颜色协调，色调柔和而明亮。

⑤看色彩过渡是否自然、准确，整张票面图案颜色是否统一。

⑥看底纹线，真币底纹各种线条粗细均匀，直线、斜线、波纹线明晰、光洁，有的假币没有底纹线，或图纹线条粗糙，呈点状结构，机制假币的底纹线是由不

连续的多色小点构成的虚线条；复印假币的底纹线周边均有不同程度的毛边。

⑦看对印图案，人民币对印制版印刷技术精确度要求很高，所以假币容易出现正背面图景错位现象。

⑧看冠字号码字体大小是否一致且排列整齐，是否有重号现象等。

（2）摸。摸就是指依靠手指触摸钞票的感觉来鉴别人民币的真假。真人民币纸张手感光洁、厚薄均匀、坚挺有韧性；而假人民币用普通商业用纸制造，厚薄不一，手感粗糙、松软、挺度差，还有的表面涂有蜡状物，手摸发滑。第四套人民币 5 元以上券别和第五套人民币均采用了凹版印刷，触摸票面上的行名、水印、盲文、国徽、主景图案等凹印部位，凹凸感较明显，俗称“打手”；假币一般是平版印刷或复印，手感平滑。

（3）听。听就是指根据抖动钞票发出的声音来辨别人民币的真伪。人民币是由专用特制纸张制成的，具有挺韧、耐折、不易撕裂的特点，手持钞票用力凌空抖动，手指轻弹，或用两手一张一弛轻轻地对称拉动钞票，均能发出清脆响亮的声音；假币声音发闷，且易撕断。鉴别时要注意用力均匀以及钞票的新旧程度，纸质较软发旧的钞票不适合使用这种方法。

（4）测。对制作手法比较高明、伪造质量较好的假钞，仅靠以上方法是不能够准确鉴别的，需要利用专用工具进行检测，具体操作步骤如下。

①在对钞票进行真伪鉴别时，一般可用 5 倍以上放大镜仔细观察票面的平印隔色、套色、对印是否准确，尤其是平、凹接线技术是否一致，看票面上的胶印缩微文字是否清晰等。

②可用特定波长的紫外光灯检测无色荧光图案，看票面是否有无色荧光纤维，看钞纸是否有荧光。

③可用磁性检测仪测磁性印记。

④可用尺子来测量钞票的纸幅大小。

⑤可把薄页纸敷在钞票水印位置上用铅笔轻拓，如果是真币，纸上会出现清晰的水印轮廓图等。

前三种方法称为直观比较法，凭经验将可疑币与真币进行比较，从而辨别人民币的真伪。第四种鉴别方法则需要借助仪器或简单工具，并且需要掌握一定的技术，称为仪器鉴别法。从市场上发现的假币来看，通过前三种的鉴别方法一般都能识别出是假币，如果不能识别，建议到就近的银行进行鉴别。

四、身份证识别

第二代居民身份证是依据 2003 年 6 月 28 日第十届全国人大常委会第三次会议通过的《中华人民共和国居民身份证法》实施的。其是由多层聚酯材料复合而成的单页卡式证件，采用非接触式IC卡技术制作，具备视读和机读两种功能，证件尺寸与信用卡基本一致。证件正面印有国徽、证件名称、长城图案、签发机关名称和有效期以及彩虹扭索花纹。

（一）第二代居民身份证主要变化

与第一代居民身份证比较，第二代居民身份证主要有以下变化。

（1）芯片存储量大。新式身份证采用非接触式芯片，写入的信息可划分安全等级，分区存储，容量更大。

（2）证件外表变化。证件底纹采用彩虹印刷技术，颜色从左至右为浅蓝色至浅粉色再至浅蓝色。证件背面有持证人照片、登记项目（姓名、性别、民族、出生日期、住址、公民身份证号码）。

（3）数字防伪技术。数字防伪用于机读信息的防伪，将持证人的照片图像和身份项目内容等数字化后采用密码技术加密，存入芯片，可以有效起到证件防伪的作用，防止伪造证件或篡改证件机读信息内容。

（二）第二代居民身份证防伪技术

第二代身份证具备视读和机读两种功能，并采用两种防伪措施：证件芯片采用数字防伪措施，可在对证件机读时完成认证；表面采用防伪膜和印刷防伪技术，防伪膜采用具有自主知识产权的定向光变色膜等技术，印刷防伪技术包括底纹精细、缩微、彩虹印刷，印刷图案中隐藏加密点和变形加密字。

第二代身份证采用防伪膜和多项印刷防伪技术。防伪膜采用具有自主知识产权的定向光变色膜等技术。印刷防伪技术包括底纹精细、缩微、彩虹印刷、荧光印刷等。对于这些新的防伪措施，有些用肉眼即可观察到。

（1）在性别项目的位置，有定向光变色的“长城”图案，用左眼看可能是黄色，右眼看可能是绿色，两眼一起看就表现为蓝色；白天、夜晚所显现的又是不同的光泽。

（2）在相片下有光变光存储的“中国CHINA”字样。

（3）用放大镜人们可以看到，在彩虹印刷的底纹中有缩微字符串“JMSFZ”。

（4）如果将证件正面放在紫外灯光下，可以发现荧光印刷的“长城”图案。

（三）居民身份证有效期限与持证人年龄、签发日期的关系

居民身份证的有效期限分为10年、20年、长期三种。16周岁至25周岁的，发给有效期为10年的居民身份证；26周岁至45周岁的，发给有效期为20年的居民身份证；46周岁以上的，发给长期有效的居民身份证。证件有效期限从签发之日起计算。如某人1949年9月20日出生，1984年35周岁时申领居民身份证，签发日期为1984年12月31日，他属于26~45周岁这一年龄段，证件有效期限属

于 20 年这一档次，到 2004 年 12 月 30 日有效期满。查验或检查时，应对照检查证件有效期限与持证人年龄、签发日期三者之间的关系。

（四）居民身份证编号识别

从 1999 年 10 月 1 日起，全国实行居民身份证号码制度，居民身份证编号由原 15 位升至 18 位。前 6 位数为地址码；第 7 位至 14 位为出生期码，次码由 6 位数改为 8 位数，其中年份用 4 位数表示；第 15 位至 17 位为顺序码，取消了顺序码中对百岁老人使用的特定编号；第 18 位为校验码，主要是为了校验计算机输入居民身份证号码的前 17 位数字是否正确，其取值范围是 0~10，当值等于 10 时，用罗马数字符 X 表示。

（五）第二代身份证识别

第二代身份证是 IC 非接触式智能身份证，它集中了目前国内最新的防伪技术。新身份证的防伪主要由视读和机读两部分组成。视读就是用肉眼可以辨别出身份证的真伪；机读则需要用机器来识别。下面介绍常用的第二代身份证视读鉴别方法。

（1）在一般的光线下，平视第二代身份证表面时，表面上的物理防伪膜是无色透明的。

（2）适当上下倾斜第二代身份证，便会观察到证件的左上方有一个变色的长城图案，呈橙绿色。

（3）用左眼和用右眼分别观察，身份证上长城图案的颜色将呈现不同颜色。

（4）将身份证旋转 90°（垂直方向），观察到的长城图案呈蓝紫色。

（5）底纹为彩虹印刷扭索花纹。

（6）正面背面均有“JMSFZ”微缩文字，呈环形（放大 10 倍可见）。

（7）“日”字下面的“花”图案中间有“JMSFZ”微缩文字，在身份证最中间位置（放大 10 倍可见）。

（8）照片的脸部无网纹，背景衣领均有网纹覆盖。

（9）直视下看不到身份证正面左上角“长城”和照片下“中国 CHINA”的光变图案，适当倾斜可见上述光变图案。

（10）正面下半部有大幅荧光长城图案（紫光灯下可见）。

（六）临时居民身份证识别

第二代临时身份证式样为聚酯薄膜密封的单页卡式，有效期限为 3 个月（自签发之日起计算）。证件采用国际通用标准尺寸，正面印有彩虹扭索花纹、写意“长城”图案、“中华人民共和国临时居民身份证”证件名称字样。证件名称分两行排列于版面中间偏上的位置，写意“长城”图案位于证件名称下方，颜色为褐色，彩虹扭索花纹过渡颜色为浅绿色至浅黄色再至浅绿色。证件背面印有彩虹横向波浪扭索花纹并登记公民本人黑白照片和身份项目，包括姓名、性别、民族、出生日期、住址、居民身份证号码、证件的有效期和签发机关名称。主色调为浅绿色。

【课堂活动】

分组采用不同的方法点钞，大家相互点评。

模拟仿真实训1 点钞技能

一、点钞的基本要领

出纳人员在办理现金的收付和整点时，要做到准、快、好。“准”是指钞券清点不错不乱，准确无误。“快”，是指在“准”的前提下，加快点钞速度，提高工作效率。“好”，就是清点的钞券要符合“五好钱捆”的要求。“准”是做好现金收付和整点工作的基本前提，“快”和“好”是银行加速货币流通、提高服务质量的必要条件。

点钞的基本要领大致可概括为以下几点。

（1）肌肉要放松。点钞时，两手各部分的肌肉要放松。肌肉放松，能够使双手活动自如，动作协调，并减小劳动强度。否则，长时间点钞会使手指僵硬，动作不准确，既影响点钞速度，又耗费体力。正确的姿势是，肌肉放松，双肘自然放在桌面上，持票的左手腕接触桌面，右手腕稍抬起。

（2）钞券要墩齐。点清的钞券必须整洁、平直，这是点准钞券的前提，钞券不齐不易点准。对折角、弯折、揉搓过的钞券要将其弄直、抹平，明显破裂、质软的钞券要挑出来。清理好后，将钞券放在桌面上墩齐。

（3）开扇要均匀。钞券清点前，要先进行开扇，使钞券有一个坡度，便于捻动。开扇均匀是指每张钞券间隔距离一致，使之在捻动过程中不易夹张。因此，扇面开得是否均匀，决定点钞是否准确。

（4）手指触动面要小。手工点钞时，捻钞的手指与钞券的接触面要小。如果手指接触面大，手指往返的动作幅度也随之增大，致使频率减小，影响点钞速度。

（5）动作要连贯。点钞时，各个动作之间相互连贯是加快点钞速度的必要条件之一。动作要连贯包括两方面的要求：一是指点钞过程的各个环节必须紧密协调，环环扣紧。如点完 100 张墩齐钞券后，左手持票，右手取腰条纸，同时左手的钞券跟上去，迅速扎好小把。在右手放票的同时，左手取另一把钞券准备清点，而右手顺手蘸水清点等。这样使扎把、持票及清点各环节紧密地衔接起来。二是指清点时的各个动作要连贯，即第一组动作和第二组动作之间要尽量缩短间隔，不留空隙时间，当第一组的最后一个动作即将完毕时，第二组的第一个动作已做好准备，使整体动作具有连续性，比如用手持式多指多张点钞法清点时，当第一组的食指捻下第四张钞券时，第二组动作的小指要迅速跟上，不留空隙。这就要求在清点时双手动作协调，切忌忽快忽慢、忽多忽少。另外，在清点中尽量减少不必要的小动作、假动作，以免影响动作的连贯性和点钞速度。

（6）点、数要协调。点和数是点钞过程的两个重要方面，这两个方面要相互配合，协调一致。点的速度快，记数跟不上，或点的速度慢，记数过快，都会造成点钞不准确，甚至造成差错，给国家财产带来损失。所以点和数二者必须一致，这是点准的前提条件之一。为了使两者紧密结合，记数通常采用分组法。单指单张以 10 为一组记数，多指多张以清点的张数为一组记数，使点和数的速度能基本吻合。同时记数通常要用脑记，尽量避免口头数。

二、点钞的基本环节

点钞是一个从拆把开始到扎把盖章为止的连续、完整的过程。它一般包括拆把持钞、清点、计数、墩齐、扎把、盖章等步骤。要加快点钞速度，提高点钞水平，必须把各个环节的工作做得细致。

（一）拆把持钞

成把清点时，首先需要将腰条纸拆下。拆把时可将腰条纸脱去，保持其原状，也可将腰条纸用手指勾断。通常情况下，初点时，采用脱去腰条纸的方法，以便复点发现差错时进行查找；复点时，一般应将腰条纸勾断。

持钞速度的快慢、姿势的正误，也会影响到点钞速度。要注意每一种点钞方法的持钞要求。

（二）清点

清点是点钞的关键环节。清点的速度和准确性直接关系到点钞的准确与速度。因此，要勤学苦练清点基本功，做到清点既快又准。

在清点过程中，还需将损伤的钞券按规定标准剔出，以保持流通钞券的票面整洁。如应把钞券中夹杂着其他版面的钞券挑出。

在点钞过程中如发现差错，应将差错情况记录在原腰条纸上，并把原腰条纸放在钞券上面一起扎把，不得将其扔掉，以便事后查明原因，另做处理。

（三）计数

计数也是点钞的基本环节，与清点相辅相成。在清点准确的基础上，必须做到计数准确。

（四）墩齐

钞券清点完毕扎把前，先要将钞券墩齐，以便扎把后保持钞券外观整齐美观。墩齐钞券时要求四条边水平，不露头或不呈梯形错开，卷角应拉平。墩齐时，双手松拢，先将钞券竖起来，双手将钞券捏成瓦形在桌面上墩齐，然后将钞券横立并将其捏成瓦形在桌面上墩齐。

（五）扎把

每把钞券清点完毕后，要扎好腰条纸。腰条纸要求扎在钞券的 1/2 处，左右偏差不得超过 2 厘米。同时要求扎紧，以提起第一张钞券不被抽出为准。

（六）盖章

盖章是点钞过程的最后一环，在腰条纸上加盖点钞员名章，表示对此把钞券的质量、数量负责，所以每个出纳人员点钞后均要盖章，而且图章要盖得清晰，以能够看清行号、姓名为准。

模拟仿真实训 2　重要单证、印章、机具规范管理训练

重要单证包括有价单证和重要空白凭证。有价单证是指经批准发行的印有固定面额的特殊凭证，主要包括银行发行或银行代理发行的实物债券、旅行支票、定额存单以及印有固定面额的其他单证。重要空白凭证是指无面额的经银行或客户填写金额并签章后，具有支付票款效力的空白凭证，包括各类存折、存单、存款开户证实书、支票、汇票、本票、银行卡、外汇兑换水单、债券收款凭证及其他重要空白凭证等。

会计业务印章分为重要业务印章和一般业务印章。重要业务印章包括汇票专用章、本票专用章、储蓄业务专用章、贷款审批专用章、结算专用章、票据清算专用章等。一般业务印章包括现金清讫章 (现金收讫章、付讫章)、转讫章等。

重要机具包括密押器、压数机、磁码机等。

一、重要单证的领用、签发、出售和作废

（一）重要单证领用业务操作流程

模拟银行某营业网点柜员向凭证管理员领用 20 本储蓄存折、30 份储蓄存单，操作流程如图 1–17 所示。

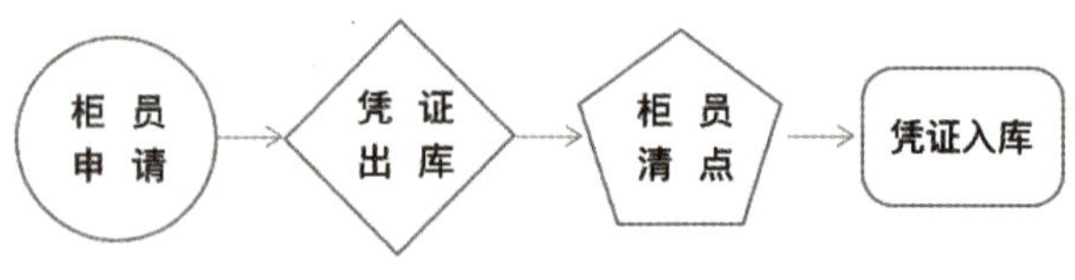

图 1–17　重要单证领用业务操作流程

1. 柜员申请

营业网点柜员领用重要空白凭证时，需填写重要单证出 / 入库单，如图 1–18 所示，填写所要领用的凭证名称、数量，加盖本人私章并经主管签章同意后，向凭证管理员申请领用。

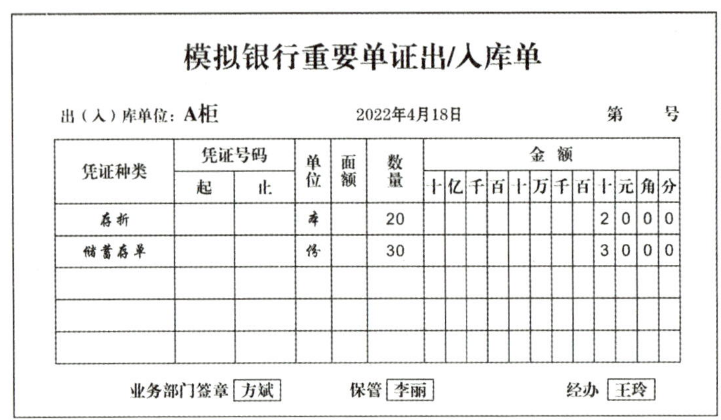

模拟银行重要单证出/入库单

出（入）库单位：A柜　　2022年4月18日　　第　　号

凭证种类	凭证号码		单位	面额	数量	金额											
	起	止				十	亿	千	百	十	万	千	百	十	元	角	分
存折			本		20									2	0	0	0
储蓄存单			份		30									3	0	0	0

业务部门签章 方斌　　保管 李丽　　经办 王玲

图 1–18　重要单证出 / 入库单

2. 凭证出库

凭证管理员审核营业网点柜员填制的重要单证出 / 入库单后，登记重要空白凭证登记簿，办理凭证出库，使用“凭证出库”交易完成凭证出库。记账完毕后，打印交易流水。

3. 柜员清点

营业网点柜员领用重要空白凭证时，需逐份清点凭证。每开启一捆（本）重要单证时，必须逐本（份）进行清点，不能只点大额入库凭证数，防止印刷重号、跳号、漏号。

4. 凭证入库

营业网点柜员使用“柜员”交易完成凭证入库。记账完毕后，打印交易流水，填制表外收入凭证，填制重要空白凭证、有价单证登记簿（图 1–19）。

模拟银行

重要空白凭证、有价单证登记簿

种类 存折 表外账号:　　　　　年　　　　　第　页

日期		摘要	单位名称或账号	号码区间		数量或金额		结存	经办人	复核员	签收
月	日			起	止	收	付				
4	7			9214428	9214440			13.00	王玲		
4	8			9214928	9214935		8.00	5.00	王玲		
4	8			9215001	9215020	20.00		25.00	王玲		

图 1-19　重要空白凭证、有价单证登记簿

（二）重要单证使用（作废）业务操作流程

模拟银行某营业网点柜员在签发储蓄存单时将客户姓名填错，发现后将该存单作废处理，签发了一份新存单。

1. 凭证签发

柜员根据业务需要签发重要空白凭证时，必须按号码顺序使用，不得跳号。柜员应按照业务要求与凭证的规范要求正确填写。

2. 审核签章

填写的凭证审核无误后，加盖相关业务印章；对于填制错误、印刷有瑕疵的重要空白凭证，以及其他原因导致不能再使用的重要空白凭证，应进行作废处理。重要空白凭证作废时必须加盖“作废”戳记，并在“重要空白凭证、有价单证登记簿”上注明作废的日期、凭证号码，在备注栏注明“此份作废”字样，两人在登记簿上签章。各种凭证作废时，还应将凭证右上角的号码剪下，贴在“重要空白凭证、有价单证登记簿”上，作废凭证为当日表外传票附件。

3. 记账、销号

经办柜员填制表外科目付出凭证，使用相应业务交易，完成表外账务处理，打印交易流水作表外科目付出凭证的附件，销记柜员重要空白凭证登记簿。

4. 后续处理

柜员将相关记账凭证按要求整理后作当日传票装订保管，作废凭证须附当日传票后作附件。

注意：对遗失重要单证的当事人，应视情节轻重进行处罚；若遗失的重要单

证给银行造成经济损失，应追究当事人的经济责任。

二、印章的使用管理

模拟柜员可领用现金收讫章、现金付讫章、转讫章、票据受理章、结算专用章、联行专用章、票据交换专用章、业务公章、储蓄专用章，领用流程如下。

（1）预留印模。业务印章启用时必须由相关经办人员在印章保管使用登记簿上预留印模。

（2）注明启用日期。印章启用时需在印章保管使用登记簿上注明启用时间。

（3）签名盖章。印章的领用保管人要在印章保管使用登记簿上签名盖章。业务印章领用登记簿如图 1–20 所示。

模拟银行

业务印章、联行机具、库房及保险柜钥匙登记簿

第　页

领取日期			启用日期			名称	摘要	发送单位	领入或移交人	保管或接收人	监交人	停用日期			上缴或销毁日期			上缴单位	编号（或预留印模）
年	月	日	年	月	日							年	月	日	年	月	日		
12	5	4	12	5	4	专票专用章			刘华	王玲	方斌								模拟银行 本票专用章 (00001)

图 1–20　业务印章领用登记簿

（4）审批签章。经办双方签章并经会计主管审批签章后，方可领取使用。

几种主要印章的使用范围如下。

①现金收讫章：适用于已收款的现金收款凭证及回单。

②现金付讫章：适用于已付款的现金付款凭证及回单。

③转讫章：适用于已进行账务处理的转账凭证及回单。

④结算专用章：适用于发出结算凭证，如托收凭证等。

⑤汇票专用章：适用于银行汇票的签发、银行承兑汇票的承兑。

⑥票据受理章：适用于受理客户提交而尚未进行账务处理的各种凭证的回执。

⑦票据交换专用章：适用于提出同城票据交换的各类凭证。

⑧业务公章：适用于对外签发的重要单证和协议等。

⑨储蓄专用章：适用于对外签发的储蓄存单（折）和代理业务委托等特定业务申请书。

三、重要机具的保管使用

（一）密押器的保管使用

密押器的保管使用实行个人负责制，经办人员调动工作时，由会计主管指定接办人员，办理交接手续。交接时由会计主管监交，交接人员和会计主管应在交接登记簿上签章。在办理交接时，离岗人员应更改自己的开机口令，接收人员应设置自己的口令。临时交接时，经办人应将密押器交给会计主管保管使用。

密押经办人员不得兼管与密押配套使用的印章、重要空白凭证。密押员的口令应不定期更换，不得将本人生日、住宅或单位门牌号码、常用电话号码等常用数码作为启用口令，以防失密。

密押器不得让非经办人员练习和操作，不得在讲课中讲解使用方法；如丢失、被盗，要立即采取有效查找措施并立即上报。查明情况后视情节轻重追究经办人员和有关领导责任。

（二）压数机、磁码机的保管使用

压数机、磁码机需指定专人保管使用，无关人员不得随意动用机器。营业期间，保管使用人应做到“人在机开，人走机锁”；营业结束后应上锁寄库保管。使用人员必须爱护机器，轻拿轻放，使用过程中要认真检查，如发生故障，应联络机器保修单位，不得自行拆开机器。使用前要认真阅读有关操作手册。

（三）印鉴卡的保管使用

电脑验印系统印鉴建库录入和维护，应由专人专机录入，严格把控操作人员的密码管理，非操作人员不得进入验印系统，操作人员离开验印机具时，应及时退出验印系统。

四、柜员交接业务操作处理

印、押、机、证的经办人员因事需短期离岗、工作调整和调离的，必须办理交接手续。

（1）清点。柜员办理交接时，双方应对有关账、款、实物等进行认真核对，逐份清点，仔细确认交接物品的名称、数量、号码。

（2）登记。交接双方登记柜员交接登记簿，在柜员交接登记簿上详细列明交接的凭证、账、印章、重要机具以及应交接的其他物件。

（3）监交。会计主管负责监交，监督交接双方按规定程序办理交接。

（4）签章。交接双方及监交人应在柜员交接登记簿及有关书面资料上签章证明。银行柜员交接登记簿如图 1–21 所示。

模拟银行

柜员交接登记簿

第　页

移交人	王玲		接交人	沈强	监交人	方斌		交接时间	2022年5月10日
一、重要空白凭证	起讫号码		份数	二、印、押、机		三、有价单证	份数	金额	[illegible]
1、储蓄存单	1215000—3215009		15	1、全国汇票专用章	√				1.正钥匙
2、一般储蓄存折	157012--4157005		22	2、省份汇票专用章	√				2.副钥匙
3、单位定期存款证书				3、全省结算专用章					3.ATM钥匙
4、现金支票				4、省辖结算专用章					
5、转账支票				5、本票专用章					
6、普通支票				6、票据交换专用章					
7、全国银行汇票	6735212—6736200		32	7、全国联动编押机		五、现金： ¥75018.86 $3122.57			
8、三省一市银行汇	453173—7453200		28	8、压数机					
9、个人借记卡				9、实时汇兑核押机					
10、国库券收款凭证				10、储蓄专用章（1）	√				
11、汇票申请书				11、业务办理讫章（ ）					
12、单位定期存款单				12、业务公章（ ）		六、会计档案：			
13、信汇凭证				13、受理凭证专用章	√				
14、电汇凭证				14、转讫章（1）	√				
15、结算存折				15、现金收讫章（1）	√				
16、单位借记卡				16、现金讨讫章（1）	√				
17、商业承诺汇票				17、全国联行印模卡		七、其他说明：			
18、银行承诺汇票				18、省辖印模卡					
19、准货借记									

图 1–21　银行柜员交接登记簿

知识巩固练习

一、不定项选择题

1. 票币整点必须做到（　　）。

A. 挑净　　B. 点准　　C. 墩齐　　D. 捆紧

E. 盖章清楚

2. 出纳工作柜面收付现金的质量要求是（　　）。

A. 准　　B. 快　　C. 多　　D. 好

3.（　　）属于不宜流通的人民币。

A. 不能兑换的残缺、污损的人民币

B. 停止流通的人民币

C. 有污秽的人民币

D. 不到六成新的人民币

4. 以下符合正确填写票据和结算凭证的基本规定有（　　）。

A. 中文大写、金额数字应用正楷或行书填写

B. 中文大写、金额数字到“角”为止的，在“角”之后，应写“整”（或“正”）字，在“分”之后可以不写“整”（或“正”）字

C. 小写阿拉伯数字金额前面，均应填写人民币符号“¥”

D. 大写数字金额应紧接“人民币”字样填写，不得留有空白

二、判断题

1. 除“7”和“9”上低于下半格的1/4，下伸至次行上半格的1/4外，其余数字都要紧贴底线，但上不可顶格。（　　）

2. 阿拉伯数字应当逐个地书写，不得连笔书写。除“4”和“5”外，其他数字必须一笔完成。（　　）

3. 同行的相邻数字之间要空出一个阿拉伯数字的位置，可预留间隔。（　　）

4. 票据的出票日期可以使用中文大写数字来书写，也可以使用阿拉伯数字书写。（　　）

5. 为防止变造票据的出票日期，“11月”写作“壹拾壹月”，“10月”前加“零壹”写作“零壹拾月”。（　　）

6. 为防止变造票据的出票日期，1日至10日、20日、30日前加“零”，如“30日”，写作“零叁拾日”；11日至19日前加“壹”，如“11日”，写作“壹拾壹日”。（　　）

7. 各种重要单证必须由专人负责保管，建立严密的进出库和领用制度，坚持章证分管的原则。（　　）

8. 书写阿拉伯数字时，数字与底线通常成45°倾斜。（　　）

9. 票据出票的大写日期未按要求规范填写的，银行可予受理，由此造成损失的，由银行承担。（　　）

三、书写练习题

1. 根据表1-2练习书写大写数字。

表1-2　中文大写数字训练

小写金额	大写金额
¥300.00	
¥65 731.98	
¥7 250.60	
¥100 200.00	
¥15.06	
¥40 093 000.00	
¥13 004.00	
¥8 600 000.07	
¥14 090.50	
¥6 007.14	
¥107 000.53	
¥16 409.02	
¥325.04	
¥1 680.32	
¥48 039.57	

2. 请写出下列日期的中文大写形式。

（1）2018 年 12 月 30 日。

（2）2019 年 10 月 8 日。

（3）2020 年 9 月 21 日。

（4）2022 年 11 月 20 日。

（5）2019 年 2 月 1 日。

（6）2021 年 3 月 10 日。

3. 请在下面的模拟银行汇票上为 2022 年 2 月 21 日签发的银行汇票填写大写出票日期。

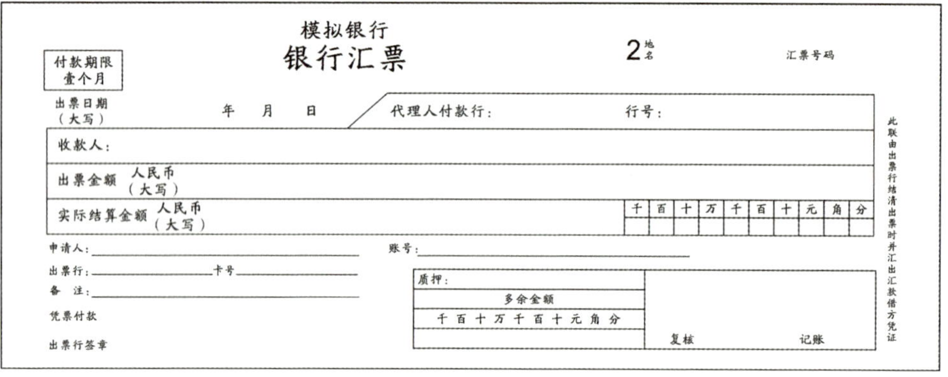

模拟银行
银行汇票　2 地名　汇票号码

付款期限 壹个月

出票日期（大写）　年　月　日　代理人付款行：　行号：

收款人：

出票金额　人民币（大写）

实际结算金额　人民币（大写）

千	百	十	万	千	百	十	元	角	分

申请人：　账号：

出票行：　卡号

备　注：

凭票付款

出票行签章

质押：

多余金额

千 百 十 万 千 百 十 元 角 分

复核　记账

此联由出票行结清出票时并汇出汇款借方凭证

四、情景模拟训练

1. 模拟银行柜员从重要空白凭证保管人处领入 1 本现金支票（3320976~3321000）、1 本转账支票（4562976~4563000）、1 本银行汇票（91200376~91200400）、5 本储蓄存款存折（2516001~2516005）、8 份储蓄存单（65453001~65453008）。

2. 模拟银行柜员出售 1 本现金支票（3320976~3321000），应收单位购买现金支票工本费 5 元、手续费 15 元。

3. 模拟银行柜员作废 1 份储蓄存单（65453003）。

4. 模拟银行柜员因事短期离岗，和另一柜员办理交接班手续。交接内容有以下两点。①现金：25 000 元；②凭证：1 本转账支票（4562976~4563000）、2 本储蓄存折（2516004~2516005）、5 份储蓄存单（65453004~65453008）、12 月份银行汇单（91200389~91200400）。

5. 模拟银行柜员领用现金收讫章、转讫章各一枚，柜员领用汇票专用章一枚的业务处理。

项目二　个人柜面业务

知识目标

1. 熟悉柜员开工、机构开工操作流程。

2. 了解柜员现金调剂的流程及规则。

3. 了解客户联网核查与身份核实的操作规范。

4. 掌握个人客户信息建立与维护的相关规定与要求。

5. 熟悉个人开户与开卡的相关知识与条件。

6. 了解现金存款规定与假币的处理流程。

7. 了解个人活期取款基本常识。

8. 了解个人网上银行概念、特点等基础知识；掌握手机银行的含义、基本业务及其特点。

技能目标

1. 熟练机构开工、柜员开工的操作要点。

2. 了解凭证批量调剂、现金调剂和凭证调剂的对接、操作要点。

3. 个人银行业务是指商业银行对个人客户提供的存款、贷款、支付结算、投资理财等服务。

4. 了解开通手机银行的相关操作要点，掌握手机银行业务存在的风险及其风险防范措施。

素质目标

培养从业者对工作勤奋努力、职业认同感和归属感，以及恪尽职守的行为，规范培养从业者热情服务群众意识，能够在本职岗位上通过不同形式为群众服务，对工作极其负责，保护客户信息，严守道德操守。

模块 1　柜员开工综合业务

思政园地

服务无小事

服务是银行立足的基石，是银行发展的根本。优质服务，就是要注重每一个细节，做好细致工作。×× 支行的营业厅，来了一位步履蹒跚的白发老人，他手里拿着一袋饺子，进来后直接找到大堂经理，把饺子交到她手里，并连声说："谢谢你们了，尤其是你的服务让我非常感动！"原来，这位老人经常到 ×× 支行来办理各项业务，网点的人员都认识他。每次前来，值班的领导及大堂经理都会主动地上前问候，热情地指导他办理存取款、理财等业务，把这位老人当成自己的亲人。老人年龄大了，行动不便，但 ×× 支行的员工从来都是不厌其烦地为老人服务，给老人倒水，指导他填单，帮他找座位。老人离开大堂时，他们每次都会搀扶他到门口，并扶他下台阶，以防摔倒。网点所有员工细致入微的服务深深打动了老人。久而久之，老人和 ×× 支行的营业人员都熟悉了起来。老人得知 ×× 支行端午节的时候会组织吃饺子的活动，特意做了一袋饺子带过来给大家。老人再三表示："今后有啥业务都到你们这儿来办理，你们服务太周到了！"这是老人对 ×× 支行员工最崇高的赞许！

这虽然只是一件小事，但可以说明很多问题。银行服务人员平时能为客户做的，也都是些很小的事情：客户来时一个会心的微笑、一句亲切的问候；客户离开时一个善意的提醒、一句真诚的谢谢。只要坚持做好了这些小事，就一定能赢得客户的理解和信任。

（资料来源：编者根据相关内容整理改写）

按照银行业务处理与业务管理制度规范，银行临柜柜员每天基本的工作流程包括柜面日初操作处理、柜面日间业务操作处理、柜面日终操作处理三个环节。本模块重点讲述柜面日初操作处理中的开工管理环节，主要包括营业前准备、签到、出库和柜员现金调剂。

一、营业前准备

（一）安全检查

营业网点柜员每日营业前应至少提前 15 分钟到达银行网点，做好安全检查工作，并做好安全检查记录。

（1）双人同时进入营业场所，立刻撤除自动报警装置，改为手动启动状态。

（2）检查报警铃等安全防卫器具是否正常、完好。

（3）检查二道门锁是否完好，周边环境是否存在安全隐患。

（4）双人开启监控录像，检查设备是否可以正常使用。

（二）清洁整理

（1）打扫营业柜台以外的卫生，擦拭客户等候区的桌椅、地面，保持门窗明净；整理营业厅及柜台处摆放的各类存取款凭证和宣传资料；检查提供给客户的笔、墨、老花镜等各类便民服务设施是否齐全。

（2）打扫营业柜台内的卫生，整理柜面物品，做到整齐有序，不摆放与办公无关的任何物品及资料。

（3）清洁 ATM（automatic teller machine）及各种计算机、机器设备等机具；检查利率牌及日历牌的内容是否正确。

（4）柜员整理自身着装并挂好工号牌，做到衣着整洁、庄重、规范；检查随身携带的物品、用具是否符合要求。

二、签到

银行柜台签到主要包括机构开工、柜员开工两个步骤。

（一）机构开工

为保障系统的安全，必须对柜员进行操作权限认定。所以，每日办理业务开始前，由网点业务主管进行机构开工，柜员才能进行签到操作。机构开工也可由银行网点任意一个有交易权限的柜员执行，另一柜员复核即可。

（二）柜员开工

作为一名临柜柜员，每日办理日常业务前必须进行柜员开工（即签到）操作，才能进入系统进行业务操作。在操作过程中，系统会显示当前系统日期以及柜员号和柜员名称。其中，柜员号是柜员在一个中心范围内的唯一标识，也是柜员进入综合应用系统的唯一合法身份，它通常由 4~6 个字符组成，字符可以是字母或数字。柜员号由系统运行中心按营业机构编码分配。经管辖行批准后，主管对本行的柜员号可进行增加、减少、修改操作。完成签到后，柜员即可进行日常柜面业务处理。

三、出库

临柜柜员在办理日常业务操作前，必须领取一定量的现金、重要空白凭证。此外还要将上日封存入库的“尾箱”从业务库中领出。以上业务即为办理出库。

（一）现金出库

在现金业务管理中，综合应用系统要求每个营业网点都要设一个“现金库房”，用于记录库房现金的总数和各券别的数量，并控制库房现金实物的出入库。每个办理现金业务的临柜柜员，必须由主管为其按币种建立现金箱，并设定限额，否则柜员无法办理现金业务。在每天进行日常业务操作前，需匡算当天所需现金数，从业务库中提取相应现金存入现金箱。

（二）重要空白凭证出库

重要空白凭证是指银行印制、经银行或客户填写金额并签章后即具有支付效力的空白凭证，如支票、银行汇票、商业汇票、不定额银行本票、存折、存单、国债凭证、银行卡、印鉴卡、内部往来划收（付）款凭证、电子清算划收（付）专用凭证等。

在重要空白凭证管理中，综合应用系统要求每个营业网点都设一个“凭证库房”，每个办理现金业务的临柜柜员都拥有一个凭证箱。对于重要空白凭证，柜员要严格遵守“先领用、再使用”的操作流程。在使用中还必须按凭证号码从小到大顺序使用，不能跳号使用。

凭证箱是系统为每个柜员自动建立，用于记录其保管的重要空白凭证数量，并控制其按从小到大的凭证号顺序使用凭证的凭证保管箱，也是计算机虚拟凭证箱与实际物理凭证箱的统一。

（三）尾箱出库

尾箱主要是指临柜柜员经手保管的现金或重要空白凭证的多少。从物理形式上讲，尾箱和现金箱属同一钱箱。上岗时，营业网点一般要求柜员空箱上柜，如果不能实现空箱上柜，营业结束时，柜员现金箱中的人民币余额不得超过 2 万元。柜员尾箱交叉发放，若柜员现金箱次日由本人继续使用，营业结束，现金箱实物必须换人复核。

四、柜员现金调剂

柜员现金调剂是指银行柜员因现金尾箱内现金不足，向其他柜员或分行申请借用一部分现金的行为。普通柜员之间的现金调剂需由普通柜员上缴综合柜员，再从综合柜员处领用。

银行在进行现金调剂时需要遵守以下几个规定。

（1）银行网点发生现金调剂时必须由会计主管审批，并在相关业务凭证上签章确认。

（2）柜员之间调剂现金必须由会计主管授权，并在相关业务凭证上签章确认。

（3）现金调剂业务的清点须在监控下进行。

（4）调款员不得持有款箱钥匙。

（5）未经复点的款项不得存入人民银行；负责与人民银行现金调剂的调款员必须为正式员工。

（6）网点之间不能直接进行现金调剂，而应按向银行提、送现流程操作。

【课堂活动】

请学生分组扮演商业银行柜员，并完成机构开工、柜员开工业务。

模块2 个人开户业务

一、个人客户信息审核与建立

（一）个人客户联网核查

根据有关规定，目前客户申请办理银行业务时，银行业机构要对其公民身份信息进行联网核查。

1. 联网核查的定义

联网核查公民身份信息（以下简称“联网核查”）是指银行业机构通过人民银行和公安部共同开发建设的联网核查系统核对或查询相关个人的公民身份信息，以验证个人居民身份证所记载的姓名、居民身份证号码、照片及签发机关等信息真实性的行为。

2. 联网核查具体操作

（1）当客户向银行申请办理开立银行账户等业务时，银行网点会要求客户出示身份证件。

（2）客户出示居民身份证后，银行网点向联网核查系统提交该客户的姓名和公民身份证号码，系统自动将其与公安部门信息共享系统中存储的居民身份信息进行核对。

（3）当核对一致时，系统会反馈核对一致的提示以及该客户的身份证照片和签发机关；当居民身份证号码存在但与姓名不匹配，或者居民身份证号码不存在时，系统进行相应的提示。

（4）银行网点区别不同核查结果，根据相关法规制度决定是否办理相关业务。

3. 联网核查相关规定

（1）银行要对联网核查获得的公民身份信息保密，不得向任何单位和个人提供，不得用于银行业务之外的其他用途。

（2）当客户对联网核查结果存有异议时，可以出示居民户口簿、护照、机动车驾驶证等其他有效证件进行佐证。也可以通过以下两种途径申请进一步核实。

①请银行业机构核实。银行业机构可通过联网核查系统或直接向公安部门公民身份信息查询服务中心申请核实，也可通过其他适当方式进行核实。

②要求银行业机构向其出具联网核查信息核对不一致的证明，然后持该证明自行到其常住户口所在地公安机关进行核实。经核实确属真实证件的，公安机关应及时为其更新相关公民身份信息，客户持公安机关核实后填写的回执和居民身份证到银行业机构申请继续办理业务。

通过联网核查，能够帮助银行业机构识别客户身份，辨别身份证件真伪，进一步落实银行账户实名制；防范不法分子骗取开立假名账户进行违法犯罪活动，使银行业机构更好地履行法定职责，防范和化解经营风险。

（二）个人客户身份核实

为落实个人银行账户实名制，维护存款人合法权益，柜员在通过联网核查后，还需要对客户的身份进行核实。如在办理开户、挂失等高风险业务时，务必仔细核对客户身份证件及联网核查照片与客户本人的体貌特征是否相符。

（三）个人客户信息建立与维护

1. 个人客户信息建立

存款人在银行开立账户时，银行会根据存款人提供的有效身份证件等，在综合业务系统中建立个人客户信息，并生成个人客户号。

客户信息是金融机构日常业务工作中积累的一项重要基础数据，也是金融机构客户个人隐私的重要内容。如何收集、使用、对外提供个人金融信息，既涉及银行业金融机构业务的正常开展，也涉及客户信息、个人隐私的保护。如果出现与个人金融信息有关的不当行为，不但会直接侵害客户的合法权益，也会增加银行业金融机构的诉讼风险，加大运营成本。

因此，银行业金融机构在建立个人客户信息时，应当严格遵守法律规定，采取有效措施加强对个人金融信息保护，确保信息安全，防止信息泄露和滥用。特别是在收集个人金融信息时，应当遵循合法、合理原则，不得收集与业务无关的信息或采取不正当方式收集信息。

2. 个人客户信息维护

个人客户信息维护是指出于业务需要，对客户信息进行核实、变更与保存。

在与客户业务关系续存期间，金融机构应当持续关注客户及其日常经营活动、金融交易情况，及时提示客户更新资料信息，对客户信息进行维护。

出现以下情况时，应当对客户信息进行维护。

（1）客户要求变更姓名或者名称、联系电话、身份证件号码等信息。

（2）客户行为或者交易情况出现异常的。

（3）客户姓名或者名称与国务院有关部门、机构和司法机关依法要求金融机构协查或者关注的犯罪嫌疑人、洗钱和恐怖融资分子的姓名或者名称相同的。

（4）客户有洗钱、恐怖融资活动嫌疑的。

（5）获得的客户信息与先前已经掌握的相关信息存在不一致或者相互矛盾的。

（6）先前获得的客户身份资料的真实性、有效性、完整性存在疑点的。

（7）认为应重新识别客户身份的其他情形。

同时，银行应妥善保存客户身份资料，包括记载客户身份信息、资料以及反映客户身份、识别工作情况的各种记录和资料。按照下列期限保存客户身份资料和交易记录。

（1）客户身份资料，自业务关系结束当年或者一次性交易记账当年起至少保存 5 年。

（2）交易记录，自交易记账当年起至少保存 5 年。

二、个人开户

目前，多数人办理银行开户时，一般默认选择便于携带的银行卡作为账户介质，即个人开卡业务。一般来说，银行卡号就是账户号，客户可使用卡号进行资金结算。

随着经济的发展，人们的需求逐渐多样化，银行也推出了功能各异的银行卡以满足客户不同的消费需求。

（一）个人开卡业务

1. 银行卡分类

银行卡按其是否具有消费信贷（透支）功能分为信用卡和借记卡。

（1）信用卡。按是否向发卡银行交存备用金，信用卡可分为贷记卡、准贷记卡两类。

①贷记卡是指发卡银行给予持卡人一定信用额度，持卡人可在信用额度内先消费、后还款的银行卡。

②准贷记卡是指持卡人须先按发卡银行要求交存一定金额的备用金，当备用金账户余额不足支付时，可在发卡银行规定的信用额度内透支的银行卡。

贷记卡、准贷记卡按照规定允许持卡人在一定额度内透支，具体透支额度则根据各家银行的银行卡管理规定以及持卡人资信状况而定，持卡人使用银行卡不得发生恶意透支。银行卡遗失，持卡人应立即持本人身份证或其他有效证明，并按规定提供有关情况，发卡银行或代办银行审核后办理挂失手续。

发卡银行对准贷记卡及借记卡（不含储值卡）账户内的存款，按照中国人民银行规定的同期同档次存款利率及计息办法计付利息。发卡银行对贷记卡账户的存款、储值卡（含 IC 卡的电子钱包）内的存款不计付利息。

（2）借记卡。按功能不同，借记卡可分为转账卡（含储蓄卡）、专用卡、储值卡。借记卡不具备透支功能。

①转账卡是实时扣账的借记卡，具有转账结算、存取现金和消费功能。

②专用卡是指具有专门用途（专门用途是指在百货餐饮、饭店、娱乐行业以外的用途）在特定区域使用的借记卡，具有转账结算、存取现金功能。

③储值卡是发卡银行根据持卡人要求将其资金转至卡内储存，交易时直接从卡内扣款的预付钱包式借记卡。

2. 个人开卡条件

年满 16 周岁以上的，可凭本人身份证及复印件或户口簿及复印件到银行办理银行卡。

未满 18 周岁不能开通网上银行功能；未满 16 周岁的，则需要由法定监护人陪同办理银行卡，证件一般是户口簿。

（二）个人开户业务

个人开户是指客户出于办理个人存款、贷款等需要，在银行开立个人银行账户。

1. 个人银行账户分类

目前，个人银行账户一般分为个人储蓄账户和个人结算账户两类。

个人储蓄账户，是指自然人凭个人有效身份证件以自然人名称在银行等储蓄机构开立的办理资金存取业务的人民币储蓄存款账户。其目的主要是取得利息收入。个人储蓄存款利率由人民银行制定并公布。

个人结算账户是指个人客户出于投资、消费、结算等需要，凭个人有效身份证件以自然人名称开立的银行结算账户。申请开立个人结算账户，可实现使用支票、信用卡等信用支付工具的要求，也可实现办理汇兑、定期借记、定期贷记、借记卡等结算要求，同时仍具有活期储蓄功能。为改进个人结算账户服务，中国人民银行于 2015 年 12 月 25 日发布《关于改进个人银行账户服务　加强账户管理的通知》，建立个人银行账户分类管理机制，在现有个人银行账户基础上，将个人银行账户分为Ⅰ类银行账户、Ⅱ类银行账户、Ⅲ类银行账户，不同类别的个人银行账户有不同的功能和权限。Ⅰ类账户属于全功能的银行结算账户，Ⅱ类账户满足直销银行、网上理财产品等支付需求，Ⅲ类账户则主要用于快捷支付，比如“闪付”“免密支付”等。

（1）Ⅰ类户可用于办理存款、购买投资理财产品、转账、消费和缴费支付、支取现金等业务。

（2）Ⅱ类户可用于办理存款、购买投资理财产品、限定金额的消费和缴费支付等业务；单日累计支付额度不超过 10 000 元。

（3）Ⅲ类户可用于办理限定金额的消费和缴费支付服务；账户余额不得超过 1 000 元。

按照中国人民银行统一规定，《人民币银行结算账户管理办法》实施后，个人或单位的资金收付结算都须通过结算账户办理。同时，原来储蓄账户的许多功能都可通过结算账户来实现。因此，个人结算账户和活期储蓄账户的异同如下。

（1）共同点。①都可以存取现金；②存款都可获得利息收入（结算账户存款利率同活期储蓄账户）；③本人名下的个人结算账户和活期储蓄账户之间可以相互转账。

（2）不同点。①结算账户可办理对外的资金转出或接受外部的资金转入（包括本人异地账户汇款）；②储蓄账户只能办理本人名下的存取款业务和转账，而不能对他人或单位转账，也不能接受他人或单位的资金转入。

活期储蓄存折记满页时，应更换新存折。换新存折时应将旧存折的存款余额过入新存折的第一行余额栏，并在摘要栏加盖“承前折”戳记，在旧存折的最后一栏加盖“过新折”戳记；旧存折还必须加盖换折业务章。凭印鉴支取的要在新折上加盖“凭印鉴支取”的戳记。旧存折收回作为当日存款或取款凭证的附件。

活期存折销户后，若客户要求留存已销户的活期存折，柜员需要破坏活期存折磁条的完整性，在最后的一笔交易记录的下一行批注“某年某月某日销户，以下空白”字样（或加盖印章，画线注销），并在存折封面上加盖“销户”戳记后交客户。

2. 个人开户渠道

银行可通过柜面、远程视频柜员机和智能柜员机等自助机具、网上银行和手机银行等电子渠道为开户申请人开立个人银行账户。通过柜面受理银行账户开户申请的，银行可为开户申请人开立Ⅰ类账户、Ⅱ类账户或Ⅲ类账户。

通过远程视频柜员机和智能柜员机等自助机具受理银行账户开户申请，银行工作人员现场核验开户申请人身份信息的，银行可为其开立Ⅰ类账户；银行工作人员未现场核验开户申请人身份信息的，银行可为其开立Ⅱ类账户或Ⅲ类账户。

通过网上银行和手机银行等电子渠道受理银行账户开户申请的，银行可为开户申请人开立Ⅱ类账户或Ⅲ类账户。

3. 个人开户条件

银行为开户申请人开立个人银行账户时，应要求其提供本人有效身份证件，并对身份证件的真实性、有效性和合规性进行认真审查。银行通过有效身份证件仍无法准确判断开户申请人身份的，应要求其出具辅助身份证明材料。

（1）有效身份证件包括以下几种。

①在中华人民共和国境内已登记常住户口的中国公民为居民身份证；不满 16 周岁的，可以使用居民身份证或户口簿。

②香港、澳门特别行政区居民为港澳居民往来内地通行证。

③台湾地区居民为台湾居民来往大陆通行证。

④定居国外的中国公民为中国护照。

⑤外国公民为护照或者外国人永久居留证（外国边民，按照边贸结算的有关规定办理）。

⑥法律、行政法规规定的其他身份证明文件。

（2）辅助身份证明材料包括但不限于以下几种。

①中国公民为户口簿、护照、机动车驾驶证、居住证、社会保障卡、军人和武装警察身份证件、公安机关出具的户籍证明、工作证。

②香港、澳门特别行政区居民为香港、澳门特别行政区居民身份证。

③台湾地区居民为在台湾居住的有效身份证明。

④定居国外的中国公民为定居国外的证明文件。

⑤外国公民为外国居民身份证、使领馆人员身份证件或者机动车驾驶证等其他带有照片的身份证件。

⑥完税证明、水电煤缴费单等税费凭证。

军人、武装警察尚未领取居民身份证的，除出具军人和武装警察身份证件外，还应出具军人保障卡或所在单位开具的尚未领取居民身份证的证明材料。

4. 个人银行账户代理事宜

开户申请人开立个人银行账户或者办理其他个人银行账户业务，原则上应当由开户申请人本人亲自办理；符合条件的，可以由他人代理办理。银行可根据自身风险管理水平、存款人身份信息核验方式及风险等级，审慎确定代理开立的个人银行账户功能。

（1）身份信息核验。他人代理开立个人银行账户的，银行应要求代理人出具代理人、被代理人的有效身份证件以及合法的委托书等。银行认为有必要的，应要求代理人出具证明代理关系的公证书。

银行应严格审核代理人、被代理人的身份证件以及委托书等，对代理人身份信息的核验应比照本人申请开立银行账户进行，并联系被代理人进行核实。无法确认代理关系的，银行不得办理该代理业务。

（2）代理开户业务管理。如开户申请人确出于行动不便等原因不能前往银行网点，银行可以采取上门办理等方式办理开户。银行应合理控制个人以委托代理方式代理他人或者被他人代理开立的个人银行账户数量。

（3）身份信息留存。他人代理开立个人银行账户的，银行应当登记代理人和被代理人的身份信息，留存代理人和被代理人有效身份证件的复印件或者影印件、以电子方式存储的身份信息以及委托书原件等，有条件的可留存开户过程的音频或视频等。

【课堂活动】

请学生分组练习扮演商业银行柜员操作个人客户信息的审核与建立。

模块 3　个人存、取款业务

一、个人现金存款业务

在个人业务中，最常见的就是存款业务。存款的方式多样，现金存款是最常见的方式之一，即客户持有效交易介质到银行柜台进行资金存入或直接在银行自动取款机上进行存款操作。

（一）现金柜台存款规定

若是柜台存款，柜员在点收现金时需做到一笔一清，并按“三先三后”程序操作，即先点大数（卡捆卡把），后点细数；先点主币，后点辅币；先点大面额票币，后点小面额票币。

收入现金必须坚持手工清点，使用验钞仪逐张核验（正面、背面各核验一遍，注意防范假币、区分版别），并用带有检伪功能的点钞机进行两遍复点（第二遍应采取翻面掉头复点的方式）。

（二）假币没收处理

（1）收缴假币的柜员必须具备上岗资格，并持有人民银行统一颁发的“反假币上岗资格证书”。

（2）柜员在办理柜面现金业务时，如发现假钞必须由两名以上营业人员同时认定后予以收缴，并向客户说明情况，追查来源，在假钞正面和背面加盖“假币”戳记；对假外币纸币及各种假硬币，应当面以统一格式的专用袋加封，封口处骑缝加盖“假币”戳记，并在专用袋上标明币种、券别、面额、张（枚）数、冠字号码、收缴人、复核人名章等细项。

（3）柜员进行假币没收交易，填写一式二联“假币收缴凭证”，注明客户名称（单位）、身份证件名称、号码及被没收假币的币种、券别、版别、数量、金额、冠字号码、制作方式等。在“假币收缴凭证”上加盖业务公章、经办人名章及复核员名章，第一联“假币收缴凭证”与假币一并专夹保管，第二联交客户，并告知客户如有异议，应在收缴 3 个工作日内按规定程序申请鉴定。

二、个人活期取款业务

个人活期取款是指在银行办理了活期存款业务的客户，可以持有效介质到银行办理现金或转账取款，也可直接在银行自动取款机上进行取款。

办理个人存取款业务的金融机构对一日一次性从储蓄账户提取现金 5 万元（含 5 万元）以上的，储蓄机构柜台人员必须要求取款人提供有效身份证件，并经储蓄机构负责人审核后予以支付。对于一次性提取现金 20 万元（含 20 万元）以上的，应请取款人必须至少提前 1 天以电话等方式预约，以便银行准备现金。个人活期取款应当注意以下几点。

（1）“取款人”应当理解为：在储户亲自支取时，取款人为储户本人，储蓄机构应当审查储户的有效身份证件；在储户委托他人代为支取时，取款人为代理人，储蓄机构有审查委托人和代理人身份证件的义务。

（2）“有效证件”的范围，依照《中国人民银行关于改进个人银行账户服务加强账户管理的通知》的规定，包括身份证、护照等。

（3）“审核”的标准依照《中国人民银行关于个人存取款业务管理有关问题的批复》的规定，“审核”取款人提供的身份证件姓名是否与存单存折姓名一致，即形式审查，而非实质审查。

（4）“委托他人代取”，中国人民银行以《中国人民银行关于对〈储蓄存款章程〉中有关问题的请示的批复》文件解释为，委托他人代取是一种民事法律行为，即储户（被代理人）以足以证明其身份的证件（包括工作证、户口簿、居民身份证等）及存单或存折为委托授权的标志，交他人（代理人）代为提取存款的行为。

（5）5 万元是指本息合计数，而非仅为本金的数额。

小贴士

利率单位有年利率、月利率、日利率三种，计算利息要注意利率单位与存期单位的一致性。三者之间的换算为

月利率 = 年利率 ÷12

日利率 = 月利率 ÷30= 年利率 ÷360

【课堂活动】

客户孔某某于 2021 年 3 月 26 号携带本人有效证件、存折以及现金（公司所发奖金）前来我行，要求将现金 6.86 万元存入名下存折。要求学生模拟商业银行柜员的身份进行相应业务的处理，包括身份证核查、凭证填写审核、业务数据录入等业务。

模块 4 电子银行

一、个人网上银行

个人网上银行是指银行通过互联网，为个人客户提供账户查询、转账汇款、投资理财、在线支付等金融服务的网上银行服务，使客户可以足不出户就能够安全便捷地管理活期和定期存款、支票、信用卡及个人投资等。客户可以通过柜台或银行网站两种渠道开通个人网上银行服务。柜台开通个人网银业务必须客户本人到网点办理，不得代办。

网上银行客户分为注册和非注册客户。注册客户是指办理了客户注册手续，与银行签订了网上银行服务协议，并从银行取得客户证书的个人客户；非注册客户是指未办理客户注册手续而登录网上银行系统的个人客户，也称公共客户。

（一）个人网上银行的优点

1. 申办简便

只需登录银行的个人网上银行申请页面，填写几项申请要素即可办理完个人网上银行业务。

2. 方便快捷

客户开通个人网上银行后，足不出户即可享受 7×24 小时全天候的个人金融服务。

3. 功能丰富

个人网上银行涵盖百余项专业金融服务，包括账户查询、转账汇款、缴费支付、信用卡、个人贷款、投资理财（基金、黄金、外汇等）等各类金融服务，真正让客户足不出户便能享受各项个人金融服务。

4. 简单易用

站内邮件与信息通知服务、常见问题解答、导航条、操作提示、功能介绍、相关问题链接等操作简洁明了，使客户无须学习即会使用；页面设计个性化，使用时能给予客户舒适的感受。

5. 节约成本

客户可免费申请个人网上银行，省去了办理业务的奔波成本，还可享受办理业务的手续费打折等优惠。

6. 安全可靠

个人网上银行采用 USBKey 存储证书、动态口令等多种安全技术，为客户提供短信通知、身份认证、限额控制等特色安全措施，多重保护，保障客户的资金安全。

（二）个人网上银行的基本功能

1. 账户管理

账户管理为客户提供账户的信息查询服务，包括开户机构、账户余额，以及活期子账户的明细，一般明细查询时间段为一年。

2. 转账汇款

个人网上银行可实现多种账户之间的转账汇款，包括行内转账、跨行转账、卡内定活互转、预约转账和批量转账等，交易金额受客户在网上银行设置的单笔转账交易金额和日累计转账交易金额的限制。

3. 信用卡服务

个人网上银行可为个人网上银行客户提供在线办理信用卡开卡、余额查询、消费积分查询、账单查询、信用卡还款、购汇还款、账户挂失等服务。

4. 个人贷款

个人网上银行客户可以通过网上银行渠道申请个人贷款，个人网上银行可为客户提供贷前试算、贷款信息查询、归还贷款、贷款维护等服务。

5. 缴费支付

缴费支付功能是商业银行向个人网上银行客户提供的网上缴费支付服务，可以缴纳包括水费、电费、煤气费、手机话费、有线电视费、学费等多种费用，并可在缴费完成后，通过短信通知客户缴费结果。

6. 投资理财

投资理财功能包括理财产品的查询、认购和撤销，黄金行情的查询和交易，资金存管和银证转账，通知存款的开立和管理等。

7. 客户服务

个人网上银行为客户提供了体现个性化设置、邮件帮助服务、安全管理服务、软件下载等服务功能。其中，个性化设置主要包括用户昵称设置、日志查询、个人资料修改、网页定制、邮件服务、定制快速通过、网银积分查询等。

二、手机银行

手机银行，也可称为移动银行，是银行业金融机构与移动通信运营商之间通过跨行业合作，整合货币电子化与移动通信业务，借助移动互联网络平台，以手机为终端，向客户提供银行服务的一种金融服务方式。

当手机把收音机、MP3、照相机、摄像机、电视机、掌上电脑（personal

digital assistant，PDA）等的各种功能集于一身，超出了最初作为单纯的通信工具的定位，成为人们日常生活的一个重要组成部分时，同时也成为银行业嫁接的目标，即银行业务与手机结合而成的“手机银行”。

作为一种结合了货币电子化与移动通信的崭新服务，手机银行不仅可以使人们在任何时间、任何地点处理多种金融业务，而且极大地丰富了银行服务的内涵，使银行能以便利、高效而又较为安全的方式为客户同时提供传统和创新的服务。

（一）手机银行的基本业务

手机银行是网上银行的延伸，也是继网上银行、电话银行之后又一种方便银行用户使用的金融业务服务方式，有“贴身电子钱包”之称。手机银行可为客户提供查询服务、转账汇款、缴费支付、信用卡查询、投资理财、账户管理等基本业务。

1. 查询服务

客户可以通过手机银行随时了解自己的账户信息。例如，可以进行余额查询、明细查询、积分查询、日志查询、公积金查询、来账查询和快捷查询等操作。

2. 转账汇款

手机银行转账汇款功能涵盖所有传统的转账业务，如活期转活期、活期转定期、定期转活期、向企业转账、跨行转账等。同时还提供了快捷的转账方式，如手机到手机转账、约定账户转账，客户还可通过转账记录维护功能对转账历史记录进行管理。

3. 缴费支付

手机银行为客户提供了缴费支付功能，如缴纳手机费、市话费、水费、电费、煤气费、学费、交通罚款、车船税和保险费等多种费用。

4. 信用卡查询

客户可以通过手机银行办理本人信用卡的余额查询、账单查询、积分查询和信用卡还款等业务。

5. 投资理财

投资理财功能可以为客户提供外汇买卖、基金投资、手机股市等服务。

6. 账户管理

客户可以通过账户管理功能自主管理账户。例如，可以进行查询账户信息、增加账户、修改账户别名、进行账户口头挂失、删除账户和激活签约账户等操作。

（二）手机银行的业务特点

1. 贴身服务

手机银行具有即需即用、贴身服务的特点，是客户随身携带的银行。客户只需要掏出手机，即可随时随地使用银行的贴身服务。

2. 功能丰富

手机银行提供丰富实用的服务功能，不仅提供查询、转账、缴费、支付等基础金融服务，更有基金交易、国债交易、外汇买卖等紧跟市场动向的投资理财服务，实时交易、方便快捷。

3. 安全可靠

手机银行具有独特的安全性，以多种方式层层保障客户资金安全。比如，手机银行短信的信息传输、处理采用国际认可的加密传输方式，实现移动通信公司与银行之间的数据安全传输和处理，防止数据被窃取或破坏。

4. 申办快捷

手机银行的开通渠道多、手续简单，客户只需选择任一渠道一次办理开通业务，即可成为手机银行客户。

（三）开通手机银行的操作要点

客户可通过银行营业网点、网上银行、手机等渠道申请开通手机银行服务，并自银行收到客户开通申请并核准认可时起开通。

客户的手机和密码是银行在手机银行服务过程中识别客户和保障交易安全的依据，因此客户应妥善保管。如果客户手机丢失或遗忘密码，应立即到银行办理挂失及相关手续，在挂失生效前发生的任何损失由客户自行承担。客户在手机银行系统的手机挂失与其在移动运营商的手机挂失不能相互替代。此外，客户使用银行的手机银行服务业务时，应按双方约定的收费标准和收费方式及时支付相关费用。

开通手机银行的相关操作要点包括以下几个。

1. 业务受理

柜员受理客户提出的手机银行开通业务申请，要求客户提供本人有效身份证件及复印件、借记卡（存折），并填写手机银行业务申请表。

2. 审核

柜员审核客户填写的手机银行业务申请表内容是否完整、准确、清晰，审核客户本人身份证件及复印件是否有效、齐全；确认客户手机是否能支持相关软件扩展功能，是否能正常上网。

3. 业务处理

在审核的基础上，柜员要求客户本人必须当场签订《手机银行服务协议》，一式两份，并填写协议签订日期；柜员进入综合业务处理系统开通手机银行服务功能，通过下拉菜单选择卡折标识，柜员刷客户银行卡（存折），提示客户输入交易密码，客户输入密码后，系统自动返显证件类型、证件号码、客户姓名、开户网点等信息，并自动将该卡（存折）签约到手机银行；柜员输入手机号码、手机银行登录名后由客户输入手机银行登录密码，柜员通过下拉菜单选择对外转账类型，并根据客户要求输入对外转账单笔限额和日累计限额，提交后交易成功。

4. 打印、签章

柜员打印一式两联通用业务凭证，请客户签字确认后加盖业务公章和经办人名章。

5. 送别客户

柜员把通用业务凭证、手机银行业务申请表的客户回单联与客户所提供的其他相关证明材料一并交给客户，并告知客户可以通过已注册的手机激活手机银行，送别客户。

6. 后续处理

柜员把通用业务凭证、手机银行业务申请表的银行留存联留做本次业务操作的凭证，整理相关凭证。

（四）手机银行的业务风险及其风险防范措施

手机银行作为我国商业银行与移动网络相结合的产物，其防范风险的能力关系到我国电子银行体系运行的安全。目前，我国手机银行业务主要存在的风险包括技术风险、信誉风险、法律风险等，银行作为提供手机银行业务的主体，应积极应对并做好相应的风险防范措施。

1. 技术风险及其防范措施

手机银行由于受到无线网络条件的限制，采用窄带的无线链路提供信息传输信道，其稳定性和速度都无法保障。手机银行的业务开展需要以通信网络平台为支撑。目前，黑客主要借助篡改信息指令、病毒攻击以及拒绝服务等来攻击手机银行用户。一旦遭受攻击，不仅给客户造成经济上的损失，还会给银行及相关机构带来经济上和信誉上的伤害。另外，不同的移动运营商、商家、终端和银行的存在，使得不同的技术规则以及多种技术标准并存，在一定程度上影响了手机银行的发展。

针对技术风险，银行应根据手机银行业务的发展情况，及时更新相关技术标准。银行作为提供手机银行服务的主体，应为手机银行安全性承担起最大的管理责任，建立与安全设备提供商、公安部门的互动交流机制，沟通了解最新的电子银行业务及技术发展方向，优化自身的安全策略，加大对手机银行业务的资金设备投入，解决手机银行的技术难题和手机配套设置问题，提高手机银行在不同终端和模式上的适用性，适应平台安全运行。

2. 信誉风险及其防范措施

信誉风险是指银行受到负面公众舆论影响而引发的银行客户或资金严重流失的风险。信誉风险包括使公众对银行整体运行产生持续负面印象的行为，这些行为严重地损害了银行建立和维持客户关系的能力。银行开展手机银行服务若不能持续地提供安全、准确和及时有效的手机金融服务，银行的信誉将受到损害。

防范信誉风险的重点是防范操作风险和利用手机银行进行金融欺诈的行为。操作风险主要来自银行内部，完善手机银行内控机制可以减少操作风险的发生。例如，建立科学的操作规范和严格的内部制约机制，保证管理员与经办员分离、程序员与操作员分离、制作者与执行者分离，任何进入系统的操作必须在系统运行记录中记载。在防范利用手机银行进行金融欺诈方面，以往监控业务的重点是放在对个人服务的零售业务上，随着手机银行业务的不断拓展，银行应适时对登录手机银行的重点客户加强监控，尤其应对巨额资金的大进大出的背景进行监控。

3. 法律风险及其防范措施

手机银行属于新兴事物，其潜在风险不容忽视。手机银行的法律风险来自违反法律、法规的可能性及有关交易各方的法律权利和义务的不明确性。目前，我国消费者权益保护相关法律法规对手机银行运作的适用性还不明确，并且客户通过电子媒介所达成协议的有效性也具有不确定性，这些都会引发手机银行法律风险。在客户信息披露和隐私权保护方面，手机银行也面临着法律风险。

在防范法律风险方面，各级立法相关机构应根据手机银行业务的发展不断修订法律法规，加强网络监管，并在法律框架下规范与银行合作手机银行业务的行为，约束第三方经营行为，降低手机银行的风险系数。银行相关机构在现有法律规定下制定手机银行业务相关协议及业务流程，利用合同协议明确与客户双方的权利及义务，并适时为完善手机银行法律法规提供法律咨询及建议。电信相关机构应加强自身内控。对不履行发卡实名制的银行、通信运营商进行严厉惩处，对那些为非法经营提供技术条件的行为进行行政处罚，构成犯罪的移交司法机关追究其刑事责任。

【课堂活动】

请学生模拟商业银行柜员给客户开通网上银行和手机银行，并进行相应业务的处理。

模拟仿真实训 1　柜员开工综合业务

一、任务说明

2021 年 3 月 25 日，机构、柜员开工，批量领入重要凭证后，再领入现金 60 000 元，最后领入储蓄存折 10 张。

重要提示信息如下。

批量领取储蓄存折、定期一本通、储蓄存单、信合借记 IC 卡、印鉴卡各 20 张；领取现金支票、转账支票各 5 本，每本 25 张；领取单位定期存款开户证实书 5 张。

对方柜员号：111654。

最后领取的储蓄存折起始号码：000000000348****。

主管授权员号：143276。密码：12345654。

二、柜面业务操作流程

（一）机构开工

（1）根据任务说明，单击“核心系统”→“开工交接完工管理”→“机构开工”，进入对应业务操作页面，并依据任务说明及重要提示信息填写页面信息，如图 2-1 所示。

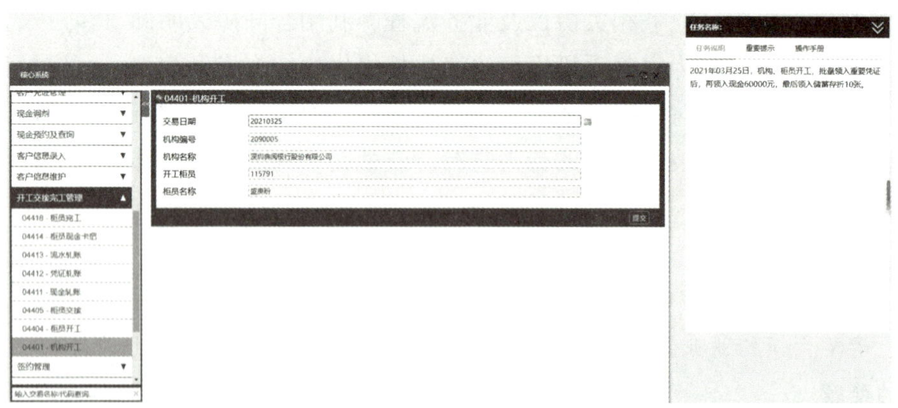

图 2-1　核心系统——机构开工

（2）根据任务说明中“2021 年 03 月 25 日，机构、柜员开工”，输入“交易日期”为“20210325”，信息录入完毕后，按回车键执行快查，单击“提交”按钮，页面提示“提交成功”。单击“确定”按钮，完成机构开工业务所有操作。

（二）柜员开工

（1）根据任务说明，单击“核心系统”→“开工交接完工管理”→“柜员开工”，进入对应业务操作页面，如图 2-2 所示。

图 2-2　核心系统——柜员开工

（2）检查“柜员编号”“柜员名称”是否与重要提示信息一致，确认无误后，单击“提交”按钮，页面弹出授权员交易授权页面，根据重要提示信息，输入主管授权员号“143276”，按回车键后输入密码“12345654”，如图 2-3 所示。

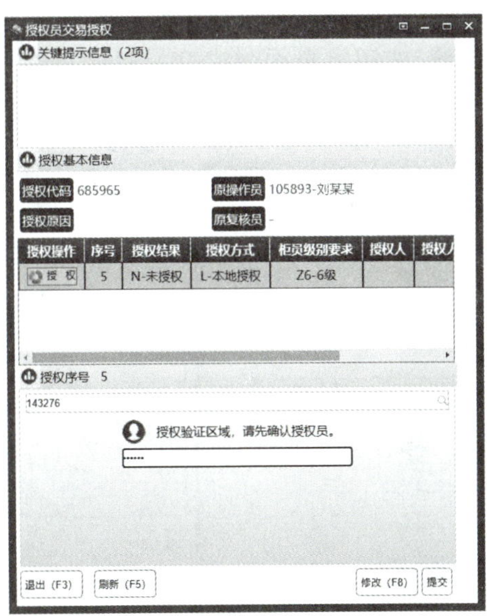

图 2-3　柜员开工——授权员交易授权

（3）信息录入完毕后，单击“提交”按钮，页面提示“提交成功”。单击“确定”按钮，页面将返回柜员开工页面，并提示“提交成功”。单击“确定”按钮，完成柜员开工业务所有操作。

（三）凭证批量调剂

（1）根据任务说明，单击“核心系统”→“凭证管理”→“凭证批量调剂”，进入对应业务操作页面，如图 2–4 所示。

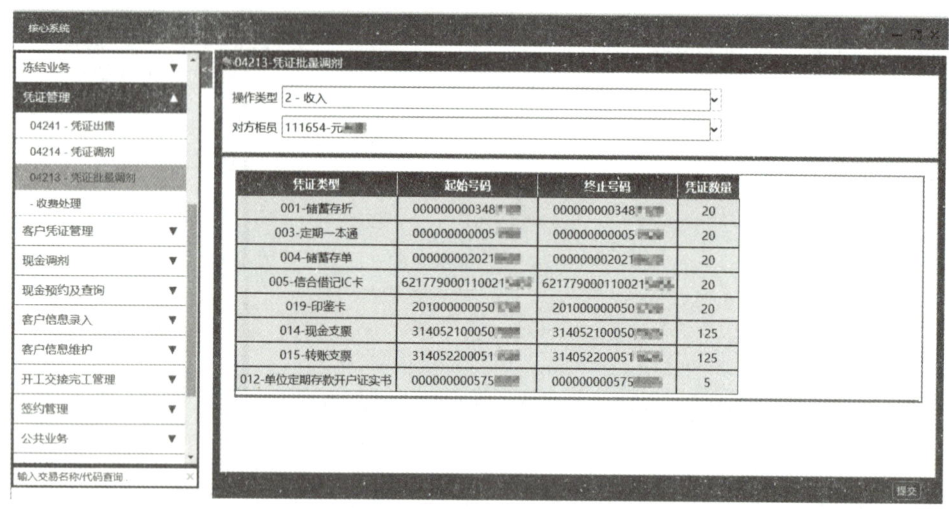

图 2–4　核心系统——凭证批量调剂

（2）根据重要提示信息“对方柜员号：111654”，选择“操作类型”为“2–收入”，选择“对方柜员”为“111654– 元某某”，单击“提交”按钮，页面提示“提交成功”。单击“确定”按钮，页面弹出交易打印页，单击“打印”按钮，打印通用凭证，如图 2–5 所示。

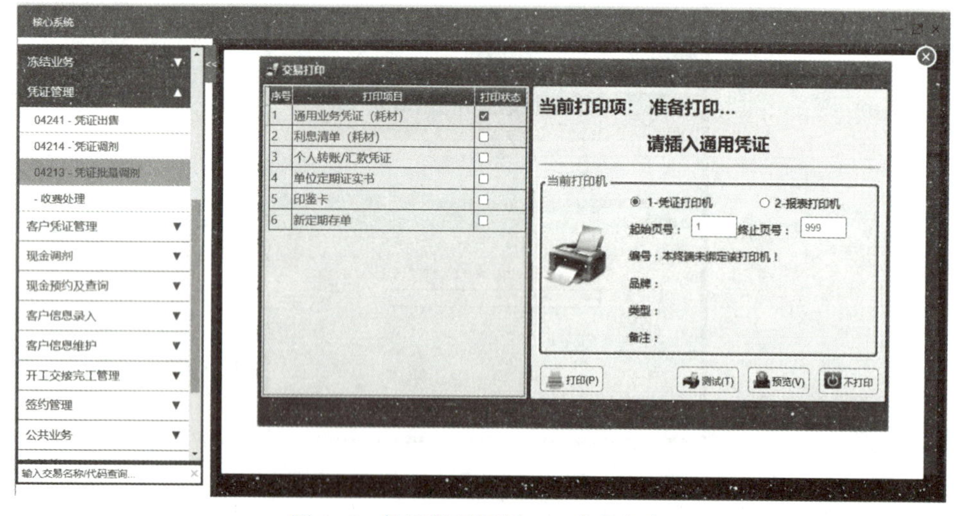

图 2–5　凭证批量调剂——交易打印

（3）打印通用凭证后，关闭打印页面，完成凭证批量调剂业务所有操作，页面将返显批量领取凭证相关数据，如图 2–6 所示。

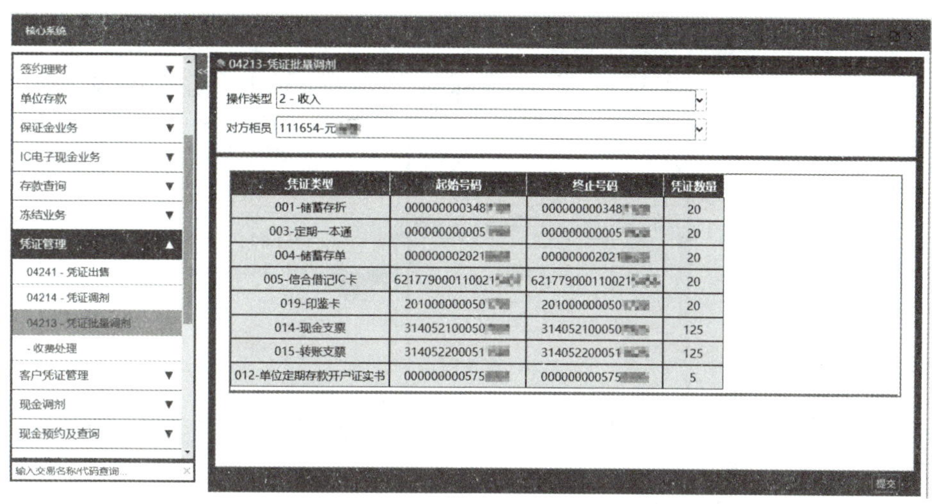

凭证类型	起始号码	终止号码	凭证数量
001-储蓄存折	000000000348	000000000348	20
003-定期一本通	000000000005	000000000005	20
004-储蓄存单	000000002021	000000002021	20
005-借记IC卡	621779000110021	621779000110021	20
019-印鉴卡	201000000050	201000000050	20
014-现金支票	314052100050	314052100050	125
015-转账支票	314052200051	314052200051	125
012-单位定期存款开户证实书	000000000575	000000000575	5

图 2-6 核心系统——凭证批量调剂

（四）柜员现金调剂

（1）根据任务说明，单击“核心系统”→“现金调剂”→“柜员现金调剂”，进入对应业务操作页面，如图 2-7 所示。

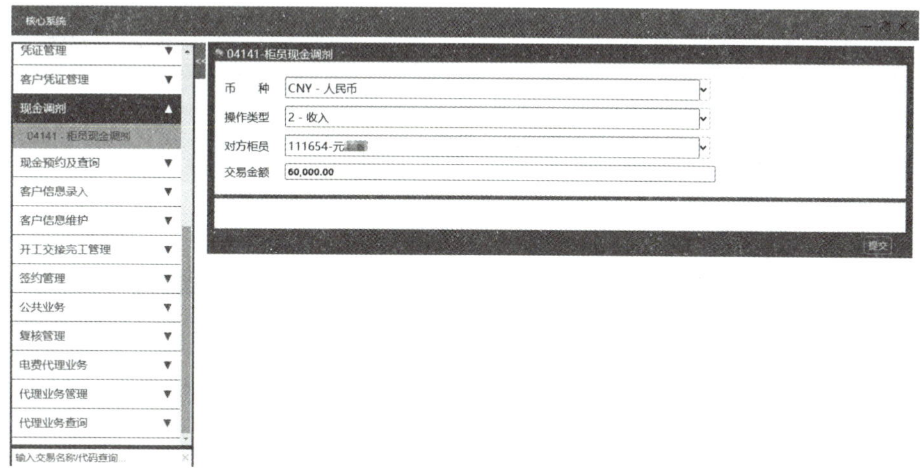

图 2-7 核心系统——柜员现金调剂

（2）根据任务说明“再领入现金 60 000 元”，选择“币种”为“CNY- 人民币”，选择“操作类型”为“2- 收入”，选择“对方柜员”为“111654- 元某某”，输入“交易金额”为“60 000.00”。

（3）单击“提交”按钮，页面提示“提交成功”，单击“确定”按钮，页面弹出交易打印页，如图 2-8 所示。单击“打印”按钮，打印通用凭证，完成柜员现金调剂业务所有操作。

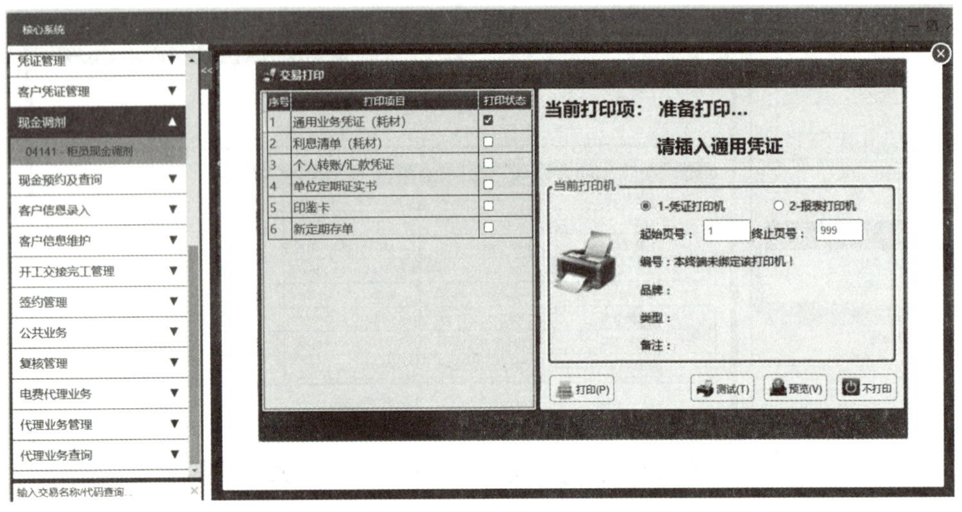

图 2-8　柜员现金调剂——交易打印

（五）凭证调剂

（1）根据任务说明，单击“核心系统”→“凭证管理”→“凭证调剂”，进入对应业务操作页面（以下步骤默认为执行快查），如图 2-9 所示。

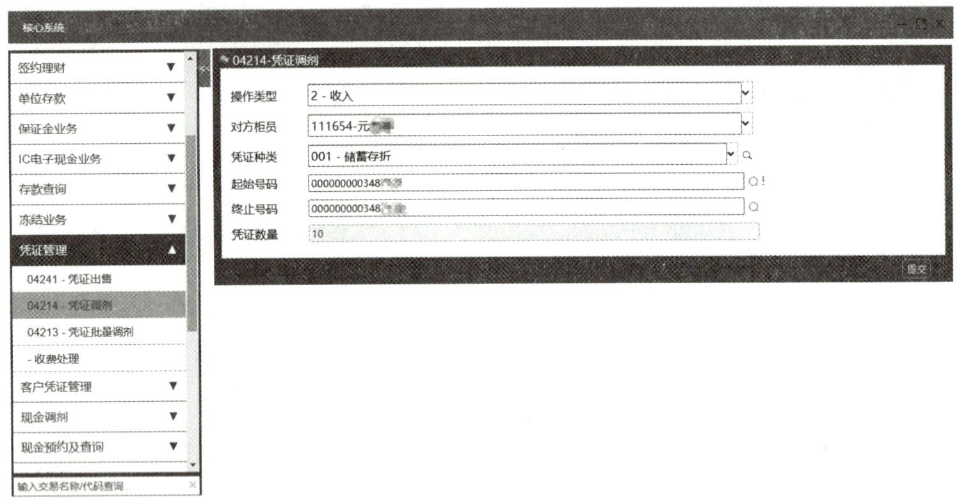

图 2-9　核心系统——凭证调剂

（2）根据任务说明“最后领入储蓄存折 10 张”及重要提示信息，选择“操作类型”为“2- 收入”，选择“对方柜员”为“111654- 元某某”，选择“凭证种类”为“001- 储蓄存折”，输入“起始号码”为“000000000348****”，输入“终止号码”为“000000000348****”，执行快查后，“凭证数量”返显“10”。

（3）单击“提交”按钮，页面提示“提交成功”。单击“确定”按钮，页面弹出交易打印页，单击“打印”按钮，打印相关凭证，完成凭证调剂业务所有操作。

模拟仿真实训 2 个人开卡综合业务

一、任务说明

2021 年 3 月 17 日，教师关某某首次来银行办理个人开卡业务，银行卡需要设置查询密码，同时从户名为周某某的银行卡中转出 61 520 元作为开户资金。

客户相关信息如下。

客户姓名：关某某。

证件类型：居民身份证。

证件号码：12022319921108****。

地址：天津市和平区贵州路 A 公寓 4 号楼 502 室。

发证机关：天津市公安局和平分局。

证件有效期：20150227-20350227。

民族：汉。

性别：女。

婚姻状况：已婚。

教育程度：硕士。

职业代码：事业单位人员。

月收入：7 500 元。

邮编：300000。

联系电话：1351621****。

客户新开卡号：621779000110021****。

其他相关信息如下。

账号：621779000109650****。

身份证号码：37030319780408****。

客户在办理开卡时须先填写“个人开户与银行签约服务申请书”。

二、厅堂服务操作流程

模拟实训 1

接待客户→在叫号机上选择“取号类型”为“个人业务号”并将取号号码递给客户→引导客户至填单台填写“个人开启与银行签约服务申请书”→递交大堂经理进行单据审核→引导客户至等候服

务区，等候柜面业务办理。

三、柜面业务操作流程

模拟实训 2

接待客户→收取资料→身份证核查→业务处理。

四、业务处理

根据任务说明判断该客户是否首次在任务所指银行办理开户或开卡业务，首次开户或开卡须先进行“个人客户联网核查→个人客户身份核实→建立个人客户信息”操作，再完成个人开户或开卡业务。

（一）个人客户联网核查

（1）本任务已在任务说明中明确客户为首次前来办理业务，故首先须办理“个人客户联网核查”。单击“核心系统”→“客户信息维护”→“个人客户联网核查”，进入对应业务操作页面，如图 2-10 所示。

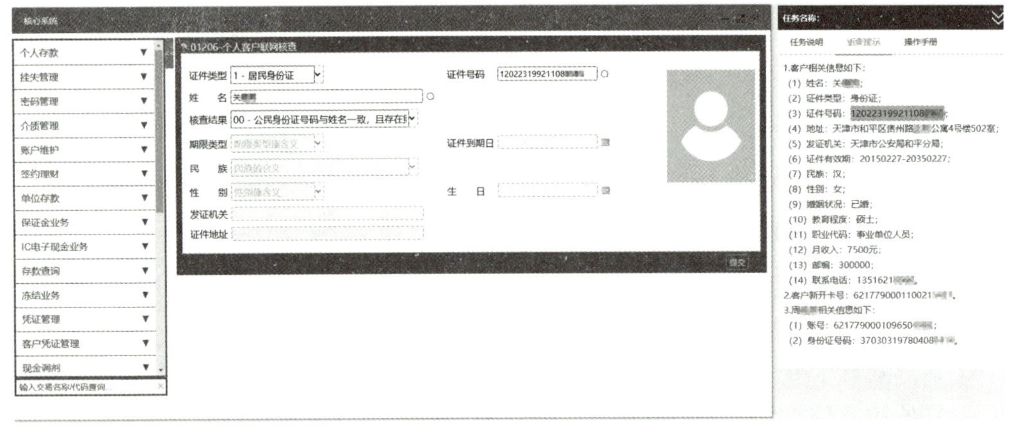

图 2-10　核心系统——个人客户联网核查

（2）根据客户相关信息，选择“证件类型”为“1- 居民身份证”，输入“证件号码”为“12022319921108****”，输入“姓名”为“关某某”，执行快查，选择“核查结果”为“00- 居民身份证号码与姓名一致，且存在照片”，单击“提交”按钮，完成个人客户联网核查业务操作。

（二）个人客户身份核实

（1）单击“核心系统”→“客户信息维护”→“个人客户身份核实”，进入对应业务操作页面，如图 2-11 所示。

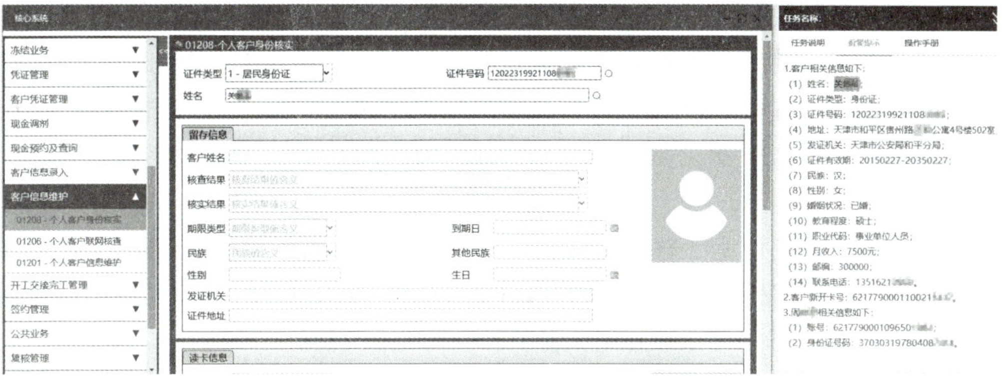

图 2-11 核心系统——个人客户身份核实

（2）根据客户相关信息，选择“证件类型”为“1- 居民身份证”，输入“证件号码”为“12022319921108****”，执行快查，输入“姓名”为“关某某”，执行快查。下拉至“留存信息”页签，选择“核查结果”为“00- 居民身份证号码与姓名一致，且存在照片”，“核实结果”为“1- 真实”。页面信息填写完毕后，单击“提交”按钮，页面提示“提交成功”，完成个人客户身份核实业务操作。

（三）建立个人客户信息

（1）完成以上步骤后，即可在“核心系统”内单击“客户信息录入”→“建立个人客户信息”，进入对应客户信息录入页面，根据任务说明及客户相关信息填写页面信息（以下步骤默认为执行快查），如图 2-12 所示。

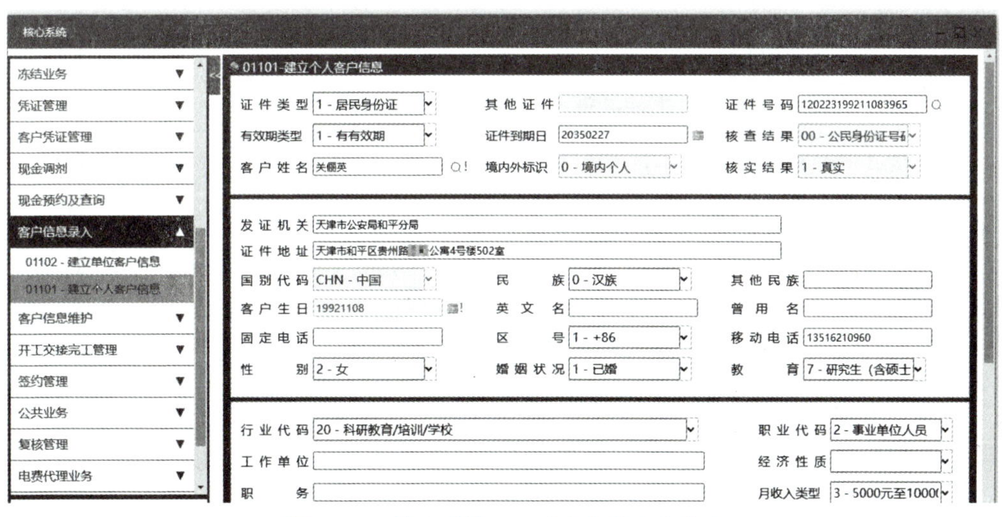

图 2-12 核心系统——建立个人客户信息

（2）根据客户相关信息，选择“证件类型”为“ 1- 居民身份证”，输入“证件号码”为“12022319921108****”，输入“证件到期日”为“20350227”，输入“客户姓名”为“关某某”。

（3）根据客户相关信息，输入“发证机关”为“天津市公安局和平分局”，输入“证件地址”为“天津市和平区贵州路 A 公寓 4 号楼 502 室”，选择“民族”为“0- 汉族”，选择“区号”为“1-+86”，输入“移动电话”为“1351621****”，选择“性别”为“2- 女”，选择“婚姻状况”为“1- 已婚”，选择“教育”为“7- 研究生（含硕士学位）”。

（4）根据任务说明“教师关某某”及相关信息，选择“行业代码”为“20- 科研教育 / 培训 / 学校”，选择“职业代码”为“2- 事业单位人员”，选择“月收入类型”为“3-5000 至 10000 元（含）”。

（5）因客户为本人办理业务，不存在代理人，故无须填写“代理人信息”页签内容。页面信息填写完毕后，单击“提交”按钮，页面提示“提交成功”并弹出“客户号”提示框，表示已成功提交本页面内容，同时系统已为客户生成客户号。

（四）个人开卡

完成“建立个人客户信息”业务后，即可在“核心系统”内单击“个人存款”→“个人开卡”，进入对应业务操作页面，根据任务说明及客户相关信息完成页面信息填写（以下步骤默认为执行快查），如图 2-13 所示。

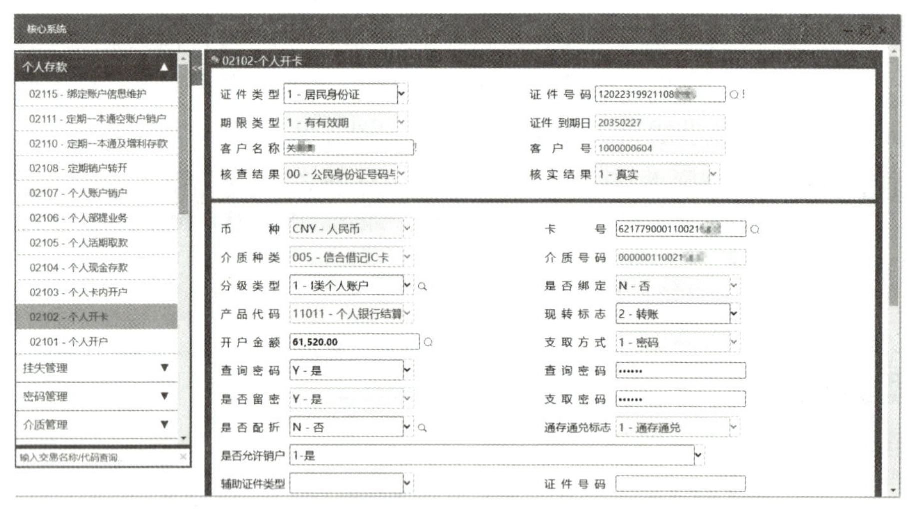

图 2-13 核心系统——个人开卡

（1）根据客户相关信息，选择“证件类型”为“1- 居民身份证”，输入“证件号码”为“12022319921108****”，输入“客户名称”为“关某某”。

（2）根据客户相关信息，输入“卡号”为“621779000110021****”，选择“分级类型”为“1- Ⅰ类个人账户”，根据任务说明“同时从户名为周某某的卡中转出 61 520 元作为开户资金”，选择“现转标志”为“2- 转账”，输入“开户金额”为“61 520.00”。根据任务说明“银行卡需要设置查询密码”，选择“查询密码”为“Y- 是”，输入“查询密码”“支取密码”（本任务不做相关要求，需自行设立查询与支取密码）。

（3）当“现转标志”选择为“2- 转账”时，需要填写“转出方账户信息”页签内容。根据客户相关信息，选择“账户类型”为“1- 个人”，输入“转出账/卡号”为“621779000109650****”，输入“支取密码”（本任务不做相关要求，需自行设立支取密码），选择“证件类型”为“1- 居民身份证”，输入“证件号码”为“37030319780408****”。页面信息如图 2-14 所示。

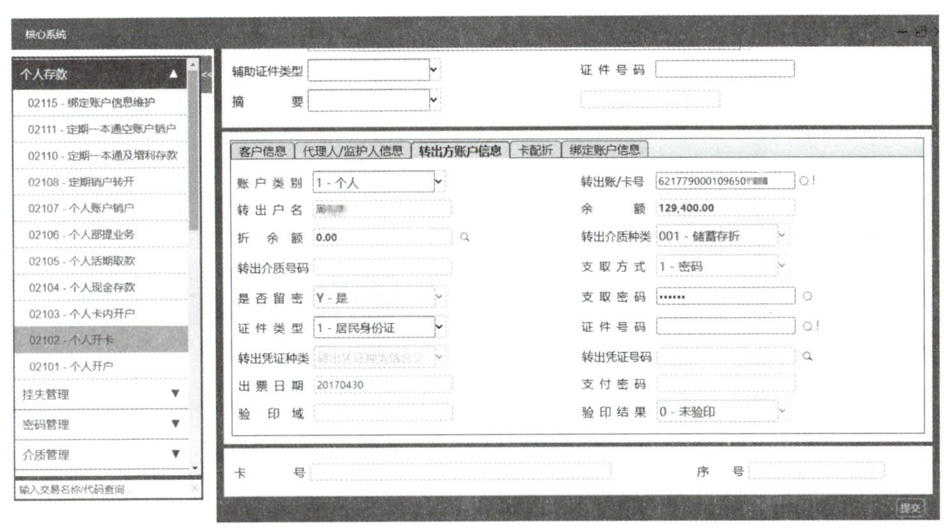

图 2-14　个人开卡——转出方账户信息

（4）完成页面信息填写后，单击“提交”按钮，弹出“集中授权申请”页，因本任务为本人转账开卡，转出账户为个人且金额在 50 万元以下，故勾选“客户头像”“本人身份证原件正面”“本人身份证原件反面”“本人身份核查结果”四项授权要素。页面信息如图 2-15 所示。

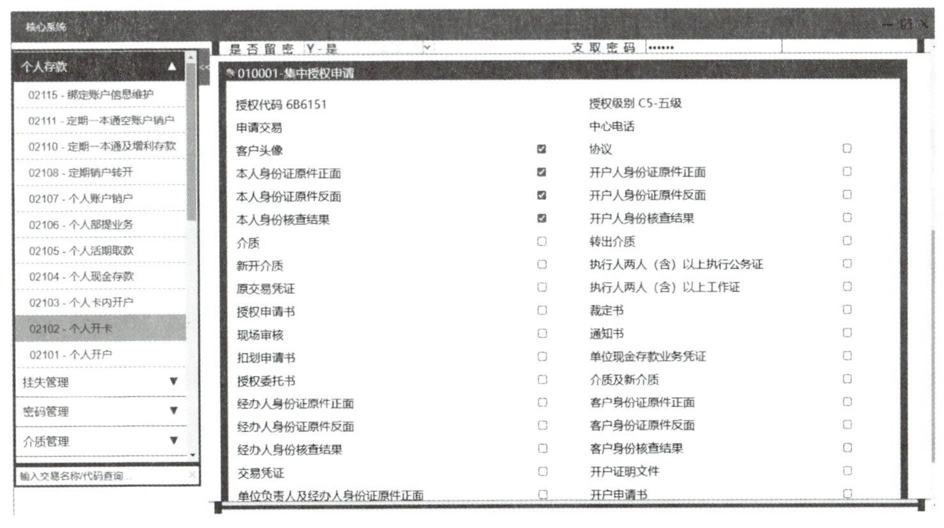

图 2-15　个人开卡——集中授权申请

（5）单击授权页面“提交”按钮，页面提示“提交成功”，单击“确定”按钮，页面弹出交易打印页，如图 2–16 所示。勾选“通用业务凭证（耗材）”，单击“打印”按钮，打印通用凭证。打印成功后，将通用凭证交与客户签名。

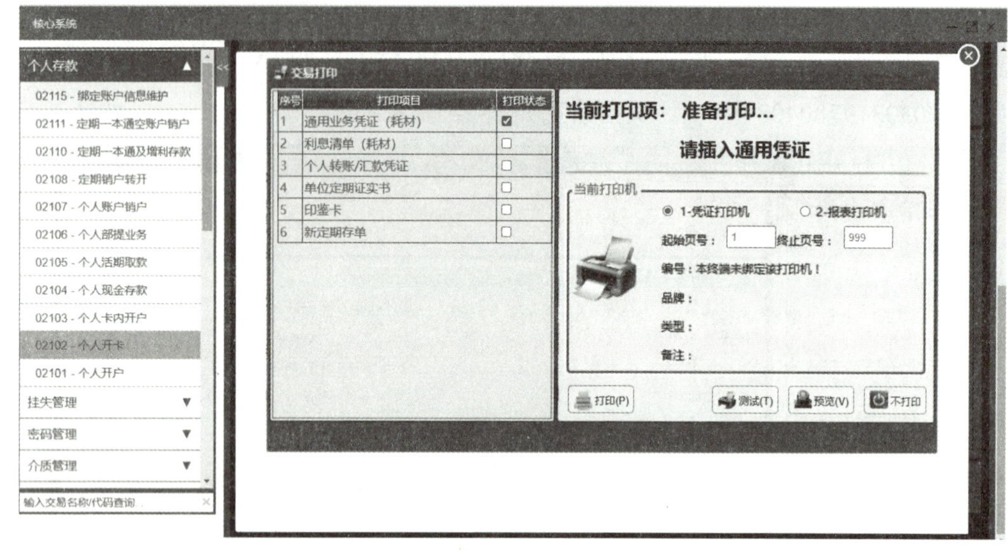

图 2–16　个人开卡——交易打印

（6）客户签名后，柜员盖章并签字，最后将客户的身份证、银行卡、通用业务凭证及社保卡返还客户，柜员起立送别客户。客户到达厅堂时，大堂经理再次送别客户。

模拟仿真实训 3　个人现金存款

一、任务说明

客户孔某某女士于 2021 年 3 月 26 日携带本人有效证件、存折及现金（公司所发奖金）前来我行，要求将现金 6.85 万元存入其名下存折。

客户相关信息如下。

姓名：孔某某。

证件类型：居民身份证。

证件号码：32010719930519****。

联系电话：1381541****。

客户账号：8100000000348****。

存折余额：190 540.00。

二、厅堂服务操作流程

接待客户→在叫号机上选择“取号类型”为“个人业务号”并将取号号码递给客户→引导客户填单（个人转账 / 汇款凭证）→递交大堂经理进行单据审核→引导客户至等候服务区，等候柜面业务办理。

三、柜面业务操作流程

接待客户→收取资料（个人转账 / 汇款凭证）→身份证核查→收取现金并放至验钞机进行验钞→业务处理。

四、业务处理

（1）单击“核心系统”按钮，进入对应业务操作页面，如图 2–17 所示。

图 2–17　核心系统页面

（2）根据任务说明，单击“核心系统”→“个人存款”→“个人现金存款”，进入对应业务操作页面，并依据任务说明填写页面信息，如图 2–18 所示。

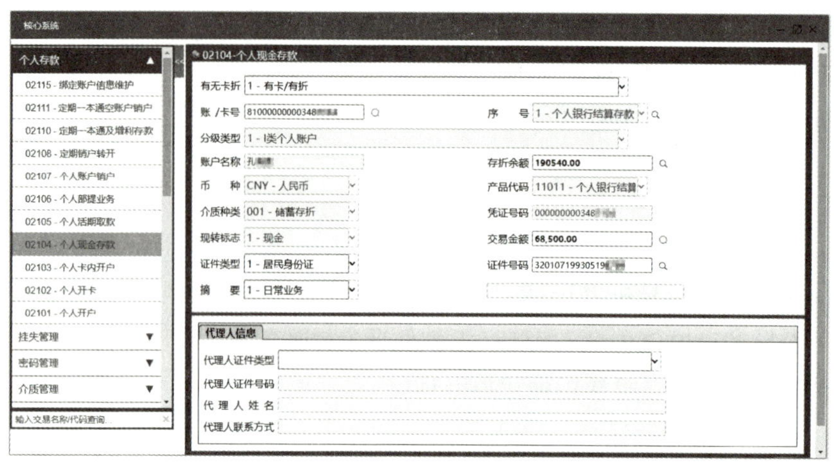

图 2-18　核心系统——个人现金存款

（3）根据任务说明“客户孔某某女士携带本人有效证件、存折及现金（公司所发奖金）前来我行”，选择“有无卡折”为“1- 有卡 / 有折”。根据客户相关信息输入“账 / 卡号”为“8100000000348****”，并执行快查，返显“序号”“分级类型”“账户名称”“存折余额”等信息。

（4）根据任务说明“要求将现金 6.85 万元存入名下存折”，输入“交易金额”为“68 500.00”。根据客户相关信息，选择“证件类型”为“1- 居民身份证”，输入“证件号码”为“32010719930519****”。

小贴士

存款金额超过 5 万元的客户须校验客户留存证件类型及证件号。

（5）业务信息页面填写完毕后，单击“提交”按钮，页面提示“提交成功”，单击“确定”按钮，页面弹出交易打印页，单击“打印”按钮，打印通用凭证，如图 2-19 所示。

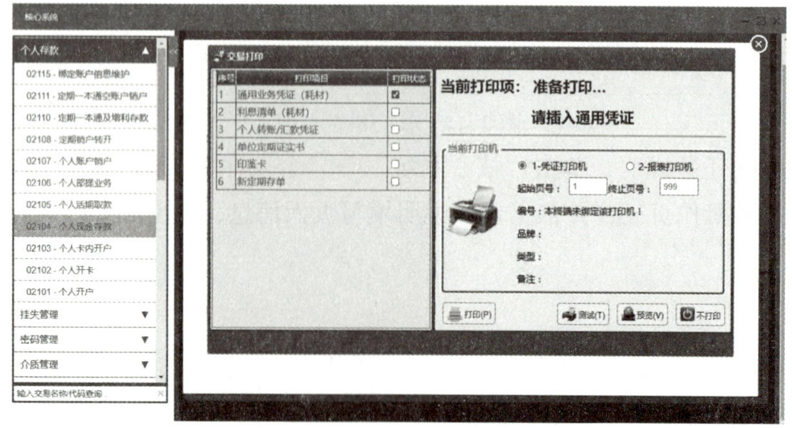

图 2-19　个人现金存款——交易打印

（6）打印通用凭证并交与客户签名。柜员盖章并签字，其中“个人转账/汇款凭证”盖银行公章和柜员私章；客户身份证联网核查结果盖附件章、“假币收缴凭证”盖柜员私章和假币收缴专用章、“假币”盖假币章、通用业务凭证盖银行公章和柜员私章。

（7）客户签名后，柜员盖章并签字，最后将客户身份证、通用业务凭证、假币收缴凭证及存折归还客户，柜员起立送别客户。客户到达厅堂时，大堂经理再次送别客户。

知识巩固练习

一、不定项选择题

1. 通知存款起存金额：最低起存金额和最低支取金额都为（ ）万元，客户需一次存入，可以一次或分次支取。

A. 1 B. 2 C. 5 D. 10

2. 活期储蓄存款转账可以实现在（ ）之间的转账功能。

A. 活期一本通与卡存款账户之间

B. 个人账户与对公账户之间

C. 活期一本通与定期存款账户之间

D. 个人账户与内部账户之间的转账功能

二、判断题

1. 个人汇款在汇入行没有解付的情况下，汇款人可以申请办理退汇。（ ）

2. 支票的金额、收款人名称可以由出票人授权也可以背书转让。（ ）

3. 支付结算中票据上的签章，可以是签名盖章，也可以是签名加盖章支付。（ ）

4. 托收承付是根据购销合同由收款人发货后委托银行向异地付款人收取款项，由付款人向银行承认付款的结算方式。（ ）

5. 银行汇票适用于先收款后发货或钱货两清的商品交易。（ ）

6. 通知存款不论实际存期多长，按客户提前通知的期限长短划分为一天通知存款和七天通知存款两个品种。（ ）

7. 一户通存款属于七天的通知存款。（ ）

8. 定活两便储蓄存款是指整笔存入、不约定存期，可随时续存续取，银行根据客户存款的实际存期按规定计息的一种储蓄。（ ）

9. 定活两便储蓄存款，整个存期一律按支取日定期整存整取1年期存款利率六折计息。（ ）

10. 本、外币一本通储蓄存款可以实现存单挂入一本通，或者一本通挂出存单，支持一本通购买国债。（　　）

三、思考题

1. 简述个人银行账户的分类及权限。

2. 经办“个人活期取款”业务的注意事项有哪些？

项目三 对公业务

知识目标

1. 熟悉单位客户信息的建立。
2. 掌握单位存款账户的开户要求以及账户的分类。
3. 认识单位客户活期与定期存款的基本知识及取款方式。
4. 熟悉单位活期销户的基本类别、开户撤销及其撤销条件以及销户结息方式。
5. 了解单位活期开户综合业务产品范围与业务操作要点。
6. 掌握单位活期开户所需的证件资料及要求以及相关单据的填写规范。
7. 熟悉单位存款账户的分类。
8. 了解单位活期取款的规范、条件及产品范围，以及相关单据的填写规范。
9. 熟悉单位定期开户所需的资料以及相关单据的填写规范。
10. 熟悉单位定期存款的方式与金额限制，以及相关单据的填写规范。

技能目标

1. 掌握单位活期开户业务、活期存款业务操作流程。
2. 掌握单位活期取款业务操作流程、定期开户业务操作流程。
3. 掌握单位定期存款业务操作流程。
4. 掌握接待对公客户的流程、话术和服务礼仪。

素质目标

培养从业者合法经营、信守承诺、讲求信誉的良好道德操守和人格力量。

模块1 对公业务（上）

思政园地

银行柜员优质效劳

银行柜面效劳人员在金融机构中扮演着窗口角色，发挥着形象作用。具体来说，银行柜面效劳人员承担着大量具体业务的办理，他们直接与客户交往，其态度的好坏、效率的高低，直接影响客户对银行整体形象的认可和评价。

“效劳是银行的生命线”，这是对做好柜面客户效劳工作的最好诠释。如何才能更好地做好银行柜面效劳，X银行的徐某给了我们一个答案：10年前，怀着对未来生活的美好向往以及对银行工作的无限憧憬，徐某成为一名普通柜面员工。她不仅对工作满腔热忱，更有颗追求完美的心，坚持不懈、韧劲十足地提高自己的专业技能和效劳水平。在日复一日、年复一年迎来送往的平凡工作中，她以务实求真、一丝不苟的态度处理每一笔业务，以自然豁达、和蔼宽容的心境接待每一位客户，以团结互助、平和谦逊的姿态与领导、同事一起为X银行的业务开展奉献自己的力量，最终得到了领导、同事和客户的一致好评，成为一名基本功扎实、业务知识全面、效劳标准沉着的多面手。

效劳有其更深刻的内涵，银行柜员必须具有专业的业务知识和技能，才能熟练掌握效劳的技能规程，提高自身分析和处理问题的能力，从而不断提高效劳质量和效劳水平，实现“准确、高效、快捷”的效劳理念。同时要在本职岗位上通过不同形式为群众服务，对工作极端负责，严守道德操守，增强客户的满意度和忠诚度，赢得客户的信任，进而在激烈的市场竞争中赢得更多、更好的业务。

（资料来源：编者根据相关内容整理改写）

银行对公业务包括企业电子银行、单位存款业务、信贷业务、机构业务、国际业务、委托性住房金融、资金清算、中间业务、资产推介、基金托管等，通俗来讲就是“对单位的业务”。

本模块内容主要介绍单位存款业务中的活期存款和定期存款。

一、建立单位客户信息

建立单位客户信息是指单位客户首次来银行进行开户业务，柜员为其建立单位客户信息档案。

单位客户在银行首次办理各类公司业务前，应先申请客户编号，建立客户信息。客户编号是单位客户在银行办理公司业务的基础。单位客户在银行首次办理业务时，系统根据客户提供的证明文件种类、证明文件编号和组织机构代码判别客户编号是否在系统中存在，若不存在，系统随机生成10位客户编号，生成规则为：1位对公业务标识号+8位顺序号+1位校验位。一个客户只有一个客户编号，并且客户信息的建立需由业务主管授权。

二、单位活期存款业务

单位活期存款是指单位客户将人民币存款存入银行，不约定存期，随时可以存取的，按中国人民银行规定的活期存款利率计息的一种存款。

（一）单位活期开户

1. 开户资料

单位客户申请开户时，银行必须对存款人提交的开户资料进行真实性、完整性、合规性的审查，确定客户真实身份，确保存款人开户身份的真实、可靠，并在存款人提供的证明文件上签署意见。单位客户的开户所需资料如下。

（1）单位开户申请书。

（2）营业执照（企业）正本及副本，或经有权部门批准成立的批文。

（3）组织机构代码证书。

（4）税务登记证正本。

（5）法定代表人身份证件。

（6）开户经办人身份证件。

（7）法定代表人授权委托书。

（8）单位公章、财务章和法定代表人名章。

（9）人民银行规定的其他资料。

需要注意的是，以上资料还要复印件加盖公章。

2. 账户分类

人民币单位活期存款账户分为基本存款账户、一般存款账户、专用存款账户、临时存款账户四种。

（1）基本存款账户。基本存款账户是存款人因办理日常转账结算和现金收付需要开立的银行结算账户。基本存款账户是单位的主要账户，一个单位只能开立一个基本存款账户。存款人日常经营活动的资金收付及其工资、奖金和现金的支取，都通过基本存款账户办理。

（2）一般存款账户。一般存款账户是存款人因借款或其他结算需要，在基本存款账户开户银行以外的银行营业机构开立的银行结算账户。一般存款账户用于办理存款人借款转存、借款归还和其他结算的资金收付。一般存款账户可以办理现金缴存，但不得办理现金支取。

（3）专用存款账户。专用存款账户是存款人按照法律、行政法规和规章，对其特定用途资金进行专项管理和使用而开立的银行结算账户。

（4）临时存款账户。临时存款账户是存款人因临时需要并在规定期限内使用而开立的银行结算账户。因设立临时机构、异地临时经营活动、注册验资等存款人可以申请开立临时存款账户。临时存款账户用于办理临时机构以及存款人临时经营活动发生的资金收付。

（二）单位活期存款

客户在存入款项时，银行应仔细审核有关凭证要素是否齐全、正确，方可办理入账手续。

目前，银行的活期存款大部分来自企业等营利性机构，个人活期存款余额仅占较小比例。企业拥有活期存款账户后，可以以各种方式提取存款，如开出支票、汇票等。

（三）单位活期取款

单位活期取款是指公司、企业、政府、同业等单位客户到银行办理活期取款。取款方式可以选择现金和转账两种方式。

1. 大额现金支取

单位客户一日一次性从其单位账户取现 5 万元（含 5 万元）以上的，银行必须要求取款人提供有效身份证件，并经银行内部审核后，方可支付；对一次性取现 20 万元（含 20 万元）以上的，应要求取款人至少提前一天以电话等方式预约。

2. 转账支付

单位客户办理转账支付时，银行需核对转账凭证上的要素是否齐全，经审核无误后方可办理。转账对象可以是对公账户、个人账户以及白名单内部账户。

开户单位若转账至个人结算账户，其转账款项需满足以下几个条件。

（1）工资、奖金收入。

（2）稿费、演出费等劳务收入。

（3）债券、期货、信托等投资的本金和收益。

（4）个人债权或产权转让收益。

（5）个人贷款转存。

（6）证券交易结算资金和期货交易保证金。

（7）继承、赠予款项。

（8）保险理赔、保费退还等款项。

（9）纳税退还。

（10）农、副、矿产品销售收入。

（11）其他合法款项。

三、单位定期存款业务

单位定期存款是指单位客户存入人民币存款时与银行约定存期，在存款到期支取时，按存入日约定的利率计付利息的一种存款。单位定期存款存期分三个月、六个月、一年三个档次，起存金额 1 万元。存款不分段计息，按存入日利率计提利息，利随本清，计提日为每季末月 20 日。

（一）单位定期开户

存款单位开立定期存款账户时，须提交开户申请书、营业执照正本等，并预留印鉴。

印鉴应包括单位公章、单位法定代表人章（或主要负责人印章）和财务专用章。由接受存款的金融机构给存款单位开出“单位定期存款开户证实书”（以下简称“证实书”），证实书仅对存款单位开户证实，不得作为质押的权利凭证。

（二）单位定期存款

单位定期存款可采用现金存入，也可采用转账存入，存款 1 万元起存，多存不限。但如果单笔金额超过 1 000 万元（含 1 000 万元）或同一存款单位累计超过 2 000 万元（含 2 000 万元）时，经办银行将实行报告制度，逐级报上级行和当地中国人民银行支行。

（三）单位定期取款

存款单位支取定期存款只能以转账方式将存款转入其基本存款账户，不得将定期存款用于结算或从定期存款账户中提取现金。单位定期存款的支取包括提前支取、到期支取、逾期支取等情况。

单位定期存款可以全部或部分提前支取，但只能提前支取一次。全部提前支取的，按支取日挂牌公告的活期存款利率计息；部分提前支取的，提前支取的部分按支取日挂牌公告的活期存款利率计息，其余部分如不低于起存金额，由金融机构按原存期开具新的证实书，按原存款开户日挂牌公告的同档次定期存款利率计息；不足起存金额则予以清户。

支取定期存款时，须出具证实书并提供预留印鉴，存款所在金融机构审核无误后为其办理支取手续，同时收回证实书。

【课堂活动】
学生分组思考并讨论单位定期存款业务处理的风险点。

模块 2　对公业务（下）

一、单位活期销户

单位活期销户是指公司、企业、政府、同业等单位客户到银行办理单位活期账户销户。

（一）活期销户结息

单位出于合并、撤销、停业等原因需要合并或撤销账户的，首先需要到开户银行填写“销户通知书”，并同开户银行核对其存（贷）款账户的余额，核对无误后结清全部利息。同时，交回各种未用完的重要空白凭证和开户许可证。经开户银行审核同意后，即可办理合并、撤销手续。

目前，活期储蓄存款每季度结息一次，每季末月的 20 日为结息日，按当日挂牌的活期利率计息，商业银行在这一日将利息转入储户账户。如果储户在结息日前清户，商业银行将按当日挂牌活期利率计算利息并连同本金支付给储户。

（二）客户剩余支票注销

单位交回已出售的空白支票的，经办产品经理与柜面系统中进行查询，确认是本机构出售的，核点凭证号段和数量无误后，在柜面系统中注销，交回的支票上加盖“作废”，无须扫描上传，并按要求操作退还手续费，同会计传票保管。客户出于特殊原因未能交回支票的，应出具公函说明。

（三）客户申请销户

单位客户申请账户销户时，必须审查客户提交的销户申请书，核对账户余额无误，无欠息欠费并确认单位购买的空白重要凭证均已退回。对有贷款或其他未了事项的存款账户，必须归还全部贷款本息或其他未了事项处理完成后才能办理销户。

撤销银行结算账户需要准备如下资料。

（1）开户核准通知书（基本户）。

（2）营业执照正本原件。

（3）国税地税正本原件。

（4）组织机构代码原件。

（5）印鉴卡片（客户留存联即副卡）。

（6）法定代表人身份证原件或复印件、经办人身份证原件。

（7）公章、财务章、法定代表人章及预留印鉴人名章。

（8）未使用的空白票据。

二、单位活期开户撤销

单位活期开户撤销是指公司、企业、政府、同业等单位客户办理开立单位活期账户后，由于某种原因到银行取消已开立的账户。

值得注意的是，若单位客户在银行开立账户后，连续一年（按对月对日计算）未发生收付活动，经开户银行调查后，认为该账户无须继续保留的，即可通知开户单位在发出通知之日起 30 日内来行办理销户手续，逾期视同自愿销户。存款账户内若有余额，转为银行收益。

知识链接

银行防范对公账户风险分析

银行在防范对公账户业务风险时，要特别注意以下五种常见异常情形。

（1）注册地址不存在或虚构经营场所。《中国人民银行关于加强支付结算管理防范电信网络新型违法犯罪有关事项的通知》（银发〔2016〕261 号）中，要求银行须审慎核实对公账户开户的每项信息，特别是对注册地址不存在或虚构经营场所的单位，银行不得为其开立对公账户。

（2）代理关系存疑。在开立对公账户过程中，有时会发生银行虽然对身为被代理人的客户履行 KYC 程序，但却忽略了对代理人本身身份的验证程序，或是代理人故意不填写本身姓名，只填写被代理人姓名意图掩盖代理关系。

（3）空壳公司特征明显。空壳公司也是银行须防范开立对公账户的风险，当同一代理人集中在相同时段，且在同一地段的各家银行网点大量代理开立对公账户，且这些公司注册资金都不高，实缴注册资本又为零，经营范围偏向轻资产的贸易公司、咨询管理公司、信息科技公司等，法定代表人年纪偏大或偏小，或是法定代表人和代理人的身份证地址为异地或偏远农村地区，都属明显空壳公司特征。

（4）同一位自然人作为多家企业法定代表人。虽然《中华人民共和国公司法》未限制同一位自然人可以作为多家公司法定代表人，但除非是集团或其他特殊考虑，否则同一自然人担任多家公司法定代表人或同时控制数量过多的对公账户都属异常现象，银行应设法深入了解。

（5）银行一旦发现实际经营者和经营内容与营业执照上登记的信息不一致，应立刻拒绝对公账户的开立，因为该公司极可能是被用来达到虚开增值税发票等不法目的。

除此之外，还有一些对公账户的异常现象银行也须防范，例如，《企业银行结算账户管理办法》第三十三条规定，银行应建立企业客户的账务核对机制，对账频率应不低于每季度一次，如果企业超过对账时间未回复、对账结果不一致或不配合对账要求，银行有权采取措施限制账户交易措施以降低银行风险。

（资料来源：编者根据第一财经网相关内容整理改写）

【课堂活动】

请学生分组简述单位活期销户的过程。

模拟仿真实训 1　单位活期开户综合业务

一、任务说明

天津市 A 有限公司是一家从事电子设备、机械零部件制造加工的企业，成立于 2007 年 3 月 18 日，注册资金 1 800 万元。2021 年 4 月 13 日，因业务发展该公司财务人员到我行申请开立基本存款账户，并通过柜面对账。

（1）企业相关信息。

行业类别：制造业。

公司类型：有限责任公司。

企业规模：中型企业。

纳税人类型：一般纳税人。

营业期限：30 年。

统一社会信用代码：9112022358978****C。

邮编：300000。

注册地址：天津市静海区沿庄镇某某村。

办公地址：天津市河西区柳江路东侧某某大厦 1-803。

经营范围：电子设备、机械零部件制造加工。

（2）法定代表人相关信息。

姓名：郎某某。

性别：男。

民族：汉族。

身份证号码：12010219790910****。

证件到期日：20300829。

电话：1897665****。

办公室电话：022-8375****。

（3）财务人员信息。

姓名：钱某某。

性别：女。

民族：汉。

身份证号码：12022319790414****。

证件到期日：20321105。

电话：1594024****。

基本户为活期计息不通存通兑账户。客户在办理开户时须先填写“开立单位银行结算账户申请书”。

二、厅堂服务操作流程

模拟实训 1

接待客户→在叫号机上选择“取号类型”为“对公业务号”并将取号号码递给客户→引导客户至填单台填写“开立单位银行结算账户申请书”→递交大堂经理进行单据审核→引导客户至等候服务区，等候柜面业务办理。

三、柜面业务操作流程

模拟实训 2

接待客户→收取资料→身份证核查→打印核查结果。

四、业务处理

根据任务说明判断该单位客户是否首次在任务所指银行办理单位活期开户业务，首次办理单位活期开户须先进行“建立单位客户信息”操作，再完成“单位活期开户”操作。

（一）建立单位客户信息

根据任务说明“申请开立基本存款账户”，判断该客户并未在任务所指银行开立过基本存款账户，故必须进行“建立单位客户信息”操作。单击“核心系统”→“客户信息录入”→“建立单位客户信息”，进入对应业务操作页面，并依据任务说明及客户相关信息填写页面信息（以下步骤默认为执行快查），如图 3-1 所示。

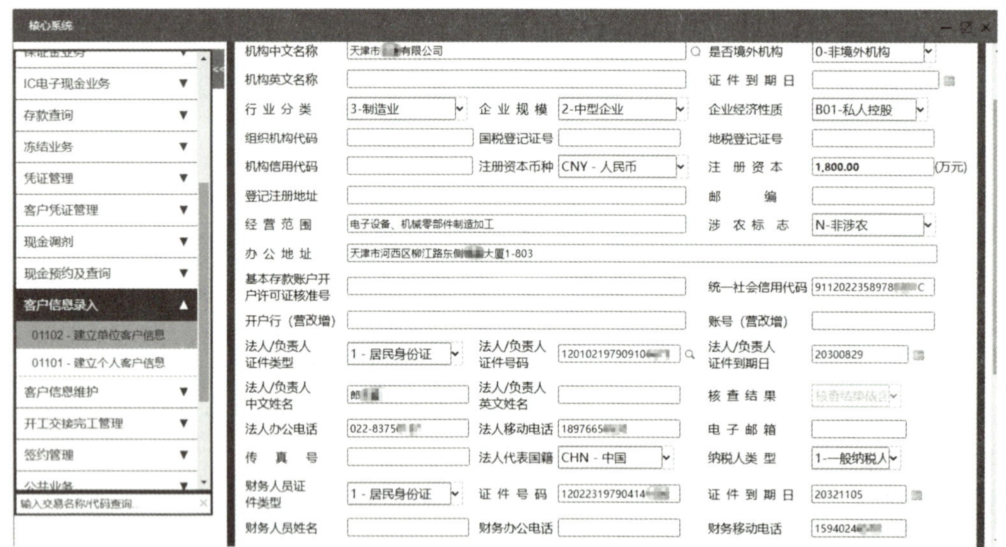

图 3-1　核心系统——建立单位客户信息

1. 企业相关信息录入

输入“机构中文名称”为“天津市 A 有限公司”，选择“是否境外机构”为“0- 非境外机构”，选择“行业分类”为“3- 制造业”，选择“企业规模”为“2- 中型企业”，输入“注册资本”为“18 000 000.00”，输入“经营范围”为“电子设备、机械零部件制造加工”，选择“涉农标志”为“N- 非涉农”，输入“办公地址”为“天津市河西区柳江路东侧某某大厦1-803”，输入“统一社会信用代码”为“9112022358978****C”。

2. 法定代表人相关信息录入

选择“法定代表人/负责人证件类型”为“1-居民身份证”，输入“法定代表人/负责人证件号码”为“12010219790910****”，单击“法定代表人/负责人证件号码”旁的快查按钮，返显“法定代表人/负责人中文姓名”和“核查结果”，输入“法定代表人/负责人证件到期日”为“20300829”，输入“法定代表人/负责人中文姓名”为“郎某某”，输入“法定代表人办公电话”为“022-8375****”，输入“法定代表人移动电话”为“1897665****”。

3. 财务人员相关信息录入

选择“财务人员证件类型”为“1-居民身份证”，输入“证件号码”为“12022319790414****”，输入“证件到期日”为“20321105”，输入“财务移动电话”为“1594024****”。

（二）单位活期开户

完成“建立单位客户信息”操作后，进行“单位活期开户”操作。单击“核心系统”→“单位活期开户”，进入对应业务操作页面，如图3-2所示。

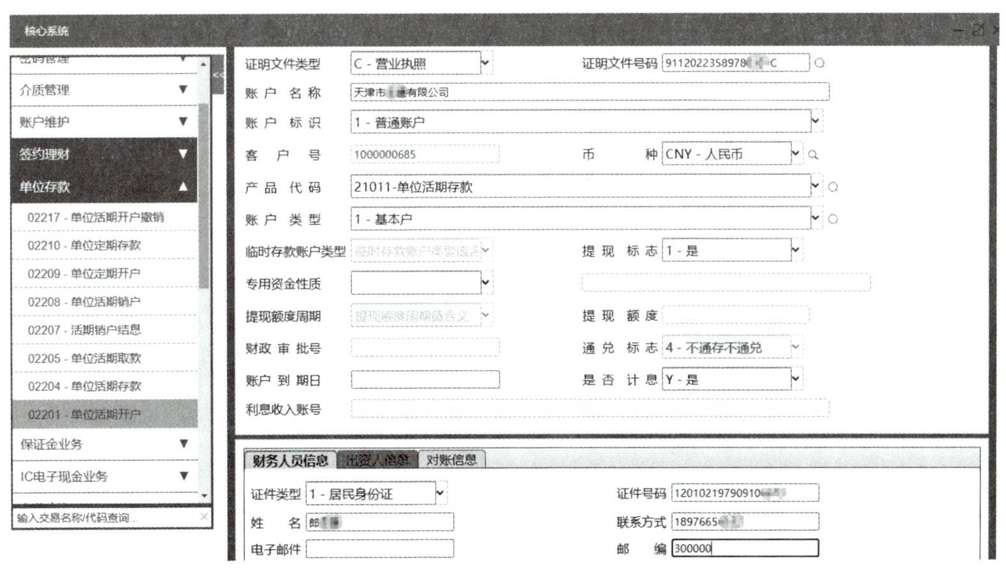

图3-2　核心系统——单位活期开户

（1）根据企业相关信息，选择“证明文件类型”为“C-营业执照”，输入“证明文件号码”为“9112022358978****C”，执行快查后返显“账户名称”与“客户号”。

（2）根据任务说明“因业务发展该公司财务人员到我行申请开立基本存款账户”，选择“账户标识”为“1- 普通账户”，选择“产品代码”为“21011- 单位活期存款”，选择“账户类型”为“1- 基本户”，选择“提现标志”为“1- 是”，选择“是否计息”为“Y- 是”。

（3）根据出资人信息，选择“证件类型”为“1- 居民身份证”，输入“证件号码”为“10219790910****”，输入“姓名”为“郎某某”，输入“联系方式”为“1897665****”，输入“邮编”为“300000”。

（4）根据任务说明“并通过柜面对账”，选择“是否对账”为“Y- 是”，选择“对账渠道”为“CETS- 柜面”，如图 3-3 所示。

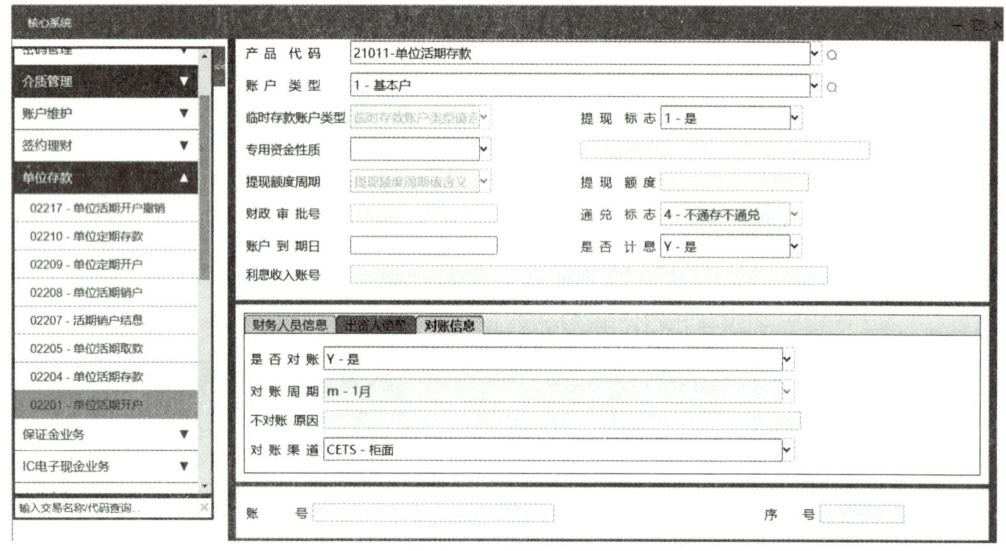

图 3-3　单位活期开户——对账信息

小贴士

同一单位客户只能开立一个基本账户，如果在同一个网点内已经开立基本账户，则不能再在该网点开立一般账户，反之亦然。

（5）完成信息录入后，单击“提交”按钮，页面弹出集中授权申请页面，勾选“客户头像”“协议”“现场审核”“开户证明文件”“单位负责人及经办人身份证原件正面”“开户申请书”“单位负责人及经办人身份证原件反面”“单位负责人及经办人身份核查结果”，如图 3-4 所示。

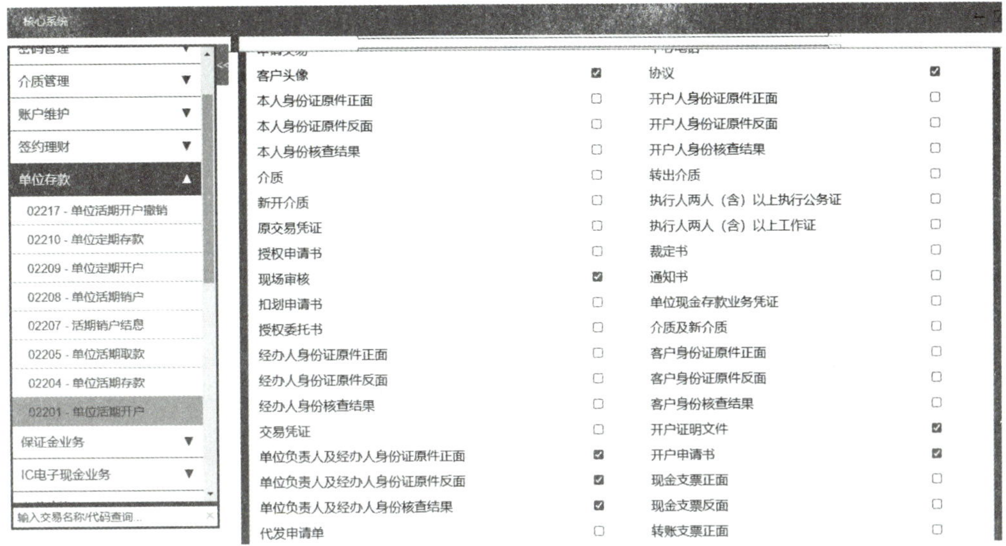

图 3-4 单位活期开户——集中授权申请

（6）勾选“通用业务凭证（耗材）”“印鉴卡”，单击“提交”按钮，页面提示“提交成功”。单击“确定”按钮，页面弹出交易打印页，单击“打印”按钮，打印通用凭证，如图 3-5 所示。

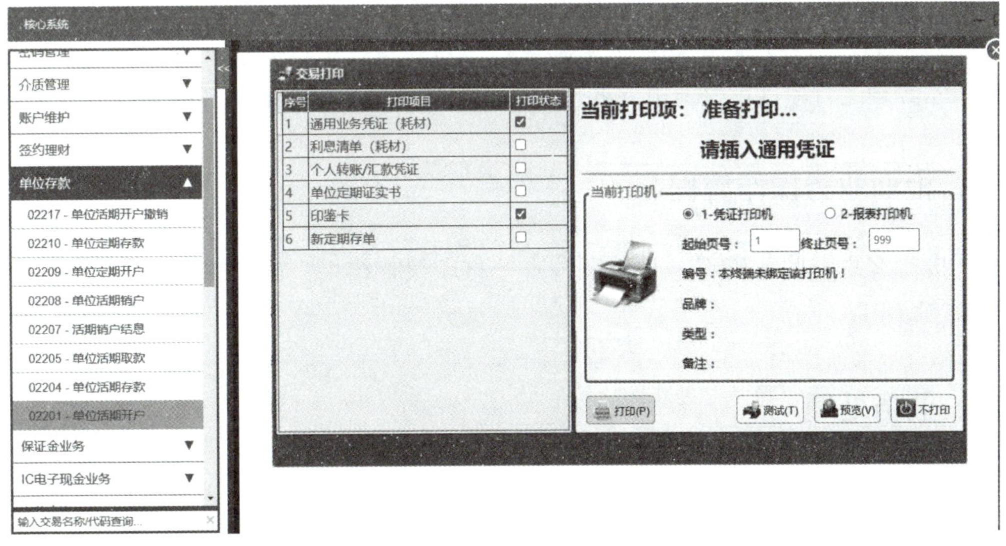

图 3-5 单位活期开户——交易打印

（7）打印通用凭证并交与客户签名后，柜员盖章并签字，最后将法定代表人的身份证、经办人的身份证、印签卡、通用凭证、开立单位银行结算账户申请书及营业执照返还客户。柜员起立送别客户，客户到达厅堂时，大堂经理再次送别客户。

模拟仿真实训 2　单位活期存款

一、任务说明

天津市 A 有限公司财务人员于 2021 年 4 月 12 日前来我行，要求将日常业务款 35 万元存入公司基本户中。

财务人员信息如下。

姓名：钱某某。

身份证号码：12022319790414****。

联系电话：1594024****。

基本户账号：82000000002403****。

二、厅堂服务操作流程

模拟实训 1

接待客户→在叫号机上选择“取号类型”为“对公业务号”并将取号号码递给客户→引导客户至填单台填写“现金交款单”→递交大堂经理进行单据审核→引导客户至等候服务区，等候柜面业务办理。

三、柜面业务操作流程

模拟实训 2

接待客户→收取资料→身份证核查→打印核查结果→收取现金（检验真伪）。

四、业务处理

（1）根据任务说明，单击“核心系统”→“单位存款”→“单位活期存款”，进入对应业务操作页面，并依据任务说明及财务人员信息填写页面信息（以下步骤默认为执行快查），如图 3-6 所示。

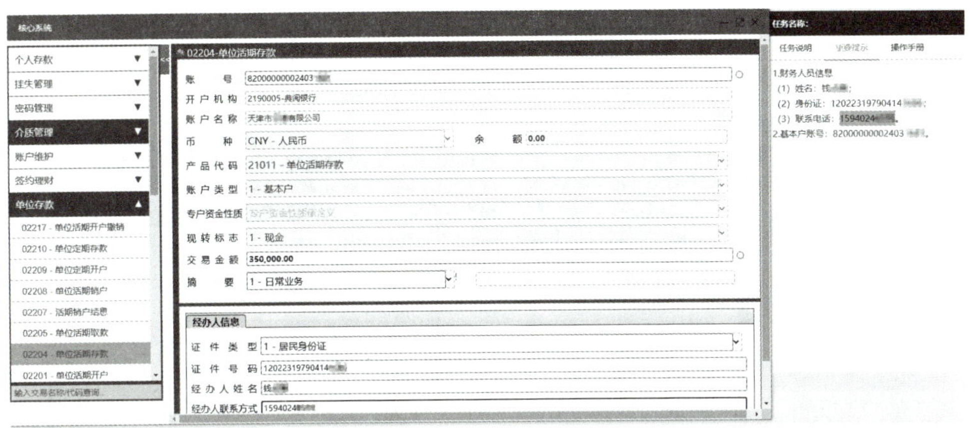

图 3-6 核心系统——单位活期存款

（2）根据任务说明及财务人员信息，输入“账号”为“82000000002403****”，执行快查后返显“开户机构”“账户名称”“币种”“余额”“产品代码”“账户类型”“现转标志”。

（3）根据任务说明“将日常业务款 35 万元存入公司基本户中”，输入“交易金额”为“350 000.00”，选择“摘要”为“1– 日常业务”。

（4）根据任务说明“天津市 A 有限公司财务人员于 2021 年 4 月 12 日前来我行”及财务人员信息，填写经办人信息：选择“证件类型”为“1– 居民身份证”，输入“证件号码”为“12022319790414****”，输入“经办人姓名”为“钱某某”，输入“经办人联系方式”为“1594024****”。

（5）完成信息录入后，单击“提交”按钮，页面弹出集中授权申请页面。因本任务为单位现金存款，且存款金额高于 20 万元，故勾选“客户头像”“现场审核”“单位现金存款业务凭证”“经办人身份证原件正面”“经办人身份证原件反面”“经办人身份核查结果”，如图 3–7 所示。

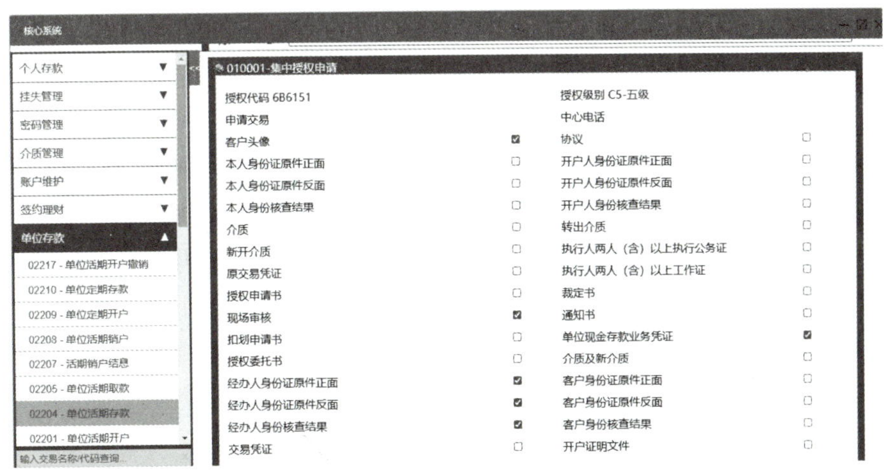

图 3–7 单位活期存款——集中授权申请

（6）勾选“通用业务凭证（耗材）”后，单击“提交”按钮，页面提示“提交成功”。单击“确定”按钮，页面弹出交易打印页，单击“打印”按钮，打印通用凭证，如图 3-8 所示。

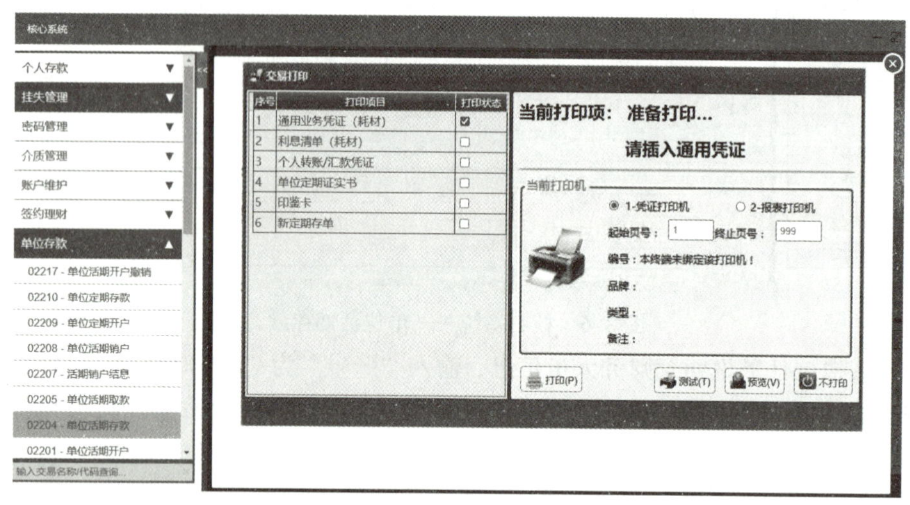

图 3-8　单位活期存款——交易打印

（7）打印通用凭证并交与客户签名后，柜员盖章并签字。其中，现金交款单盖银行公章和柜员私章；经办人身份证联网核查结果盖附件章；通用业务凭证需盖银行公章和柜员私章，盖章后还需客户签字。最后将经办人身份证、通用凭证业务返还客户，柜员起立送别客户，客户到达厅堂时，大堂经理再次送别客户。

模拟仿真实训 3　单位活期取款

一、任务说明

天津 B 科技有限公司此前已在我行开立基本存款账户：82000000000802****。2021 年 4 月 21 日，天津 B 科技有限公司财务人员持转账支票前来要求我行将其基本户中的 67.28 万元转款至在我行客户天津市 A 有限公司，并要求普通到账。

（1）企业相关信息。

天津 B 科技有限公司基本户：82000000000802****。

天津市 A 有限公司基本户：82000000002403****。

支票号码：314052200045****。

（2）财务人员相关信息。

姓名：赵某某。

性别：男。

民族：汉族。

身份证号码：12011219760611****。

财务人员电话：1372068****。

用途：付办公电脑尾款。

客户在办理单位活期取款业务时须先填写“转账支票”“进账单”。

二、厅堂服务操作流程

模拟实训 1

接待客户→在叫号机上选择“取号类型”为“对公业务号”并将取号号码递给客户→引导客户至填单台填写“转账支票”“进账单”→递交大堂经理进行单据审核→引导客户至等候服务区，等候柜面业务办理。

三、柜面业务操作流程

模拟实训 2

接待客户→收取资料→身份证核查→打印核查结果。

四、业务处理

（1）根据任务说明，单击“核心系统”→“单位存款”→“单位活期取款”，进入对应业务操作页面，并依据任务说明及相关信息填写页面信息（以下步骤默认为执行快查），如图 3-9 所示。

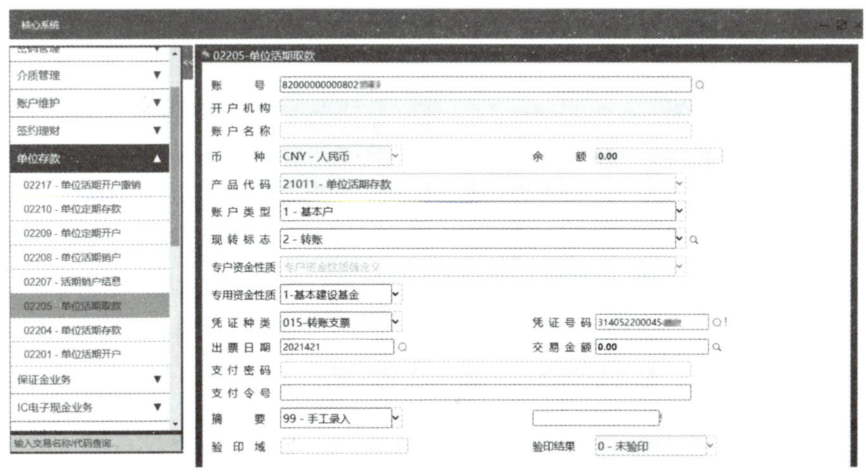

图 3-9　核心系统——单位活期取款

（2）根据企业相关信息，输入“账号”为“82000000000802****”，执行快查后返显“开户机构”“账户名称”“币种”“余额”“产品代码”“账户类型”。

（3）根据任务说明“2021 年 4 月 21 日，天津 B 科技有限公司财务人员持转账支票前来”及相关信息，选择“现转标志”为“2– 转账”，选择“凭证种类”为“015– 转账支票”，输入“凭证号码”为“314052200045****”，输入“出票日期”为“20210421”，根据任务说明“将其基本户中的 67.28 万元转款至在我行客户天津市 A 有限公司，并要求普通到账”及相关信息，输入“交易金额”为“672 800.00”，选择“摘要”为“99– 手工录入”，输入摘要“付办公电脑尾款”。

（4）录入经办人信息：选择“证件类型”为“1– 居民身份证”，输入“证件号码”为“12011219760611****”，输入“经办人姓名”为“赵某某”，输入“经办人联系方式”为“1372068****”。

（5）录入转入方账户信息：选择“账户类型”为“2– 单位”，输入“转入账 / 卡号”为“82000000002403****”，执行快查后返显“序号”“转入户名”“币种”，选择“到账方式”为“0– 实时到账”，如图 3–10 所示。

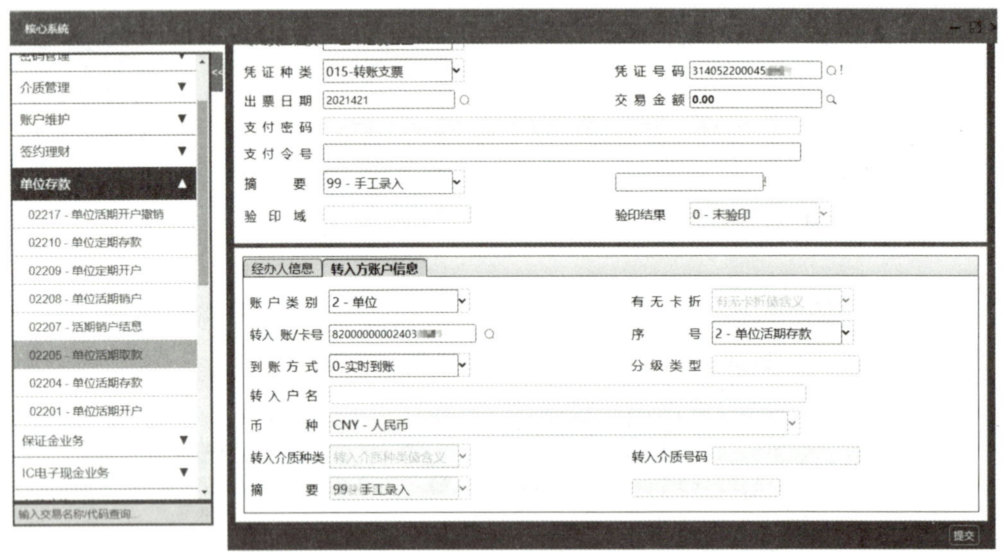

图 3–10　单位活期取款——转入方账户信息

（6）完成信息录入后，单击“提交”按钮，页面弹出单位活期取款复核页面，检查复核页面信息是否与录入页面信息一致，如果页面信息不一致，页面将提示错误。输入“账号”为“82000000000802****”，选择“现转标志”为“2– 转账”，输入“凭证号码”为“314052200045****”，输入“出票日期”为“20210421”，输入“交易金额”为“672 800.00”，如图 3–11 所示。

02205-单位活期取款

字段	内容	字段	内容
账　号	8200000000802		
开户机构			
账户名称			
币　种	CNY - 人民币	余　额	0.00
产品代码	21011 - 单位活期存款		
账户类型	1 - 基本户		
现转标志	2 - 转账		
专户资金性质	专户资金性质值含义		
专用资金性质	1-基本建设基金		
凭证种类	015-转账支票	凭证号码	314052200045
出票日期	20210421	交易金额	672,800.00
支付密码			
支付令号			
摘　要	99 - 手工录入		
验印域		验印结果	0 - 未验印

图 3-11　单位活期取款——核心业务复核

（7）信息录入完毕后，单击“提交”按钮，页面提示“提交成功”，单击“确定”按钮，页面弹出集中授权申请页面，因本任务为转账取款，收款方为单位账户，且交易金额小于 100 万元，故勾选“客户头像”“转账支票正面”“转账支票反面”，如图 3-12 所示。

010001-集中授权申请

项目	勾选	项目	勾选
授权代码 6B6151		授权级别 C5-五级	
申请交易		中心电话	
客户头像	☑	协议	☐
本人身份证原件正面	☐	开户人身份证原件正面	☐
本人身份证原件反面	☐	开户人身份证原件反面	☐
本人身份核查结果	☐	开户人身份核查结果	☐
介质		转出介质	☐
新开介质	☐	执行人两人（含）以上执行公务证	☐
原交易凭证	☐	执行人两人（含）以上工作证	☐
授权申请书	☐	裁定书	☐
现场审核		通知书	☐
扣划申请书	☐	单位现金存款业务凭证	☐
授权委托书	☐	介质及新介质	☐
经办人身份证原件正面	☐	客户身份证原件正面	☐
经办人身份证原件反面	☐	客户身份证原件反面	☐
经办人身份核查结果	☐	客户身份核查结果	☐
交易凭证	☐	开户证明文件	☐
单位负责人及经办人身份证原件正面	☐	开户申请书	☐
单位负责人及经办人身份证原件反面	☐	现金支票正面	☐
单位负责人及经办人身份核查结果	☐	现金支票反面	☐
代发申请单	☐	转账支票正面	☑
外省农信社存折	☐	转账支票反面	☑
结算业务申请书	☐	交易界面	☐
个人业务凭条	☐	决定书	☐
本人及代理人身份证原件正面	☐	本人及代理人身份证原件反面	☐
本人及代理人身份核查结果	☐	代理人办理相关证明	☐
销户申请书	☐	单位盖章的汇总清册	☐
转出介质及新开介质	☐		
转账支票正面（或交易凭证）及交易凭证	☐		

提交

图 3-12　单位活期取款——集中授权申请

（8）勾选“通用业务凭证（耗材）”，单击“提交”按钮，页面提示“提交成功”，单击“确定”按钮，页面弹出交易打印页，单击“打印”按钮，打印通用凭证，如图 3-13 所示。

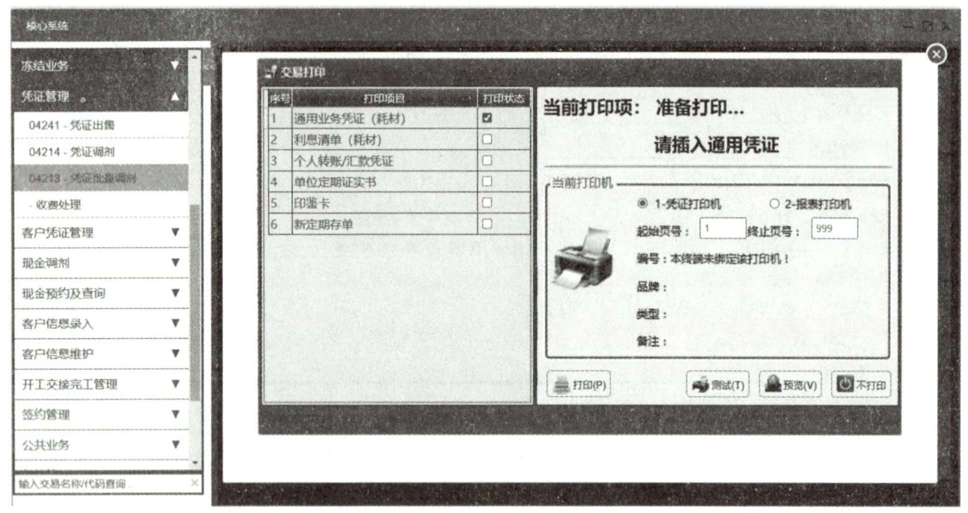

图 3-13　单位活期取款——交易打印

（9）打印通用凭证并交与客户签名后，柜员盖章并签字。其中，转账支票和进账单盖银行公章和柜员私章；经办人身份证联网核查结果盖附件章；通用业务凭证需盖银行公章和柜员私章，盖章后还需客户签字。最后将经办人身份证、通用凭证业务及进账单返还客户。柜员起立送别客户，客户到达厅堂时大堂经理再次送别客户。

模拟仿真实训 4　单位定期开户

一、任务说明

2021 年 3 月 29 日，上海 C 有限公司财务人员吴某某携带法定代表人的身份证和自己的身份证，以及转账支票、进账单到银行办理单位定期存款业务，将基本户中的 95.18 万元转为一年期整存整取存款，并选择不转存，开立为单户定期存款账户，且通过柜面对账。

（1）企业相关信息。

统一信用代码：9131020246642****T。

基本户账号：8200000007053****。

摘要：默认为日常业务。

支票号码：314052200035****。

开户介质号码：000000005566****。

（2）经办人相关信息。

姓名：吴某某。

民族：汉族。

性别：男性。

地址：湖南省娄底市娄星区某某街 122 号。

身份证号码：36035619850622****。

（3）法定代表人相关信息。

姓名：周某某。

民族：汉族。

性别：男性。

地址：湖南省长沙市雨花区某某路 122 号。

身份证号码：36035219940611****。

客户在办理开户时须先填写“转账支票”“进账单”。

二、厅堂服务操作流程

模拟实训 1

接待客户→在叫号机上选择“取号类型”为“对公业务号”，并将取号号码递给客户→引导客户至填单台填写“转账支票”“进账单”→递交大堂经理进行单据审核→引导客户至等候服务区，等候柜面业务办理。

三、柜面业务操作流程

模拟实训 2

接待客户→收取资料（“转账支票”、法定代表人身份证、“进账单”、经办人身份证）→身份证核查→打印核查结果。

四、业务处理

（1）单击“核心系统”按钮，开启任务，如图 3-14 所示。

图 3-14　核心系统页面

（2）根据任务说明，单击“核心系统”→“单位存款”→“单位定期开户”，进入对应业务操作页面，并依据任务说明及企业相关信息填写页面信息（以下步骤默认为执行快查），如图 3-15 所示。

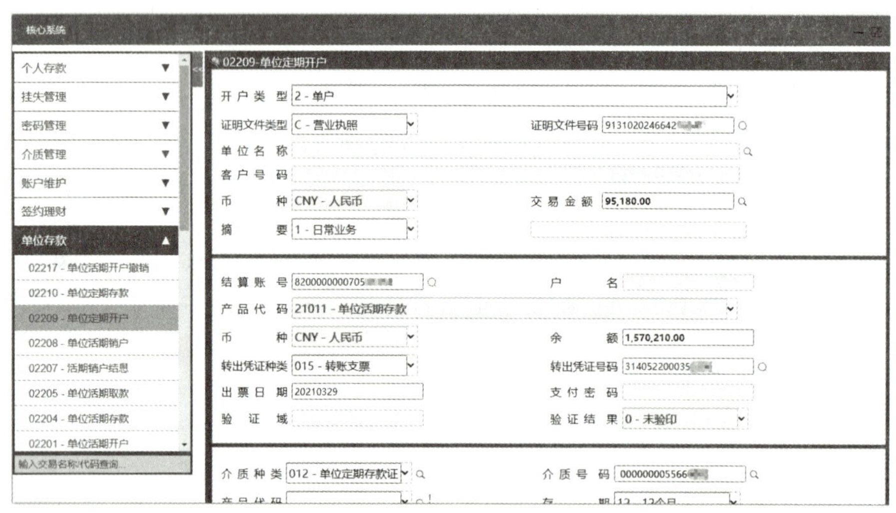

图 3-15　核心系统——单位定期开户

（3）根据任务说明“开立为单户定期存款账户”及企业相关信息，选择“开户类型”为“2- 单户”，选择“证明文件类型”为“C- 营业执照”，输入“证明文件号码”为“9131020246642****T”，执行快查后返显“单位名称”“客户号码”“币种”。

（4）根据任务说明“将基本户中的 95.18 万元转为一年期整存整取存款”，输入“交易金额”为“951 800.00”，选择“摘要”为“1- 日常业务”，输入“结算账号”为“82000000007053****”，执行快查后返显“户名”“产品代码”“币种”“余额”。

（5）根据任务说明“财务人员吴某某携带法定代表人的身份证和自己的身份证，以及转账支票、进账单到银行办理单位定期存款业务”及企业相关信息，选择“转出凭证种类”为“015- 转账支票”，输入“转出凭证号码”为“314052200035****”，输入“出票日期”为“20210329”。

（6）根据任务说明“将基本户中的 95.18 万元转为一年期整存整取存款，并选择不转存，开立为单户定期存款账户，且通过柜面对账”，选择“介质种类”为“012- 单位定期存款证实书”，输入“介质号码”为“000000005566****”。

小贴士

（1）“产品代码”为“51021- 单位存本取息”时，还需录入结息账户信息页签内容，如“结息账号”“结息账户户名”等，其中“结息账号”默认为“结算账号”。

（2）“转存类型”为“1- 本金转存”时，还需填写转存信息页签内容，如“利息转入账号”“利息转入户名”等。

（7）完成信息录入后，单击“提交”按钮，页面弹出单位定期开户复核页面，输入“结算账号”为“82000000007053****”，选择“介质种类”为“012- 单位定期存款证实书”，输入“介质号码”为“000000005566****”，选择“存期”为“12-12 个月”，如图 3-16 所示。

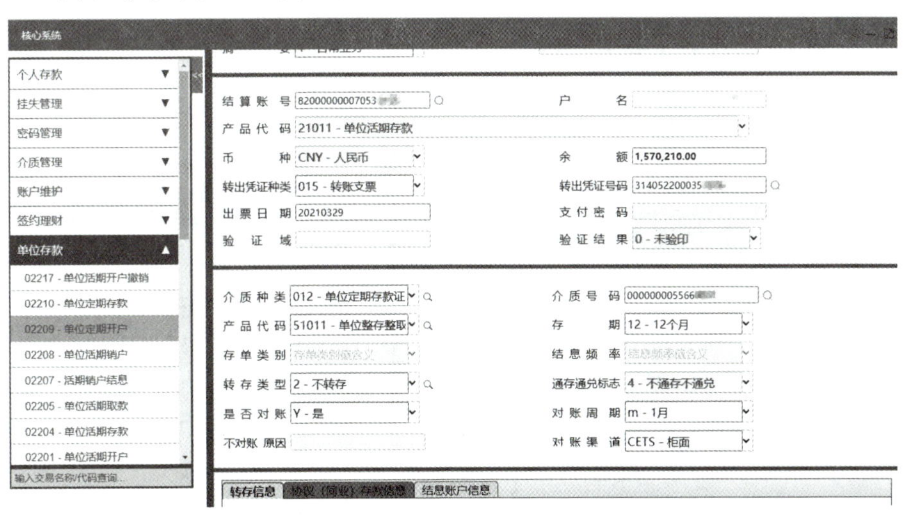

图 3-16 单位定期开户——核心业务复核

（8）信息录入完毕后，单击“提交”按钮，页面提示“提交成功”，单击“确定”按钮，页面弹出集中授权申请页面，因本任务为单位定期开户，故勾选“客户头像”“介质”“转账支票正面”“转账支票反面”“现场审核”，如图 3-17 所示。

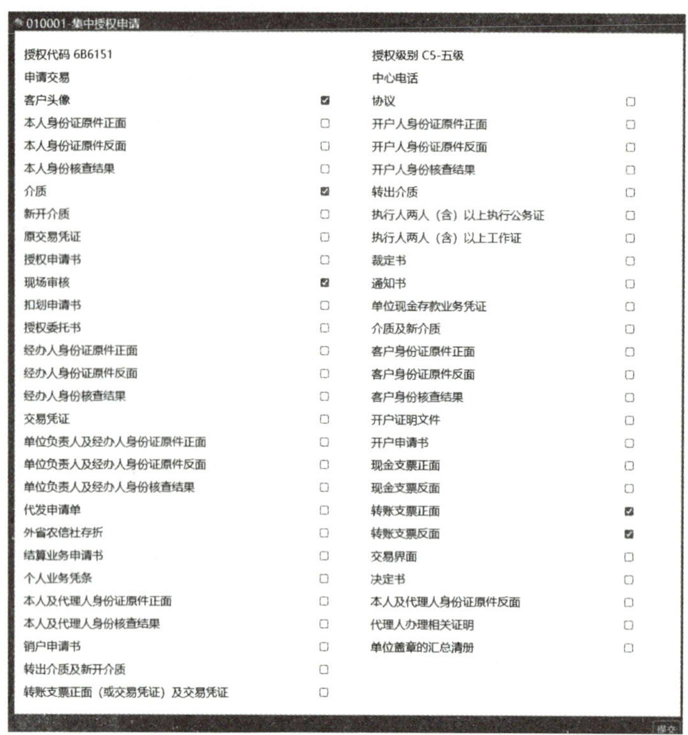

图 3-17　集中授权申请页面

（9）信息录入完毕后，检查复核页面信息是否与录入页面信息一致，如果页面信息不一致，页面将提示错误。确认信息无误后，单击“提交”按钮，页面提示“提交成功”，单击“确定”按钮，返回“单位定期开户”页面，页面提示“提交成功”，单击“确定”按钮，页面弹出交易打印页，单击“打印”按钮，打印通用凭证，如图 3-18 所示。

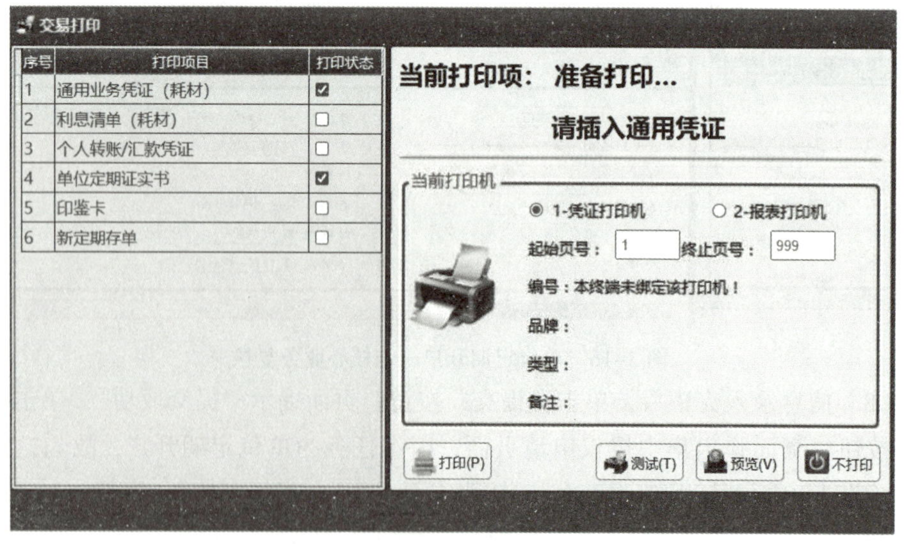

图 3-18　单位定期开户——交易打印

（10）打印通用凭证并交与客户签名后，柜员盖章并签字，其中转账支票和经账单盖银行公章和柜员私章；法定代表人身份证联网核查结果和经办人身份证联网核查结果盖附件章；单位定期存款证实书盖银行业务公章和柜员私章；通用业务凭证需盖银行公章和柜员私章，盖章后还需客户签字。最后将法定代表人的身份证、经办人身份证、单位定期存款开户证实书、进账单、通用凭证归还客户，柜员起立送别客户，客户到达厅堂时，大堂经理再次送别客户。

模拟仿真实训 5 单位定期存款

一、任务说明

2021 年 5 月 12 日，成都市 D 有限公司法定代表人薛某某携带相关资料以及转账支票前来我行办理定期业务，要求在单位定期一号通账户下开立一个存期为 6 个月的整存整取账户，本金转存，存入 1 680 000 元，并选择将利息转入基本户。

（1）企业相关信息。

统一信用代码：91510105MA6150****。

客户一号通账号：82000000000506****。

客户基本户账号：82000000020101****。

单位定期存款证实书号码：000000000575****。

转账支票号码：314052200051****。

（2）法定代表人相关信息。

姓名：薛某某。

身份证号码：51010019890715****。

家庭住址：四川省成都市锦江区某某街道 152 号。

联系电话：1851526****。

客户在办理单位定期存款业务时须先填写“转账支票”“进账单”。

二、厅堂服务操作流程

模拟实训 1

接待客户→在叫号机上选择“取号类型”为“对公业务号”，并将取号号码递给客户→引导客户至填单台填写“转账支票”“进账单”→递交大堂经理进行单据审核→引导客户至等候服务区，等候柜面业务办理。

三、柜面业务操作流程

模拟实训 2

接待客户→收取资料（“转账支票”、法定代表人的身份证、“进账单”）→身份证核查→打印核查结果。

四、业务处理

（1）单击“核心系统”按钮，开启任务，如图 3-19 所示。

图 3-19　核心系统页面

（2）根据任务说明，单击“核心系统”→“单位存款”→“单位定期存款”，进入对应业务操作页面，并依据任务说明及企业相关信息填写页面信息（以下步骤默认为执行快查），如图 3-20 所示。

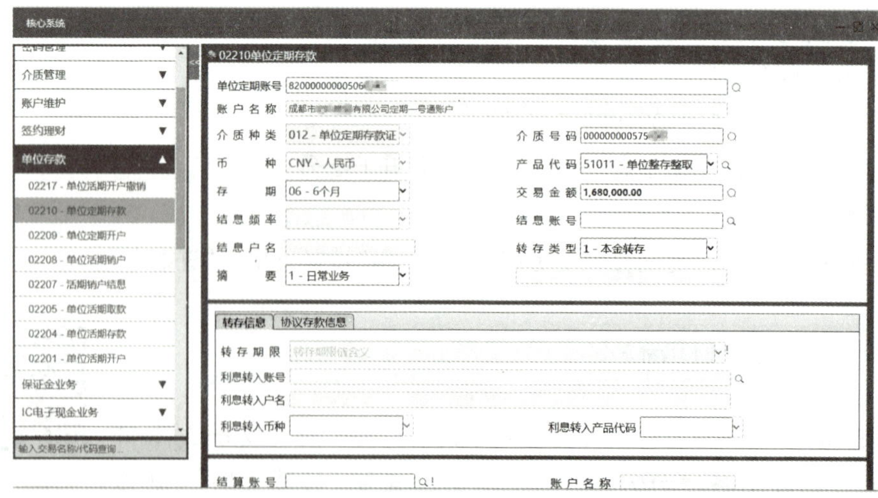

图 3-20　核心系统——单位定期存款

（3）根据任务说明“要求在单位定期一号通账户下开立一个存期为6个月的整存整取账户，本金转存，存入1 680 000元”及企业相关信息，输入“单位定期账号”为“8200000000506****”，执行快查后返显“账户名称”“介质种类”“币种”，输入“介质号码”为“000000000575****”，选择“产品代码”为“51011-单位整存整取”，选择“存期”为“06-6个月”，输入“交易金额”为“1 680 000.00”，选择“转存类型”为“1-本金转存”，选择“摘要”为“1-日常业务”。

（4）根据任务说明“并选择将利息转入基本户”及企业相关信息，输入“利息转入账号”为“82000000020101****”，执行快查后返显“转存期限”“利息转入户名”“利息转入币种”“利息转入产品代码”。输入“结算账号”为“82000000020101****”，执行快查后返显“账户名称”“币种”“余额”，选择“转出凭证种类”为“015-转账支票”，输入“转出凭证号码”为“314052200051****”，执行快查后返显“出票日期”。

（5）完成信息录入后，单击“提交”按钮，页面弹出单位定期存款复核页面，检查复核页面信息是否与录入页面信息一致，如果页面信息不一致，页面将提示错误。选择“存期”为“06-6个月”，输入“交易金额”为“1 680 000.00”，输入“结算账号”为“82000000020101****”，如图3-21所示。

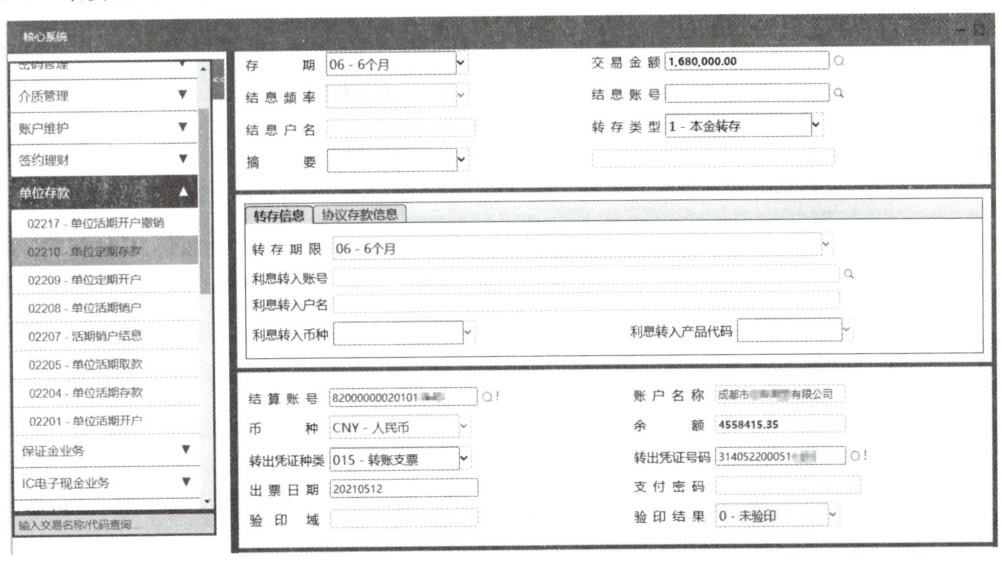

图3-21　单位定期存款——核心业务复核

（6）信息录入完毕后，单击“提交”按钮，页面提示“提交成功”，单击“确定”按钮，页面弹出集中授权申请页面，因本任务为单位定期存款，且存款金额高于100万元、小于200万元，故勾选“客户头像”“介质”“现场审核”“转账支票正面（或交易凭证）及交易凭证”“转账支票反面”，如图3-22所示。

图 3-22　单位定期存款——集中授权申请

（7）单击“提交”按钮，页面提示“提交成功”，单击“确定”按钮，页面弹出交易打印页，单击“打印”按钮，打印通用凭证，如图 3-23 所示。

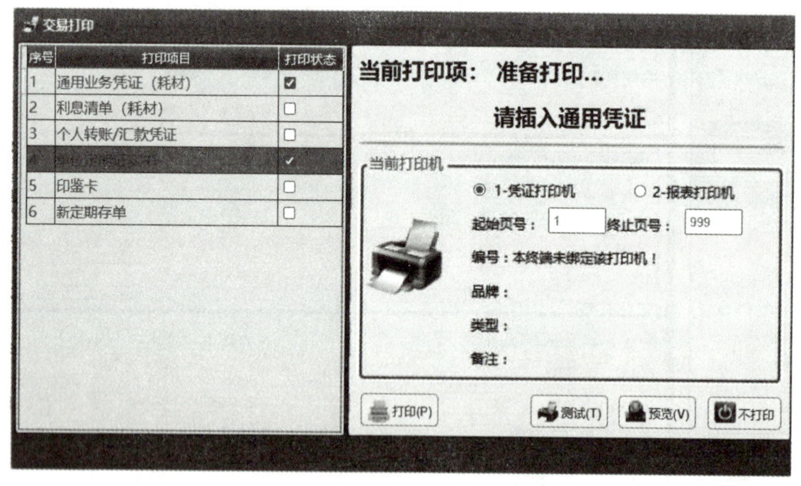

图 3-23　单位定期存款——交易打印

（8）打印通用凭证并交与客户签名后，柜员盖章并签字。其中，转账支票和经账单盖银行公章和柜员私章；法定代表人的身份证联网核查结果和经办人身份证联网核查结果盖附件章；单位定期存款证实书盖银行业务公章和柜员私章，通用业务凭证需盖银行公章和柜员私章，盖章后还需客户签字。最后将法定代表人的身份证、单位定期存款证实书、进账单、通用凭证归还客户，柜员起立送别客户。客户到达厅堂时，大堂经理再次送别客户。

知识巩固练习

一、不定项选择题

1. 转账业务按转账收、付款单位（　　）不同，一般可分为：收、付款单位均在同一行处开户的转账（简称本转）。

A. 性质　　B. 类别　　C. 开户行

2. 收、付款单位在同一行处开户的转账和收、付款单位在我行计算机系统内不同网点的转账，处理流程相同，称为（　　）业务。

A. 同城区域　　B. 同城网内　　C. 同城网络

3. 单位定期存款是指在存入时由存款单位约定期限，到期支付（　　）的一种存款。

A. 本金　　B. 利息　　C. 本息

4. 存款单位支取（　　）存款只能以转账方式将存款转入原存入存款账户，不得将定期存款用于结算或从定期存款账户中提取现金。

A. 活期　　B. 定期　　C. 协议

5. 单位定期存款可以全部或部分提前支取，但只能提前支取（　　）次。

A. 一　　B. 二　　C. 三

二、判断题

1. 存款单位支取定期存款只能以转账方式将存款转入原存入存款账户，不得将定期存款用于结算或从定期存款账户中提取现金。（　　）

2. 证实书联加盖核算用章，留底联作银行留底卡专夹保管，证实书联与签章后的进账单收款通知联一并交客户。（　　）

3. "单位定期（通知）存款证实书"收回，两联均注明"作废"字样，作借方凭证和附件。（　　）

4. 单位定期存款可以全部或部分提前支取，但只能提前支取一次。（　　）

5. 单位定期存款期限分为三个月、半年、一年、二年、三年和五年六个档次。起存金额5万元，多存不限。（　　）

6. 存款单位证实书遗失，应出具单位公函。（　　）

7. 单位通知存款是指存款人在存入款项时不约定存期。（　　）

8. 单位通知存款支取是不需提前通知金融机构，约定支取存款日期和金额方能支取的存款。（　　）

三、思考题

1. 简述人民币单位活期存款账户分类。

2. 简述单位活期销户业务及注意事项。

项目四 贷款业务

知识目标

1. 掌握个人住房贷款相关知识及业务处理流程。
2. 掌握单位贷款相关知识及业务处理流程。

技能目标

1. 熟练地完成个人贷款信息的读取、录入。
2. 能够应用平台办理个人住房贷款、个人汽车贷款发放、还贷等业务操作。
3. 熟练地完成单位贷款信息的读取、录入。
4. 能准确办理单位贷款发放、还贷业务操作。

素质目标

正确引导消费观念，提高法律维护意识，培养从业者处事待人公平公正，遵循道德和法律规范的职业素养。

模块1 个人贷款业务基础知识

思政园地

网贷的思考

当前，大学生的经济尚未完全独立，获取资金的渠道也比较少，大部分来自父母、助学金还有兼职，而这些资金已经不能很好地满足大学生的消费需求了。网贷这时候开始在大学生中流行起来，它既符合大学生的猎奇心理，能被他们广泛接纳，又能方便快速有效地解决大学生的基金问题。但网贷的存在具有双面性，它在为大学生学习、消费、创业等提供便利的同时，也带来一系列安全隐患。部分不良网贷平台为了追求利益最大化，抛弃了道德准则和行业规范，不断地利用大学生日益增长的消费需求与资金有限之间的矛盾来引诱大学生进行网络贷款，从而引发了一些大学生非理性消费行为，导致一系列恶性事件的发生，严重危害校园安全和谐稳定。

大学生要量入为出，适度消费；要避免盲从，理性消费；要有环保意识，绿色消费。绿色消费能够保护消费者健康和节约资源，在维护自身利益的同时又为生态文明建设献出了自己的一份力。最后，还要勤俭节约，艰苦奋斗。社会主义荣辱观要求我们，要以艰苦奋斗为荣，以骄奢淫逸为耻。虽然如今的中国逐渐强大，人民的生活水平也得到了很大的提升，但勤俭节约、艰苦奋斗是中华民族的传统美德。诸葛亮《诫子书》有言：静以修身，俭以养德。从古至今，大到治国之道，小到理家之规，都能很好地体现中华民族对这一美德的推崇与践行。作为中华民族的青年一代，大学生们更不能摒弃这一美德。

（资料来源：编者根据相关内容整理改写）

贷款是金融机构对借款人所提供的按约定的利率和期限还本付息的信用活动。银行通过贷款的方式将所集中的货币和货币资金投放出去，可以满足社会扩大再生产对补充资金的需要，促进经济的发展。同时，银行也可以由此取得贷款利息收入，增加银行自身的积累。

一、个人贷款业务的概念及分类

（一）个人贷款业务的概念

个人贷款业务也称零售业务，是指银行或者其他金融机构向符合条件的自然人发放的用于个人消费、生产经营活动的本币、外币的贷款。

（二）个人贷款业务的分类

个人贷款按照不同划分标准可划分为不同种类，按照偿还方式可以分为：活期贷款、定期贷款、透支贷款。按照偿还期限可划分为：短期贷款、中期贷款、长期贷款；按照用途不同，可划分为个人住房贷款、个人汽车贷款、个人耐用消费品贷款、个人小额信用贷款、个人助学贷款等。

二、个人贷款申请应具备的条件

根据《个人贷款管理暂行办法》第十一条规定，个人贷款申请应具备以下条件。

（1）借款人为具有完全民事行为能力的中华人民共和国公民或符合国家有关规定的境外自然人。

（2）贷款用途明确合法。

（3）贷款申请数额、期限和币种合理。

（4）借款人具备还款意愿和还款能力。

（5）借款人信用状况良好，无重大不良信用记录。

（6）贷款人要求的其他条件。

第十二条规定，贷款人应要求借款人以书面形式提出个人贷款申请，并要求借款人提供能够证明其符合贷款条件的相关资料。

三、申请个人贷款的流程

（一）准备相关资料

客户向银行贷款所需的资料：借款申请书、身份证、户口簿、收入证明、婚姻状况证明等，有配偶的，还需提供配偶的身份证和户口簿。如果是抵押贷款，需要出具抵押物的产权证；如果是免担保贷款，需要提供良好的信用记录。

（二）办理申请

准备好相关资料后，客户带着相关资料可以到银行或银行委托的律师事务所向银行交验相关资料和交纳各项费用后，客户需要与银行签订贷款合同，并以此为约束双方的法律性文件。

（三）贷款审查

如果是购房贷款，首先由银行委托的律师事务所对申请进行初审，如果审查合格，则由银行进行最后的贷款审批；如果审查不合格，则银行将退回客户的相关资料和所收取的费用。

（四）办理其他法律手续

除合同之外，客户还需办理一些法律手续后，银行才可放款。

四、个人贷款利息计算

（一）利息计算方式

1. 定期结息

定期结息是指结息日日终，由银行系统根据贷款积数，按不同利率档次进行计息。

2. 利随本清

利随本清是指归还贷款本金时，必须同时归还贷款本金相对应的利息。

3. 还本付息

还本付息是指归还本金时，必须结清该笔贷款至还款日的所有利息。

4. 等额本息

等额本息是指在利率不变情况下，借款人每期还款额均相等，每期还款额包括本金和利息两部分。利息为结余的本金从上一期还款日至本期还款日止所产生的利息，本金为每期还款额减去本次利息额之差额。

5. 等本递减

等本递减是指在整个还款期，本金等额偿还，每期偿还的利息是结余的本金从上一期还款日起至本期还款日止所产生的利息。

每月还款额 = 贷款本金 / 贷款期月数 +（本金 – 已归还累计本金）× 月利率

（二）计息规则

（1）个人贷款按月归还的每期按 30 天计算，按季归还的每期按 90 天计算，按年归还的每期按 360 天计算，不满一个月的按日历实际天数计算。

（2）分期还款的贷款，还款日为贷款对应日，即采取“对日还款”方式，计息天数为整期计算，不满整期的按实际天数计算。

（3）公积金贷款及数据集中前发放的存量贷款可采用定日还款方式。

小贴士

贷款期限的确定

（1）贷款期限根据借款人的生产经营周期、还款能力和贷款人的资金供给能力由借贷双方共同商议后确定，并在借款合同中载明。

（2）自营贷款最长期限一般不得超过10年，超过10年的应当报中国人民银行备案。

（3）票据贴现最长期限不得超过6个月，贴现期限为贴现之日起到票据贴现到期日止。

【课堂活动】

请学生分组在组内阐述关于个人贷款的流程及注意事项。

模块2 个人住房贷款业务

一、个人住房贷款的概念及其特点

（一）个人住房贷款的概念

个人住房贷款是指银行向借款人发放的用于购买自用普通住房的贷款，是商业银行的主要资产业务之一。借款人申请个人住房贷款时必须提供担保。

（二）个人住房贷款的特点

个人住房贷款具有以下特点。

1. 贷款金额大、期限长

购房支出通常是家庭支出的主要部分，住房贷款也普遍占家庭负债的较大份额。因此，个人住房贷款相对其他个人贷款而言金额较大，期限也较长，通常为10~20年，最长可达30年，绝大多数采取分期付款的方式。

2. 以抵押为前提建立的借贷关系

个人住房贷款的实质是一种融资关系而不是商品买卖关系。在抵押的情形下借款人或第三人不转移对抵押财产的占有。

3. 风险因素类似且具有系统性特点

由于个人住房贷款大多数为房产抵押担保贷款，风险相对较低。但大多数个人住房贷款具有类似的贷款模式，因此风险也相对集中。除了客户还款能力和还款意愿等方面的因素外，房地产交易市场的稳定性和规范性对个人住房贷款风险的影响也较大。

4. 贷款对象特殊

根据中国人民银行制定的《个人住房贷款管理办法》第四条规定，贷款对象应是具有完全民事行为能力的自然人。第五条规定，借款人须同时具备以下条件。

（1）具有城镇常住户口或有效居留身份。

（2）有稳定的职业收入，信用良好，有偿还贷款本息的能力。

（3）具有购买住房的合同或协议。

（4）不享受购房补贴的以不低于所购住房全部价款的 30% 作为购房的首期付款；享受购房补贴的以个人承担部分的 30% 作为购房的首期付款。

（5）有贷款人认可的资产作为抵押或质押，或有足够代偿能力的单位或个人作为保证人。

（6）贷款人规定的其他条件。

5. 贷款用途专一

个人住房贷款的设立是为了配合我国住房制度改革，支持城镇居民购买自用普通房，因此该贷款只能用于支付所购买住房的房款。

6. 偿还方式特殊

相对于企业贷款，个人住房贷款偿还方式较为特殊：贷款期限在 1 年以内(含 1 年)的，实行到期一次还本付息，利随本清；贷款期限在 1 年以上的，按月归还贷款本息。

个人住房贷款所具有的以上特点，决定了个人住房贷款风险呈现出分散性、隐蔽性和滞后性等特征，给银行的实际管理工作造成困难，在一定程度上阻碍了该项业务的进一步发展，因此加强对个人住房贷款风险隐患的分析研究就显得尤为重要。

二、提供材料

（1）身份证件(指居民身份证、户口簿和其他有效居留证件)。

（2）有关借款人家庭稳定的经济收入的证明。

（3）符合规定的购买住房合同意向书、协议或其他批准文件。

（4）抵押物或质物清单、权属证明以及有处分权人同意抵押或质押的证明。

（5）保证人同意提供担保的书面文件和保证人资信证明。

（6）申请住房公积金贷款的，需持有住房公积金管理部门出具的证明。

（7）贷款人要求提供的其他文件或资料。

三、贷款额度

个人住房贷款最高额度为拟购住房房款的 70%。

四、个人住房贷款操作流程

（一）提供咨询

经办人向客户提供咨询服务，咨询内容包括已开办的个人住房贷款种类、对象、条件、额度、期限、利率，还款方式等。

（二）受理申请

借款人在向银行咨询后，并提供以下资料：身份证，抵押人夫妻关系证明，借款人收入证明，购房合同，首付款凭证，保证人同意担保的书面证明及银行要求提供的其他有关资料。

（三）贷前调查

经办人受理借款申请后，对借款申请人递交的“申请书”和要求提供的资料的完整性、真实性、有效性和合法性进行调查。通过贷前调查，认为符合贷款条件的，准备报批。

（四）贷款审批

贷款审批可划分为经办行审批权限内和经办行审批权限以外两部分流程。

1. 经办行审批权限内

审批流程为：经办行信贷人员→信贷部门负责人→经办行负责人。

2. 经办行审批权限以外

经办行审批同意→报上级行信贷审批机构→审批经办人员经调查后，将贷款审批表及审批材料交信贷部门负责人→信贷部门负责人在审批表上签署审批意见→交由支行分管行长在审批表上签署审批意见。

（五）贷款发放

贷款发放流程为：签订合同→办理抵押登记、保险、公证等手续→合同生效后填各类凭证→借款人开立存款账户→办理贷款划付手续。

（1）签订合同贷款审批后，经办人员按不同的借款用途和贷款担保方式要求分别填写合同、借款当事人（借款人、抵押人、保证人）与银行有权签字人签订有关合同。

（2）办理抵押登记、保险公证、开立借款人存款账户等有关手续，签订抵（质）押合同及收妥抵（质）押物后，信贷部门应按抵押物逐项登记“抵（质）押物及权证登记簿”，同时根据抵（质）押价值填制“中国××银行抵（质）押物收妥通知书”加盖经办人名章、业务部门公章及借款人或抵（质）押人名章后，连同抵（质）押权证、质物及权证交保管部门和会计部门。

（3）合同生效后填制各类会计凭证。

（4）办理贷款划付手续，会计部门收到信贷部门的发放款通知并审核无误后，按有关规定和程序办理贷款划付手续。

（六）贷款回收

（1）委托扣款方式：借款人应与贷款行签订委托扣款协议。

（2）柜台还款方式：借款人将现金或信用卡、储蓄卡交柜台经办人办理。

（七）贷后管理

1. 日常管理

日常管理对所发入个人住房贷款进行跟踪管理、查询分析，具体包括贷款台账、贷款日常通知、逾期催收、贷后检查、查询统计、抵押物日常保管，直至贷款结清。

2. 清户撤押

当借款人按期还清全部借款本息后，信贷部门应销记“抵（质）押物及权证登记簿”，同时填制“中国××银行抵押物、质押物转出通知书”，通知会计部门和抵押物保管部门。会计部门、保管部门审核无误后据此办理清户撤押手续。

五、个人住房贷款的还款方式

个人住房贷款的还款方式主要有以下两种。

（一）等额本息还款法

等额本息还款法即每月以相等的额度平均偿还贷款本息，直至期满还清。每月还款额的计算公式是

$$每月还款额=\frac{本金\times利率\times(1+利率)^{还款总期数}}{(1+利率)^{还款总期数}-1}$$

（二）等额本金还款法

等额本金还款法即每月等额偿还贷款本金，贷款利息随本金逐月递减。每月还款额的计算公式是

每月还款额 = 每月还款本金 + 每月还款利息

= 贷款本金 / 贷款期月数 +（本金 − 已归还累计本金）× 月利率

借款人可以根据自己不同情况和需要选择还款方式。但一笔贷款的合同只能选择一种还款方式，且合同签订后不得更改。

在贷款合同有效期内，若遇中国人民银行调整利率，对于已经发放的贷款，贷款期限在 1 年以内（含 1 年）的，按照贷款合同利率执行；贷款期限在 1 年以上的，从次年第一期还款日起，利率实行一年一定，每年第一期还款日为利率调整日，从每年第一期还款日起，按当年 1 月 1 日人民银行规定的法定贷款利率执行新的利率规定，分段计息。对于已经签署贷款合同但尚未发放的贷款，按照贷款实际发放日中国人民银行公布的利率执行。

公积金贷款的概念及条件

公积金贷款即指个人住房公积金贷款，是各地住房公积金管理中心运用申请公积金贷款的职工所缴纳的住房公积金，委托商业银行向购买、建造、翻建、大修自住住房的住房公积金缴存人和在职期间缴存住房公积金的离退休职工发放的房屋抵押贷款。国家规定，凡是缴存公积金的职工均可按公积金贷款的相关规定申请个人住房公积金贷款。贷款的条件如下。

（1）单位在职职工签订劳动合同 3 年期以上（或连续 3 年签订 1 年期劳动合同）。

（2）正常连续按月缴存住房公积金一定期限以上。

（3）未超过法定退休年龄。

（4）借款人有稳定的经济收入和偿还本息的能力。

（5）借款人同意办理住房抵押登记和保险。

（6）提供当地住房资金管理中心及所属分中心同意的担保方式。

（7）提交银行要求的相关文件，如购房合同或房屋预售合同、房屋产权证、土地使用证、公积金缴存的证明等。

注意事项：

（1）只有参加住房公积金制度的职工才有资格申请住房公积金贷款，没有参加住房公积金制度的职工就不能申请住房公积金贷款。

（2）参加住房公积金制度者要申请住房公积金个人购房贷款还必须符合以下条件：申请贷款前连续缴存住房公积金的时间不少于6个月。因为，如果职工缴存住房公积金的行为不正常，时断时续，说明其收入不稳定，发放贷款后容易产生风险。

（3）配偶一方申请了住房公积金贷款，在其未还清贷款本息之前，配偶双方均不能再获得住房公积金贷款。因为，住房公积金贷款是满足职工家庭住房基本需求时提供的金融支持，是一种“住房保障型”的金融支持。

（4）贷款申请人在提出住房公积金贷款申请时，除了必须具有较稳定的经济收入和偿还贷款的能力外，没有尚未还清的数额较大、可能影响住房公积金贷款偿还能力的其他债务。当职工有其他债务缠身时，再给予住房公积金贷款，风险就很大，违背了住房公积金安全运作的原则。

【课堂活动】

请学生分组在组内阐述个人住房贷款操作流程及贷款回收的相关知识。

模块3 个人汽车消费贷款业务

一、个人汽车贷款概念

个人汽车贷款又称个人汽车消费贷款，是指商业银行向个人发放的用于购买汽车的人民币贷款。

二、贷款条件

贷款人申请个人汽车贷款，应当同时符合以下条件。

（1）是中华人民共和国公民，或在中华人民共和国境内连续居住1年（含1年）以上的港、澳、台居民及外国人。

（2）具有有效身份证明、固定和详细住址且具有完全民事行为能力。

（3）具有稳定的合法收入或足够偿还贷款本息的个人合法资产。

（4）个人信用良好。

（5）能够支付规定的首期付款。

（6）贷款人要求的其他条件。

三、建立信贷档案

贷款人应当建立借款人信贷档案。借款人信贷档案应载明以下内容。

（1）借款人姓名、住址、有效身份证明及有效联系方式。

（2）借款人的收入水平及信用状况证明。

（3）所购汽车的购车协议、汽车型号、发动机号、车架号、价格与购车用途。

（4）贷款的金额、期限、利率、还款方式和担保情况。

（5）贷款催收记录。

（6）防范贷款风险所需的其他资料。

四、贷款额度

所购车辆为自用车的，贷款金额不超过所购汽车价格的 80%。所购车辆为商用车的，贷款金额不超过所购汽车价格的 70%。其中，商用载货车贷款金额不超过所购汽车价格的 60%。所购车辆为二手车的，贷款金额不超过借款人所购汽车价格的 50%，且贷款额度不超过 20 万元。

五、贷款期限

借款人所购车辆为自用车的，贷款期限（含展期）不得超过 5 年；所购车辆为商用车或二手车，贷款期限（含展期）不得超过 3 年。

【课堂活动】

请学生讨论贷款申请需注意的事项。

模拟仿真实训 1　个人住房贷款的发放与收回

一、任务说明

2022 年 3 月，王女士决定购买一套位于滨河路某家园的房子，但是流动资金不够，王女士怕房屋价格再涨，事情紧迫，王女士决定求助银行，最后成功解决了资金需求。

二、操作流程

个人住房贷款发放与收回操作流程如图 4-1 所示。

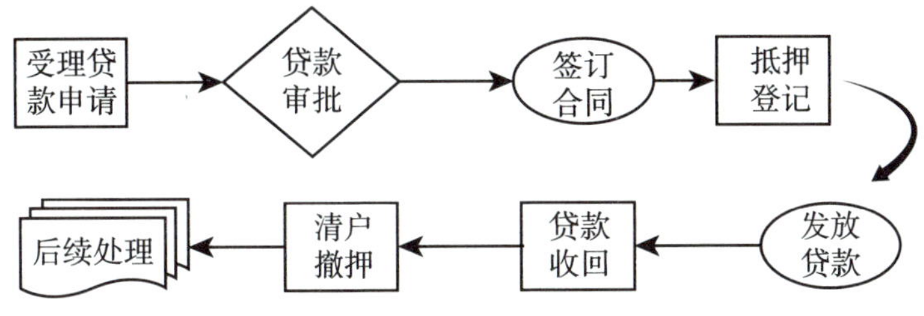

图 4-1　个人住房贷款发放与收回操作流程

三、操作步骤

（一）受理贷款申请

银行受理借款申请人提交的申请及有关资料后，初审借款人填写贷款申请表以及身份证、户口簿、婚姻证明、购房合同、收入证明、购房首付款凭证及其他贷款银行所需的资料。

（二）贷款审批

贷款银行审查、审批人员按照规定对贷款申请进行审查、审批。

（三）签订合同

银行审批同意的，与借款申请人签订个人住房贷款借款合同、担保合同及其他法律文件。同时与借款申请人协商购买房屋保险，借款人同意购买的，应一次性交齐房屋保险费用。

（四）抵押登记

借款申请人与贷款银行按照规定到房屋管理部门进行房屋抵押登记，领取他项权证。

（五）发放贷款

借款及担保合同生效后，银行按规定发放贷款，将贷款资金划入开发商售房账户。会计分录为

借：个人住房贷款——王女士借款人账户

　　贷：活期存款——王女士开发商存款账户

（六）贷款收回

银行采取委托扣款方式或柜台收取现款方式按期收回贷款本息。

1. 委托扣款方式

借款人应与贷款行签订委托扣款协议，贷款行按期收回贷款本息。会计分录为

借：活期储蓄存款——王女士存款人账户

　　贷：个人住房贷款——王女士借款人账户

　　　　利息收入——王女士账户

2. 柜台还款方式

借款人将现金或信用卡、储蓄卡交柜台经办人办理贷款本息按期收回手续。会计分录为

借：活期储蓄存款——王女士存款人账户（或借：现金）

　　贷：个人住房贷款——王女士借款人账户

　　　　利息收入——王女士账户

（七）清户撤押

当借款人按期还清全部借款本息后，信贷部门应销记抵（质）押物及权证登记簿，同时填制抵（质）押物转出通知书通知会计部门和抵（质）押物保管部门。会计部门、保管部门审核无误后据此办理清户撤押手续。

（八）后续处理

信贷经办人员办妥每笔贷款后，定期将收集齐全的有关资料整理，将合同正本交档案专管员，并办理有关移交手续。合同副本留信贷部门专人保管以备日常管理。贷款本息结清后信贷部门应通知档案专管员将档案正式归档。

模拟仿真实训 2　个人大额耐用消费品贷款的发放与收回

一、操作流程

个人大额耐用消费品贷款发放与收回操作流程如图 4–2 所示。

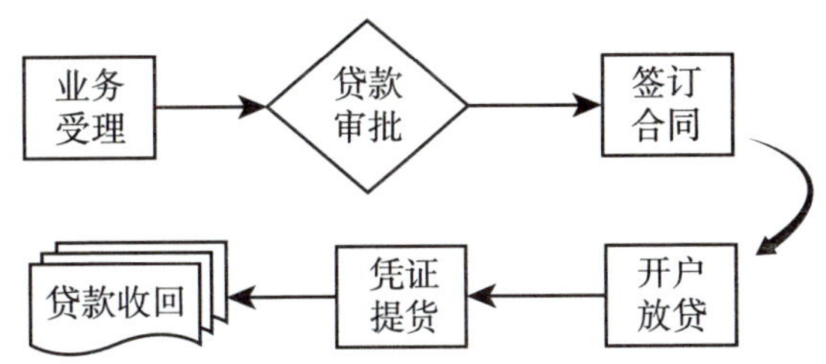

图 4-2　个人大额耐用消费品贷款发放与收回操作流程

二、操作步骤

（一）业务受理

银行经办人员受理借款申请人提交的银行个人耐用消费品贷款申请书和相关贷款资料。

（二）资料审核

审核借款申请人提交的各项资料的真实性；审核通过后，发放贷款通知书并通知签订借款合同；交还有关资料。

（三）签订合同

贷款行与借款申请人签订借款合同和担保合同，并视情况办理公证、抵押登记、保险等相关手续。

（四）开户放贷

银行会计部门根据信贷部门提供的合同、授权书、借款凭证、利率档次，开立借款申请人贷款账户，并将借款款项从借款申请人贷款账户划转至特约商户在银行开立的结算账户内。会计分录为

借：个人其他贷款——借款申请人账户

　　贷：活期存款——×× 特约商户账户

（五）凭证提货

借款申请人凭银行出具的转账凭证、个人耐用消费品购销意向书和本人有效身份证件到商户处提货。

（六）贷款收回

银行按时按期扣收贷款本息。会计分录为

借：活期储蓄存款——×× 存款人账户

贷：个人其他贷款——借款申请人账户
　　利息收——××账户

小贴士

个人耐用消费品贷款的贷款对象条件要求

（1）具有完全民事行为能力的自然人，且年龄在 18~60 周岁。

（2）有正当职业和稳定的经济收入，具有按期偿还贷款本息的能力。

（3）有贷款银行认可的抵押或质押，或有足够代偿能力的个人或单位作为偿还贷款本息并承担连带责任的保证人。

（4）购买商品的目的是本人或自己家庭使用。

（5）信用良好，且有诚意作分期或一次性还款。

（6）银行规定的其他条件。

模拟仿真实训 3　办理贷款相关业务其他说明及操作

一、客户档案管理

客户档案管理主要包括公司客户和个人客户。

（一）公司客户

1. 锁定客户

该业务用于填写客户最基础信息，录入要素为“客户名称”“行业属性”“建立信息日期”，锁定该客户，针对该客户进行操作。

2. 借款人基本信息录入

该业务用于录入客户的基本信息，操作完成后信息将被记录。录入要素为“客户基本信息”“银行开户情况”“联系人情况”“法定代表人情况”“主要经营产品”“主要股东情况”“不动产情况”“其他主要固定资产”。

3. 借款人大事记录入

该业务用于记录客户的信用情况，录入要素为“借款人被起诉情况”“借款人欠息情况”“借款人逃废债情况”“有无提供虚假资料”“借款人其他情况”。

4. 借款人经济档案录入

该业务用于记录和分析客户的财务状况，录入的财务报表有“资产负债表”“利润表”“现金流量表”，并根据财务报表中的数据进行财务指标分析。

（二）个人客户

1. 锁定客户

该业务用于填写客户最基础信息，录入要素为“客户名称”“证件类型”“证件号码”“建立信息日期”，锁定该客户，针对该客户进行操作。

2. 个人基本信息录入

该业务用于录入个人信息，录入要素为“个人基本情况”“直系亲属信息”“个人重大事项信息”。

二、担保品信息管理

（一）抵质押品信息录入

1. 抵质押品信息列表录入

该业务用于录入抵质押品的基本信息，抵质押编号为系统自动生成，录入要素为“押品类别”“担保方式”“押品名称”“担保金额”“币种”。

2. 房地产明细列表录入

该业务用于录入需要抵质押的房屋的信息，录入要素为“权利证明编号”“房产类型”“坐落地址”“建筑面积”“不动产权证”“土地使用权年限”。

3. 机器设备明细列表录入

该业务用于录入用机器设备作为抵质押业务时的信息，录入要素为“设备名称”“设备编号”“型号”“生成厂家”“购入时间”“主要用途”“发票编号”“购销合同编号”。

4. 存货明细列表录入

该业务用于录入存货进行抵质押时的信息，录入要素为“存货单号”“主要品种”“单位”。

5. 车辆工具情况列表录入

该业务用于录入涉及车辆抵质押业务的信息，录入要素为“行驶证”“保险号”“制造商”“购入价格”“车辆品牌”“车辆发动机编号”。

6. 在建工程列表录入

该业务用于录入涉及在建工程的抵质押信息，录入要素为“批文号”“用地规划许可证”“工程规划许可证”“工程预算造价”“工程起始时间”“工程结束时间”。

7. 土地使用权列表录入

该业务用于录入涉及土地使用权抵质押的信息，录入要素为“土地编号”“土地性质”“土地面积”“不动产权证”。

8. 保单列表录入

该业务用于录入保单抵质押信息，录入要素为“保单号”“保险公司”“保单金额”“购买时间”。

9. 商业汇票列表录入

该业务用于录入商业汇票抵质押信息，录入要素为“汇票金额”“汇票号码”“承兑单位”“票据到期日”“收款人名称”“收款人开户行”“收款人账号”“付款人名称”。

10. 仓单列表录入

该业务用于录入仓单业务信息，录入要素为“仓单号”“币种”“仓单金额”。

11. 债券列表录入

该业务用于录入债券业务信息，录入要素为“债券类型”“发行人名称”“债券等级”“登记机构”“币种”。

12. 收费权列表

该业务用于录入收费权业务信息，录入要素为“收费权类型”“抵质押批文单位”“抵质押批文号”“收费还贷比例”。

13. 股权股票列表录入

该业务用于录入股权股票质押信息，录入要素为“股权 / 股票类型”“股权 / 股票性质”“股票数量”“股票名称”。

14. 存单列表录入

该业务用于录入存单业务信息，录入要素为“存单类型”“存单面额”“币种”“签发行”“冻结日期”“解冻日期”“利率”。

（二）保证人信息录入

1. 对公保证人信息录入

该业务用于录入涉及保证人保证业务的信息，录入要素为“保证金额”“币种”“贷款卡号”“登记证件类型”“登记证件号码”。

2. 对私保证人信息录入

该业务用于录入涉及保证人保证业务的信息，录入要素为“保证人名称”“保证金额”。

三、资信评估

（一）企业信用登记评定列表

企业信用登记评定列表包含定性分析、业务合作情况、经济实力、偿债能力、经营效益、信誉状况、发展前景七大项目。

1. 定性分析

定性分析包括品质、经历、能力、合规，它们分别对应着不同的选项，根据实际情况选择相对应的选项。

2. 业务合作情况

业务合作情况包括开户情况、中间业务合作、企业在我行存贷款占比、贷款归行率，它们分别对应着不同的选项，根据实际情况选择相对应的选项。

3. 经济实力

经济实力包括实有净资产、有形长期资产，它们分别对应着不同的选项，根据实际情况选择相对应的选项。

4. 偿债能力

偿债能力包括资产负债率、流动比率、速动比率、经营活动现金净流量，它们分别对应着不同的选项，根据实际情况选择相对应的选项。

5. 经营效益

经营效益包括总资产利润、销售利润率、利息保障倍数、应收账款、存货周转次数，它们分别对应着不同的选项，根据实际情况选择相对应的选项。

6. 信誉状况

信誉状况包括应付贷款利息余额，对应着相应选项。

7. 发展前景

发展前景包括近三年利润情况、销售增长率、资本增值率，它们分别对应着不同的选项，根据实际情况选择相对应的选项。

（二）个人信用等级评分表

个人信用等级评分表包含自然情况、职业情况、家庭情况、财产保障、修正项五大项目。

1. 自然情况

自然情况包括年龄、性别、婚姻状况、文化程度等要素，它们分别对应着不同的选项，根据实际情况选择相对应的选项。

2. 职业情况

职业情况包括现单位性质、行业类别、技术支撑、个人月收入等要素，它们分别对应着不同的选项，根据实际情况选择相对应的选项。

3. 家庭情况

家庭情况包括家庭人均月收入、债务收入比、供养人数、家庭人均月固定支出，它们分别对应着不同的选项，根据实际情况选择相对应的选项。

4. 财产保障

财产保障包括住房情况、存款及投资、车辆情况，它们分别对应着不同的选项，根据实际情况选择相对应的选项。

5. 修正项

修正项包括信用记录、社会信誉等要素，它们分别对应着不同的选项，根据实际情况选择相对应的选项。

四、信贷业务处理

信贷业务处理分设个人和公司两类业务处理，把个人贷款和公司贷款分开。个人贷款业务包括个人住房贷款业务、个人汽车消费贷款业务、个人旅游贷款业务、个人国家助学贷款业务、个人耐用消费品贷款业务、个人综合性消费贷款业务；公司贷款业务包括贷款业务（包括短期贷款、中期贷款、长期贷款）、保函业务、授信业务、信用证业务、承兑汇票业务、贴现业务。

信贷业务处理模块包括业务申请、业务调查、业务审查、业务审批。先进行业务申请，申请完毕后，进行业务调查，调查完毕后，进行业务审查。审查完毕后，进行业务审批。审批完毕后，数据将会转到业务申请页面，由申请页面提交到放贷审核模块。

（一）业务申请

1. 贷款申请

贷款申请包含短期贷款、中期贷款、长期贷款、自营贷款、委托贷款、信用贷款、抵押贷款、质押贷款、保证贷款。录入要素为“申请人名称”“申请金额”“申请币种”“申请日期”“担保方式”。

2. 保函申请

保函申请包含投标保函、履约保函、其他业务，录入要素为“申请人名称”“保函种类”“币种”“金额”“保函期限”“受益人”“反担保方式”。

3. 授信申请

授信申请是根据企业的综合情况进行的，授信范围包含“贷款”“承兑汇票”“信用证”，录入要素为“申请人名称”“币种”“期限”“担保方式”。

4. 信用证申请

信用证申请包含进口信用证、出口信用证的业务，录入要素为“申请人名称”“币种”“付款期限”“付款天数”“受益人”“受益人地点”“合同价格”。

5. 承兑汇票申请

此业务包含承兑汇票的信息，录入要素为“申请人名称”“申请金额”“承兑汇票种类”“汇票到期日”“汇票签发日期”“收款人名称”。

6. 贴现申请

贴现申请包含汇票的贴现业务，录入要素为“申请人名称”“汇票号码”。

7. 个人住房抵押贷款申请

录入要素为“申请金额”“贷款利率”“申请还款方式”“楼宇名称”“地址”“建筑面积”。

8. 个人汽车消费贷款申请

录入要素为“贷款金额”“合作协议号”“车辆品牌”“经销商”“首期实付款占比”。

9. 个人耐用消费品消费贷款申请

录入要素为“贷款金额”“期限”“拟购买商品名称”“总价款”。

10. 个人旅游消费贷款申请

录入要素为“合作协议号”“旅游总费用”“期限”。

11. 个人国家助学贷款申请

录入要素为“学习开始时间”“学习结束时间”“学习总费用”“担保方式”“期限”。

12. 个人综合性消费贷款申请

录入要素为“申请人名称”“担保方式”“贷款用途”“币种”。

所有申请完毕后都需要单击“提交”按钮方可转到对应的“业务调查”页面。

（二）业务调查

业务调查包含查看对应业务的申请信息、基本信息、担保品信息，填写“调查结论”“结论理由”，均为必输项。填写完毕后，单击“保存”按钮，数据将会转到对应业务的审查页面。对于不通过的业务，单击“驳回”按钮，填写“驳回理由”“业务意见”，数据将会回到对应的“业务申请”页面。

（三）业务审查

业务审查包含查看对应业务的申请信息、基本信息、担保品信息、调查信息，填写“业务审查”页面中的所有信息，其中“审查结论”“结论理由”均为必输项。填写完毕后，单击“保存”按钮，数据将会转到对应业务的审批页面。对于不通过的业务，单击“驳回”按钮，填写“驳回理由”“业务意见”，数据将会回到对应的“业务调查”页面。

（四）业务审批

业务审批包含查看对应业务的申请信息、基本信息、担保品信息、业务调查信息、业务审查信息，填写“业务审批”页面中的所有信息，其中“审批结论”“结论理由”均为必输项。填写完毕后，单击“保存”按钮，数据将会转到对应业务的申请页面。对于不通过的业务，单击“驳回”按钮，填写“驳回理由”“业务意见”，数据将会回到对应的“业务审查”页面。

五、放贷管理

放贷管理业务办理流程包括合同登记、放贷审核、贷款发放。

（一）合同登记

在“业务申请”页面中，单击“提交”按钮，数据将会转到放贷合同管理。单击“查看最终审批意见”按钮，查看信息，选择“主合同登记”，进行合同登记的操作，如果需要填写担保合同，在填写完主合同后，单击“担保合同登记”进行填写，所有数据录入完毕后，单击“提交”按钮，数据将会转到“放贷审核”页面。

（二）放贷审核

选择一条业务数据，单击“放贷审核”按钮，填写完毕所有数据后，单击“保存”按钮，对于放贷审核通过的业务，数据将会转到“贷款发放”页面；对于放贷审核不通过的业务，单击“驳回”按钮，填写“驳回理由”“业务意见”，数据将会转到“业务申请”页面。

（三）贷款发放

选择一条业务数据，单击“业务出账”按钮，填写完毕所有数据后，单击“保存”按钮，数据将会转到“贷款归档”页面。

六、风险管理

（一）预警信号的发起与删除

登录风险管理页面输入客户号、客户名称，单击“查询”按钮，将会出现一条业务数据，选择这条数据，单击“新增”按钮，进行预警信号的发起，选择对应的预警信号进行打钩，表示是出现这个信号，并对该客户进行预警。

（二）风险分类

输入客户号、客户名称，单击“查询”按钮，将会出现一条业务数据，选择这条数据，单击“五级分类”按钮，其中“客户情况分析”中的数据是系统自动读取该条客户的信息。

“客户还款意愿和贷款用途分析”的录入要素为“实际贷款用途”“本金逾期天数”“利息逾期天数”“表内应收利息”“表外应收利息”。

“还款来源分析”的录入要素为“流动比率”“速动比率”“资产负债率”“应收账款周转率”“存货周转率”“营业净利率”“销售毛利率”“营业收入增长率”“累积率”。

“非财务因素分析”的录入要素为“行业分析”“经营风险分析”“管理风险分析”“银行信贷管理分析”。

“贷款担保分析”的录入要素为“抵押有效性”“抵押充分性”“抵押物的流动性”“质押物”“保证人资格”。

（三）风险检查

1. 贷款用途检查报告

输入客户号、客户名称，单击“查询”按钮，将会出现一条业务数据，选择这条数据，单击“新增”按钮，出现贷款用途页面。录入要素为“提款记录”“用款记录信息”“贷款用途分析”。

2. 客户检查报告

输入客户号、客户名称，单击“查询”按钮，将会出现一条业务数据，选择这条数据，单击“新增”按钮，出现客户检查页面。录入要素为“客户融资情况”“客户经营管理”“客户品质”“客户财务情况”“担保基本情况”“五级分类情况”。

（四）催收管理

商业银行贷款催收通知书包括催收逾期贷款本息通知书、归还到期贷款通知书、催收到期贷款通知书、履行保证责任通知书、贷款提前到期通知书。录入要素为“单位”“截止日期”“日期”等。

七、不良资产管理

（一）债券让步记录

债券让步记录的录入要素为“客户名称”“债权让步批准号”“债券让步日期”“本金金额”。

（二）责任认定信息

责任认定信息的录入要素为“客户名称”“责任类别”“责任性质”“责任人姓名”“责任人所在机构”。

（三）抵押信息

输入“客户号”“客户名称”“抵押合同号”，单击“查询”按钮，将会出现一条业务数据，即抵押信息。

（四）质押信息

输入“客户号”“客户名称”“抵押合同号”，单击“查询”按钮，将会出现一条业务数据，即质押信息。

（五）查封资产管理

查封资产管理的录入要素为“案件名称”“查封资产名称”“查封资产类别”“查封资产数量”“查封日期”。

（六）涉诉信息

涉诉信息的录入要素为“案件名称”“我行的诉讼地位”“案由”“当前诉讼进程”“诉讼标的”。

（七）还款方式补登

还款方式补登的录入要素为“客户名称”“回收方式”“回收金额”。

八、呆账核销

呆账核销业务的基本流程包括对于需要进行呆账核销的数据进行呆账认定与申报、呆账审查、呆账核销处理。呆账审查、呆账审批、呆账核销处理，都可以单击“驳回”按钮，数据将会转到其上一级菜单。

（一）呆账认定与申报

在呆账认定与申报页面输入客户号、客户名称、风险分类，单击“查询”按钮，将会出现一条业务数据，选择这条数据，单击“认定”按钮，出现“一般债券或股权呆账认定标准及核销所需相关材料”选项，勾选对应出现的情况。单击“保存”按钮后，数据将会出现在列表中，单击“提交申报”按钮，录入要素为“贷款金额”“核销本金金额”“核销表内利息金额”“核销表外利息金额”“已提准备金”“申报贷款现状”。填写完毕后，单击“审查”按钮，数据将会转到“呆账审查”页面。

（二）呆账审查

在“呆账审查”页面，对于不通过的业务，可以单击“驳回”按钮，填写“驳回理由”“业务意见”，数据将会回到对应的“呆账认定与申报”页面。

（三）呆账核销处理

单击“核销”按钮，数据将会转到“呆账审查”页面，对于不通过的业务，可以单击“驳回”按钮，填写“驳回理由”“业务意见”，数据将会回到对应的“呆账认定与申报”页面。

（四）已核销呆账

呆账的数据转到这里已经处理完毕。

九、贷款台账

贷款台账是贷款管理的重要组成部分，是记录信贷运行中的有关内容、信息、数据的重要载体。贷款台账包括客户信息、担保物信息、贷款合同信息、贷款借据信息、贷款检查报告、原贷款申请信息。

十、查询分析

查询分析业务包括受理查询、申请查询、调查查询、审查查询和审批查询等。

知识巩固练习

一、不定项选择题

1. 以下不属于《汽车贷款管理办法》与《汽车消费贷款管理办法（试点办法）》的不同点的是（　　）。

A. 调整了贷款人主体范围　　B. 减少了贷款购车的品种

C. 扩大了贷款购车的品种　　D. 细化了借款人类型

2. 国家助学贷款的担保方式采用的是（　　）。

A. 抵押　　B. 信用　　C. 质押　　D. 担保

3. 个人教育贷款的发放对象不包括（　　）。

A. 在读学生　　B. 即将就读的学生

C. 在读学生的直系亲属　　D. 在读学生的法定监护人

4. 下列关于个人消费贷款说法正确的有（　　）。

A. 个人消费额度贷款假如不使用就属于违约，应当支付罚息

B. 个人在任何商户购买耐用品时都能够申请个人耐用消费品贷款

C. 个人必须到指定医院就医时才能够使用个人医疗贷款

D. 个人旅行消费贷款的使用者仅限于贷款申请人本人

5. 个人耐用消费品贷款的贷款期限一般为（　　）。

A. 半年以内，最长不超过 1 年　　B. 一年以内，最长不超过 2 年

C. 一年以内，最长不超过 3 年　　D. 两年以内，最长不超过 5 年

6. 各商业银行最普遍的个人贷款产品是（　　）。

A. 个人质押贷款　　B. 个人抵押贷款

C. 个人保证贷款　　D. 个人信用贷款

7. 个人汽车贷款在受理和调查环节中的风险点不包括（　　）。

A. 借款申请人的主体资格不符合银行相关规定

B. 借款申请人所提交的材料不真实、不合法

C. 借款申请人的担保措施不足额或无效

D. 审批人对借款人的资格审查不严

8. 等额本息还款法的特点不包括（　　）。

A. 在贷款期内每月以相等的额度平均偿还贷款本息

B. 遇到利率调整及提前还款时，应根据未偿还贷款余额和剩余还款期数对公式进行调整

C. 利息逐月递增，本金逐月递减

D. 归还的本金和利息的配给比例是逐月变化的

9. 以下关于商用房贷款说法不正确的是（　　）。

A. 商用房贷款的期限通常不超过 10 年

B. 贷款期限在 1 年以内（含 1 年）的，借款人可采取一次还本付息法

C. 贷款期限在 1 年以上的，可采用等额本息还款法和等额本金还款法

D. 商用房贷款的额度通常不超过所购或所租商用房价值的 55%

10. “合同签订的风险”属于下列哪个环节出现的操作风险？（　　）

A. 贷款受理和调查中的风险

B. 贷款审查和审批中的风险

C. 贷款签约和发放中的风险

D. 贷后与档案管理中的风险

二、判断题

1. 个人贷款可以成为商业银行分散风险的资金运用方式。（　　）

2. 我国个人贷款业务以个人住房贷款为主体。（　　）

3. 商业助学贷款实行“部分自筹、有效担保、专款专用和按期偿还”的原则，财政补贴属于国家助学贷款的原则。（　　）

4. 根据规定，抵押率根据抵押房产的房龄、当地房地产价格水平、房地产

价格走势、抵押物变现情况等因素确定，一般不超过80%。（ ）

5.根据相关规定，下岗失业人员小额担保贷款非微利项目的小额担保贷款，不享受财政贴息；微利项目小额担保贷款享受财政全额贴息，但逾期、延长期限内不贴息。（ ）

三、思考题

1.小王申请将原住房抵押贷款转为个人抵押授信贷款，在他办理住房抵押贷款时确定的房屋价值为70万元，原住房抵押贷款剩余本金为32万元，现经评估机构核定的抵押房产价值为60万元，对应的抵押率为50%，问小王能不能获得抵押授信贷款？

2.信贷档案包括哪些合同？

3.为防范个人二手住房贷款的中介机构风险，可采取哪些措施？

项目五 结算业务

知识目标

1. 认识重要空白凭证的概念、种类等基本知识。
2. 了解凭证调剂与批量调剂的区别与要求。
3. 掌握凭证出售的相关规定。
4. 掌握现金预约的方式和相关要求。
5. 了解短信签约的概念和分类。
6. 认识汇兑的含义、特点及类型，了解跨行汇兑和行内汇兑业务。
7. 了解错账冲正的概念，错账的种类和相应更正方法。
8. 掌握轧账与完工处理的流程与规范。

技能目标

1. 掌握凭证出售业务的操作流程与操作要点。
2. 掌握现金预约业务的操作流程及要点。
3. 能够运用现金预约业务的流程、服务礼仪和话术接待客户办理业务。

素质目标

培养从业者踏实劳动，勤勉工作，在平凡的岗位上做出不平凡业绩的信念。

模块1 凭证业务

思政园地

“银行梦”信念

实现中华民族伟大复兴的中国梦，就是要实现国家富强、民族振兴、人民幸福。中国梦是民族的梦，也是每个中国人的梦。因此，作为银行员工就必须自觉地把“个人梦”“银行梦”融入“中国梦”，立足本职，脚踏实地努力工作，积极为“中国梦”服务和助力。最终，把每个人的能力和力量转化为实现“中国梦”的强大正能量，只有这样，“个人梦”“银行梦”“中国梦”才能成真！《论语》中记载：“工欲善其事，必先利其器。”银行网点的一线员工，没有过硬的业务技能、娴熟的操作技巧，就无法为客户提供完善快捷的服务，就干不好本职工作。在银行工作要注重业务技能的学习和水平的提高，要深知技能是提高效劳水平的基本，只有掌握熟练的业务技能，才能在工作中得心应手，才能提高工作效率，赢得客户的信赖。

银行员工应认真贯彻“客户第一、效劳至上”的思想，坚持“信誉至上，客户为本”，热情效劳、礼貌待客，并通过自身的不断努力，学习知识，真诚地为客户排忧解难，在平凡的岗位上做出不平凡的业绩。

（资料来源：编者根据相关内容整理改写）

凭证又称会计凭证，指的是能够用来证明经济业务事项发生、明确经济责任并据以登记账簿、具有法律效力的书面证明。

会计凭证是会计核算和会计监督的基础，认真填制和审核会计凭证对完成会计工作任务具有以下作用：一是记录和反映经济业务的完成情况，为登记账簿提供可靠的依据；二是可以作为已发生会计事项的历史记录；三是可以加强经济责任制；四是可以充分发挥会计的监督作用，保护金融机构财产物资的安全和完整。

一、重要空白凭证

（一）重要空白凭证的概念

在金融行业中，常见的重要空白凭证是会计凭证的种类之一。重要空白凭证是指无面额的、经金融机构或单位填写金额并签章后，即具有支付款项效力的空白凭证和经计算机处理后凭以支取款项的纸质或其他介质的空白凭证。重要空白凭证是银行凭以办理资金收付的书面依据，其主要特征为每张凭证上均有凭证号码。

（二）重要空白凭证的种类

重要空白凭证按用途可分为存款类、贷款类、结算类、权益类和其他类。

1. 存款类

活期存折、活期一本通存折、储蓄存款存单、单位定期存单、定期储蓄存折、印鉴卡、个人借记卡、单位借记卡、开户证实书等。

2. 贷款类

贷款还款凭证、流动服务还款凭证、小额信用贷款卡（证）等。

3. 结算类

银行汇票、现金支票、转账支票、银行本票等。

4. 权益类

股金证等。

5. 其他类

代理业务及其他系统不自动销毁销号的重要空白凭证。

（三）重要空白凭证的基本规定

重要空白凭证经管人员变动时，严格办理交接登记手续，详细记载交接情况，移交人、接收人、监交人清点无误后，共同在交接登记簿上签章。交接登记簿妥善保管，以备查考。凭证经管人员未办妥交接手续前，不得离岗。各营业机构领取或上缴重要空白凭证时也应严格办理交接登记手续。严格按规定领取和使用空白重要凭证。不得事先在重要空白凭证上加盖业务印章或经办人名章。重要空白凭证实物应当与账务记载核对一致。从外部购入自用的重要空白凭证的核算、保管和使用方法与自行印制的重要空白凭证相同。以"一份一元"为记账单位，必须定期进行账实核对。

二、凭证业务的处理

重要空白凭证的管理包括领用、保管、调剂、出售与使用等。下面仅对凭证调剂、凭证批量调剂及凭证出售进行介绍。

（一）凭证调剂与凭证批量调剂

1. 凭证调剂

凭证调剂是指同一机构中，一位银行柜员出于交班或业务临时需要，将其单种凭证调剂到另一位柜员名下，并按规定办理有关手续。付出凭证的柜员在选择操作类型时选择付出，接收凭证的柜员操作类型选择收入。

2. 凭证批量调剂

凭证批量调剂则是指同一机构中，一位银行柜员出于交班或业务临时需要，将其多种凭证批量调剂到另一位柜员名下。

凭证调剂时要注意以下事项。

（1）同一机构中，两个柜员间调剂的重要空白凭证状态应为“未用”。

（2）可调剂的凭证种类包括储蓄存折、储蓄存单、定期一本通、单位定期存单、现金支票、转账支票等。

（3）接收柜员必须登录系统。

（4）凭证调剂由付出柜员与接收柜员共同操作后方生效。

> **小贴士**
>
> 重要空白凭证一般分为在途、未用、使用、遗失、止付、收回、挂失、挂失确认、待销毁、销毁、圈存、外部作废、内部作废共13种状态，可通过各类交易实现状态的转换。

（二）凭证出售

1. 凭证出售的概念与种类

凭证出售是指向对公客户出售凭证，凭证的种类包括现金支票和转账支票。柜员在操作的过程中可根据客户需求选择出售方式：零星或整本。

2. 凭证出售的规定

关于凭证出售，银行有以下相关规定。

（1）单位客户申请购买支票只能到基本账户的开户行购买，一般账户的开户行是不能购买现金支票的。购买时，单位客户需要携带公司的公章、法定代表人章、财务专用章到开户行的对公业务柜台，填写购买支票的申购单，加盖财务章、法定代表人章，即可购买。

（2）银行内部使用的重要空白凭证不允许向客户出售。客户应根据业务需求到柜面购买或领用重要空白凭证，开通企业网银的客户还可通过网上预约购买方式购买部分重要空白凭证。客户在柜面领用重要空白凭证时，必须提交留有预留印鉴的重要空白凭证领用单，柜员验印成功后方可为客户办理领用手续。

（3）基层营业机构柜面只能对在本行开户的单位和个人出售重要空白凭证。

（4）客户可通过网上银行购买重要空白凭证，并可预约凭证领取机构和时间，由分行业务处理中心集中处理后，按期配送到领取机构，凭证配送的账务流程按调拨业务处理，当地监管部门另有规定的除外。

（5）为加强票据防伪功能，基层营业机构应在出售的转账支票、现金支票、结算业务申请书和领用的银行承兑汇票指定位置上打印防伪图码，以供后续支付核验。

（6）出售给客户的凭证，如客户不再使用应及时缴回注销，缴回时应将实物剪角或注明“作废”字样，并在系统中做缴回作废处理，同时还应将客户缴回的凭证入凭证库保管并按期上缴分行凭证库房，由分行凭证库房集中销毁。

三、预约业务的办理

（一）现金预约业务

现金预约业务是指客户持有效身份证明及储蓄账户证明通过电话预约、柜台预约、手机银行预约、个人网上银行预约等方式办理储蓄大额现金预约取现业务和外币预约取现业务。

1. 大额现金预约取现

根据中国人民银行下发的《关于开展大额现金管理试点的通知》相关要求，单位和个人在银行机构办理起点金额以上存取款业务的，需进行登记；办理起点金额以上取款业务的，原则上需要提前预约。单位账户大额现金管理起点金额为50万元，个人账户大额现金管理起点金额为30万元。

大额现金预约取现的方式有电话预约、柜台预约、手机银行预约、个人网上银行预约。

（1）电话预约，即客户通过银行客服电话向需要办理的银行网点进行电话预约：通过电话告诉银行需要取款的金额，并约定取款时间。预约成功后客户在预约时间点去银行网点办理即可。

（2）柜台预约，即客户到银行网点柜台上办理大额现金预约取现业务，部分银行要求客户填写“大额取款预约申请表”，然后柜员进行系统录入，完成预约业务。

（3）手机银行预约、个人网上银行预约，客户只需登录自己的手机银行账号、网上银行账号，进入大额预约取现页面，按要求输入手机号码、取现账号、预约金额、预约网点、预约时间等即可办理大额预约取现业务。

小贴士

大额现金预约取现具体到各家银行，其额度有所不同。中国建设银行规定，一次性取款超过5万元（含5万元）必须提前1个工作日向银行网点预约，否则客户将无法顺利取到存款；中国农业银行和中国银行则规定，一次性取现额度超出20万元（含20万元）需要提前1个工作日向银行网点预约；交通银行规定，一天内客户取款额度为10万元，超出10万元则需提前1个工作日向银行网点预约；中国工商银行规定，一日一次性取现金额若超过5万元，银行建议客户最好提前预约，当天便可取款。但如果一次性取现超过20万元（含20万元），则一定要提前1个工作日向银行网点预约方可取款。

2. 外币预约取现

国家外汇管理局《个人外汇管理办法实施细则》规定，对个人结汇和境内个人购汇实行年度总额管理。年度总额分别为每人每年等值5万美元。个人提取外币现钞当日累计等值1万美元以下（含）的，可以在银行直接办理。超过上述金额的，凭本人有效身份证件、提钞用途证明等材料向银行所在地外汇局事前报备。

根据中国人民银行的规定，从外汇储蓄账户中提取现钞，当日累计等值1万美元（含1万美元）以下的，可在银行直接办理。

（二）短信签约业务

短信签约是指个人客户或单位客户出于实时掌握账户资金变动的需求，与银行签订协议，银行将按照客户选定的发送频率，把客户的账户动态通过手机短信向客户发送提醒。

1. 个人客户短信签约

个人客户办理短信签约需携带有效身份证件、账户介质到柜台进行签约。个人客户短信签约均按账户签约开通，持卡人若有多张卡，则需要分别进行开通。

2. 单位客户短信签约

单位客户签约时，须携带公司法定代表人身份证、组织机构代码证、营业执照、公章、财务章，非法定代表人时要提供法定代表人授权书及被授权人身份证到开户机构提出书面申请。单位客户短信签约一般绑定的是公司法定代表人的手机号码或者财务人员的手机号码。

【课堂活动】

组织学生登录平台操作凭证出售。

模块 2　汇兑业务

一、汇兑业务概述

（一）汇兑的含义及特点

1. 汇兑的含义

汇兑又称“汇兑结算”，是指汇款人委托银行将其款项支付给收款人的结算方式。单位和个人的各种款项结算，均可使用汇兑结算方式。简而言之，汇兑即委托银行作为付款人进行付款。

实际中，参加汇兑业务的银行统称为通汇行；办理汇兑汇出业务的银行称为发报行，办理汇兑汇入业务的银行称为收报行；汇款人开户银行称为汇出行，收款人开户银行称为汇入行。

2. 汇兑的特点

汇兑具有无最低起点金额、手续简单、划拨灵活、适用面广等特点，因而是目前一种应用极为广泛的结算方式。

（1）无最低起点金额，表现在汇兑结算中，无论是信汇还是电汇，都没有金额起点的限制。

（2）手续简便、划拨灵活，表现在汇兑结算属于汇款人向异地主动付款的一种结算方式，它对于异地上下级单位之间的资金调剂、清理旧欠、往来款项的结算十分方便，并且广泛用于商品交易中，允许先款后货，也允许先货后款。

（3）适用面广，表现在除了适用于单位之间的款项划拨外，也可用于单位对异地的个人支付有关款项，如退休工资、医药费、稿酬等，还可适用于个人对异地单位所支付的有关款项，如邮购商品、书刊等。

（二）汇兑的类型

汇兑根据划转款项的方法和传递方式的不同可以分为信汇和电汇两种，由汇款人自行选择。

1. 信汇

信汇是汇款人向银行提出申请，同时交存一定金额及手续费，汇出行将信汇委托书以邮寄方式寄给汇入行，授权汇入行向收款人解付一定金额的一种汇兑结算方式。

2. 电汇

电汇是汇款人将一定款项交存汇款银行，汇款银行通过电报或电传的方式给目的地的分行或代理行（汇入行），指示汇入行向收款人支付一定金额。

在这两种汇兑结算方式中，信汇费用较低，但速度相对较慢；而电汇具有速度快的优点，但汇款人要负担较高的电报电传费用，因而通常只在紧急情况下或者金额较大时适用。另外，为了确保电报的真实性，汇出行在电报上加注双方约定的密码；而信汇则不需加密码，签字即可。

（三）汇兑业务制度规定

关于汇兑业务的办理，还需要遵循以下制度规定。

（1）汇划业务必须坚持“经办、复核、授权相分离”的原则。办理汇划业务必须做到不积压、不延误，及时处理往来数据，确保汇划款项及时到达指定账户。

（2）汇出行要严格按照《支付结算办法》的规定，审核汇款单位或个人提交的汇款委托书的凭证要素。汇兑凭证必须记载的事项有以下九种。

①表明“信汇”或“电汇”的字样。

②无条件支付的委托。

③确定的金额。

④收款人名称。

⑤汇款人名称。

⑥汇入地点、汇入行名称。

⑦汇出地点、汇出行名称。

⑧委托日期。

⑨汇款人签章。

汇兑凭证上欠缺上列记载事项之一的，银行不予受理。其中，汇款委托书回单只作为汇出行受理电子汇兑业务的依据，不能作为该笔汇款转入收款人账户的证明。

（3）汇出行办理汇兑发报业务时，必须以客户提交的业务委托书或信电汇凭证记载的汇入行名称及其在《通汇机构名册》中对应的行号为依据发报，不得直接向对方清算中心发报。对客户委托办理汇款业务的，发报行将款项通过实时电子汇兑系统划拨后，有关凭证、附件通过邮局寄发，收报行收到付款指令后，需将款项转入“应解汇入汇款”账户，待收到发报行邮寄的凭证经核对相符后再从“应解汇入汇款”账户转入有关账户。

（4）汇划发报时应严格按照客户填写的汇款用途发报，不得随意录入汇款用途。

（5）款项汇入收报行时，系统自动记入“应解汇入汇款”账户中并进行登记，各通汇行要随时监控实时电子汇兑信息的接收情况。

（6）收报汇入行对要素不清、不全及非本行的汇划款项，不得随意办理退汇，必须先向发报汇出行发出查询，查清情况后，再对款项进行处理。错报业务必须进行查询，收到查复后及时办理转账或退汇；错报的转入、转出必须经会计主管审批签字方可办理。

（7）收款人在系统内开户或通过异地本系统他行转汇的，通过行内汇划系统办理。汇款人确定不得转汇的，应在汇兑凭证备注栏标明“不得转汇”字样。

（8）汇兑结算解付时，分为直接入账和不直接入账。根据收款人在收款地是否开立账户，分别使用。

二、通汇行收发汇兑款项

（一）汇出行发出汇兑款项

汇出行发出汇兑款项操作流程如下。

（1）客户提交信、电汇凭证或业务委托书。

（2）银行柜员受理。柜员对凭证各要素进行审核，审核无误后按收款人开户银行不同分别处理。

（3）银行柜员进行账务处理。在借方凭证背面打印交易信息，加盖业务清讫章，回单联加盖业务清讫章退汇款人，贷方凭证摘录发报行流水号交汇划发报复核柜员进行汇划发报业务的后续处理。

（4）汇款人确定不得转汇的，应在汇兑凭证备注栏标明“不得转汇”字样。

（5）汇款人和收款人均为个人需要在汇入行支取现金的，汇款人应交存现金，并在业务委托书或信、电汇凭证“汇款金额”大写栏，先填写“现金”字样，后填写汇款金额。

（6）信汇凭证的第三联加盖结算专用章，连同第四联及有关凭证通过邮局寄汇入行。受理的信汇凭证，必须于当日最迟于次日寄出。

（二）汇入行收到汇兑款项

银行柜员接到汇出行或转汇行寄来的邮划贷方报单，或本地跨系统转汇行交来的转汇清单和划收凭证，以及第三、第四联信汇凭证，审查第三联信汇凭证上的联行专用章与联行报单印章是否一致，无误后，按不同的解付方式处理。

1. 直接收账

（1）银行柜员记账。

（2）第四联信汇凭证加盖“转讫”章作收账通知交给收款人。

2. 不直接收账

（1）银行柜员记账。

（2）登记应解汇款登记簿，在信汇凭证第三、第四联上编列应解汇款顺序号，第四联留存保管。另以便条通知收款人来银行办理取款。

（三）收款人取款

下面是四种不同方式下收款人取款的办理。

1. 收款人需要支取现金

（1）客户持便条来银行办理取款。

（2）银行柜员抽出保管的第四联信汇凭证，验证收款人的身份证件，收款人是否在收款人签章处签章，是否在有关栏目注明证件名称、号码，信汇凭证上是否有“现金”字样，未注明“现金”字样的，需要支取现金时，由汇入银行按照现金管理规定审查支付。支取现金时，应填制一联现金付出传票。

2. 收款人需要转账支付

（1）客户由原收款人向银行填制支款凭证，并由本人交验其身份证件办理支付款项（该账户的款项只能转入单位或个体工商户的存款账户，严禁转入储蓄和银行卡账户）。

（2）银行柜员记账，同时销记应解汇款登记簿。

3. 收款人需分次支付

（1）客户申请分次支付。

（2）银行柜员凭第四联信汇凭证注销应解汇款登记簿的该笔汇款，并如数转入应解汇款及临时存款科目分户账内（以丁种账页代替），然后办理分次付款。待最后结清时，以第四联信汇凭证为借方凭证的附件。

4. 收款人需要转汇

（1）客户重新办理汇款手续。

（2）银行柜员重办手续中，收款人与汇款用途必须是原汇款的收款人和用途，并在第三联信汇凭证上加盖“转汇”戳记。同时，销记应解汇款登记簿。原信汇凭证第三联备注栏注明不得转汇的，汇入行不得办理转汇。

三、跨行汇兑业务

（一）普通汇款

普通汇款是付款方通过银行，使用一定的结算工具（票据），将款项交收款方的结算方式，是现在最常见的汇款方式。

普通汇款方式的优点在于汇款金额额度比较大，现汇账户资金原路汇出不限金额，现钞账户或现钞汇款金额在5万美元以内，提供国家外汇管理局规定的有关证明文件，就可以到银行直接办理。普通汇款一般3天时间即可到达对方账户内。

（二）退汇业务

退汇是指汇款人对已经汇出的款项申请撤销汇款的业务，或者收款行根据相关规定确定需要撤销汇款的业务。对于来账需退汇的业务必须先进行审核，审核后方可进行退汇操作。

跨行退汇的原因一般有两种：一是转账时填错了银行卡号、姓名或者是收款人的银行，这些情况都会造成转账失败；二是对方银行账号有问题，无法收款。转账失败后，一般5个工作日内，钱会原路退回。

（三）解付业务

持票人持有汇票向开户行提示付款，持票人开户行收妥后交换到出票行，出票行验证汇票无误后付款的行为称为解付。柜员需对挂账的汇兑来账业务进行手工解付操作。

银行汇票的签发和解付，只能由中国人民银行和商业银行参加“全国联行往来”的银行机构办理。跨系统银行签发的转账银行汇票的解付，应通过同城票据交换将银行汇票和解讫通知提交同城的有关银行审核支付后抵用。省、自治区、直辖市内和跨省、市的经济区域内，按照各有关规定办理。在不能签发银行汇票的银行开户的汇款人需要使用银行汇票时，应将款项转交附近能签发银行汇票的银行办理。

四、行内汇兑业务

行内汇兑业务是指收付款人均为行内账户的结算业务。对于银行的行内汇兑业务而言，汇兑分为普通汇兑、退汇业务、解付业务。

（一）普通汇兑

普通汇兑业务属于汇款人委托银行将其款项支付给收款人的一种结算方式。它是以实现支付往账交易信息的新增及存储为目的。普通汇兑的业务类型包括普通汇兑、公益性资金汇划、现金汇款。

办理汇兑业务时需要注意以下内容。

（1）客户提交电汇或信汇凭证。

（2）柜员审核凭证事项要素是否正确完整。

（3）转账交易进行验印处理，现金交易进行现金收款处理。

（4）柜员用汇兑记账交易进行记账，并收取手续费。

（5）柜员在凭证回单联上加盖受理章后递交客户，并送别客户。

（6）复核柜员进行汇兑复核。

（二）退汇业务

退汇业务是指当收到发起行申请退回、来账无法入账或来账核押错误且经查证后依然错误时，使用来账退汇交易，发起退汇支付往账对相应来账进行退汇处理。此交易适用于普通汇兑来账退汇。

柜员要根据实际情况进行汇兑来账退汇录入以及对已经录入的来账退汇记录进行复核，需要注意的是复核和录入的柜员必须是不同的柜员。

（三）解付业务

解付是指持票人持汇票向开户行提示付款，持票人开户行收妥汇票后交到出票行，出票行验证汇票无误后付款的行为。

1. 汇兑来账审核及其审核更正

每个记账员都可以对来账进行审核，但记账员和复核员可选择的操作不同：记录信息的交易状态为“来账待审核”，记账员可选择的操作状态包括发送查询书、审核；复核员可选择的操作状态包括发送查询书。

汇兑来账审核更正是指对已审核的来账进行更正，更正后可以进行重新审核。

2. 汇兑来账解付录入

汇兑来账解付录入用于对汇兑来账挂账进行解付录入。

【课堂活动】

请学生讨论汇兑业务能不能跨银行，并总结办理汇兑业务的注意事项。

模块 3 公共业务

一、冲正

冲正是系统认为可能交易失败时采取的补救手法，即一笔交易在终端已经设置为成功标志，但是发送到主机的账务交易包没有得到响应，即终端交易超时，所以不确定该笔交易是否在主机端也成功完成，为了确保用户的利益，终端重新向主机发送请求，请求取消该笔交易的流水，如果主机端已经交易成功，则回滚交易；否则不处理，然后将处理结果返回给终端。

二、错账冲正

错账冲正，指的是通过特殊交易，对核算中发生的错误账务进行冲回与调整。按日期错账分为当日错账、隔日错账和跨年度错账三种。

冲正交易按账务错误的实际情况的不同处理方式分类，按账务时间跨度可分为隔日红字冲正和跨年度蓝字冲正，按处理方式又可分为差错冲销重记和差额补记两种。

（一）隔日红字冲正和跨年度蓝字冲正

冲正交易的处理方式可根据发现的差错是否在本年度内发生而分为红字冲正和蓝字反方向冲正。

所谓红字，可将其理解为日常所见的负数符号，因此红字冲正即是在账务发生错误后，用红字（负数）在相同账户上记载相同金额的账务以冲销该笔错误账务。在跨年度的账务冲正交易中，因为年度决算报表已经形成，不能轻易冲销交易，更改决算报表，因此只能使用蓝字对账务进行冲正，使其账务正确。

“红字冲正”就是当发生账务记载错误后，如在某账户误记一笔存款，即用负数（手工方式下用红字金额）在该账户进行记载相同金额的存款，表示冲正该笔错误记录。然后再在正确的账户中进行记载。因为账户有“借方”“贷方”“余额”三栏，若不用红字冲正的方法进行更正，在会计上会虚增“发生额”。

（二）差错冲销重记和差额补记

在银行账务处理中，如果客户 A 向客户 B 转账，但在实际账务处理中却误将款项转到了客户 C 的账户中，致使账务错误，需要对原账务进行改正，对于这样的冲正处理操作思路是先将相同金额的款项从客户 C 的账户中取回来，把它还到客户 A 的账户中，再从客户 A 的账户中把款项转出来，转到客户 B 的账户中，将该财务处理思路用会计术语表达出来即先贷方红字，再借方蓝字，然后补记借方蓝字，再补记贷方蓝字，经过这样处理之后账务才正确。差错冲销重记适用于贷方（即客户 B）的账户中必须存有大于或等于原错误账务交易中等额的款项的情形，否则无法进行差错冲销重记处理。

另一种情形是当客户 A 向客户 B 转账次日或次日后发现由于业务经办人员操作错误少转一部分款项给客户 B，客户 B 的账户中的余额又不足以冲销原错误交易时，则应当将剩余款项通过“先借方蓝字，后贷方蓝字”冲正到客户 B 的账户中，这就是日常账务处理中差额补记冲正交易。

（三）当日错账、隔日错账和跨年度错账

1. 当日错账

柜员当日发现账务差错，使用抹账交易进行错账处理。

2. 隔日错账

使用红、蓝字冲正或双红字冲正方式，或冲正与补账组合方式，凭账务调整通知书经会计主管审核后按规定手续进行冲账处理。

3. 跨年度错账

本年度发现上年度或往年年度错账（除损益类账务），凭账务调整通知书经会计主管审核后按规定手续，采用与原交易反方向的蓝字冲正的处理方法。跨年度损益类错账，应通过“以前年度损益调整”科目核算。跨年度错账更正时，不得更改决算报表。如确定需要更改决算报表，应逐级申报批准。账簿记录发生错误时，应根据错误的性质和具体情况，按照下列更正错误的方法进行更正。

（1）当日发生的错账，采取划线更正法。在采用手工操作的情况下，当日发现差错，采用划线更正法进行更正。账簿上日期和金额写错，用红线把全行数字划销，将正确数字写在画线数字上面，并由记账员在红线左边盖章证明。文字写错，用一道红线划销，将正确文字写在划销文字上面。传票填错科目或账户，应先改正传票，并按上述画红线办法更正账簿。

在采用计算机处理账务情况下，当日发现差错，如果记账与复核不符，属于记账错误，由记账员对错误进行修改后，再由复核员复核；属于复核员错误，由复核员自行纠正。当日发现已复核的记录错误，由复核员注销复核标记，然后由记账员修改或删除该错误记录，再由复核员进行复核。

（2）隔日或以后（但在本年度内）发现的错账，采用红蓝字冲正法。记账串户，应填制同一方向红、蓝字冲正传票办理冲正。红字传票记入原错误账户，在摘要栏注明“冲销 × 年 × 月 × 日错误”字样；蓝字传票记入正确的账户，在摘要栏注明“补记冲正 × 年 × 月 × 日账”字样。如果是传票金额、科目或账户错填，账簿随之记错，应填制借、贷方红字传票，将错账全数冲销，再按正确金额、科目、账户重新填制借、贷方蓝字传票补记入账，并在摘要栏内注明情况，同时在原错误传票上批注“已于 × 年 × 月 × 日冲正”字样。

（3）本年度发现上年度错账，应采用蓝字反方向冲正法。如为非重大会计差错，则不更改决算报表；属于重大会计差错的，应当按照《企业会计准则第 29 号——资产负债表日后事项》调整规定进行调整。

（4）冲正传票，必须经会计主管人员审核盖章，并登记以备考核；因冲正错账影响利息计算时，则将应加、应减积数在余额表上填记。

关于银行账务冲正交易的错误理解

错误一：冲正即为交易失败。

冲正是将差错账务进行改正，是一种行为。交易失败应当理解为是冲正交易的一个诱因，而不是一种结果。

错误二：冲正就是回滚交易。

在差错冲销重记这种冲正处理方法中，回滚交易只是冲正交易的一部分，并不是冲正交易的全部过程。在差额补记冲正方法中，全过程并非没有进行回滚交易，因此简单地将冲正交易理解为回滚交易也是不正确的。

在银行账务系统需要使用特殊账务处理手段对原交易进行改正，使其账实相符。通常采取以下措施。

1. 冲正补记

针对单笔隔日的错账，进行错账的冲正和补记，错账日期必须小于当前系统日期，原则上需要进行全额冲补。

2. 特殊冲正补记

针对单笔的错账，进行错账的冲正、补记或冲正且补记，错账日期必须小于或等于当前系统日期，可以进行差额冲补。

【课堂活动】

请学生分组探讨商业银行错账冲正补记的处理方法。

模块 4　柜员完工综合业务

柜员当天业务处理完毕后方能进行完工处理，办理正式签退。具体步骤为：平账查询→账实核对→清点印章→传票整点→柜员签退→换人复核→上缴电子钱箱。

一、平账查询

柜员先检查是否有未复核的流水。如果有，则应及时交复核柜员复核。然后检查柜员平账器，轧平当天账务。若账务不平，必须查找错账并作服务调整。

二、账实核对

（一）核对现金

柜员查询系统中的现金箱余额，清点现金箱，检查现金箱是否超限额，超限额现金应及时入库或上缴；查询库存现金余额，清点库存现金，核对库存现金账实是否相符。

（二）核对重要空白凭证

柜员查询系统中的凭证数量，清点凭证箱，查询销号和核对库存重要空白凭证账实是否相符。

（三）核对有价单证

核对未发行的有价单证实物与表外分户明细余额是否相符。

三、清点印章

柜员应逐个清点本人保管的业务印章和个人名章，检查是否齐全。

四、传票整点

核对记账凭证与原始凭证是否相符。将记账凭证按柜员传票号顺序整理，逐笔核对记账凭证记录的各项处理记录与原始凭证是否相符，核对传票号是否连续。

五、柜员签退

柜员打印日终平账报告表后签章，正式签退。

六、换人复核

（1）复核员当面碰库，核对现金、重要空白凭证和有价单证。

（2）核对柜员传票号是否连续，末笔交易传票号与日终平账报告表传票张数是否相符，核对无误后在末笔交易凭证传票号下方注明“末笔”字样并在日终平账报告表清点人处签章。日终平账报告表连同按传票号顺序排列的记账凭证与原始凭证及附件交会计主管审核。

七、上缴电子钱箱

对实物钱箱双人双锁上缴，并同时收缴各柜员的电子钱箱。

下面仅针对柜员涉及的部分平账交易进行介绍。

（一）柜员现金卡把

柜员现金卡把是指日终完工时，柜员对柜面现金进行卡把，并核查柜员钱箱余额。

（二）现金轧账

现金轧账是指在日终，柜员选择现金轧账交易打印钱箱轧账单进行账款核对，由于现在轧账不能轧往日账，业务提出需要支持轧账才能轧往日的账。

（三）凭证轧账

凭证轧账是指在日终，柜员选择凭证轧账交易打印凭证轧账单，对凭证的库存信息进行账实核对。由于现在轧账不能轧往日账，业务提出需要支持轧账才能轧往日的账。

（四）流水轧账

流水轧账是指在日终，柜员选择流水轧账交易打印交易流水，方便核对轧账。由于现在轧账不能轧往日账，业务提出需要支持轧账才能轧往日的账。

（五）柜员完工

柜员完工是指完工时，柜员将全部账务处理轧平后，选择柜员完工交易结束工作。

【课堂活动】

请学生讨论柜员日终轧账时发现账实不对应该如何处理。

模拟仿真实训 1　凭证出售业务实训

一、任务说明

天津市 A 有限公司财务人员钱女士 2021 年 1 月 25 日前来我行，欲购买转账支票一本，费用从公司账户上扣除。

重要提示信息如下。

基本户账号：82000000002403****。

转账支票起始号码：314052200051****。

转账支票终止号码：314052700051****。

转账支票收费标准：工本费 0.4 元 / 张，手续费 1 元 / 张。

二、厅堂服务操作流程

模拟实训 1

接待客户→质询回答问题→在叫号机上选择“取号类型”为“对公业务号”并将取号号码递给客户→引导客户填写“空白凭证领用单”→递交大堂经理进行单据审核→引导客户至等候服务区，等候柜面业务办理。

三、柜面业务操作流程

模拟实训 2

接待客户→收取资料（空白凭证领用单、经办人身份证）→身份证核查→打印核查结果→核心业务处理。

四、业务处理

（1）根据任务说明，单击“核心系统”→“凭证管理”→“凭证出售”，进入对应业务操作页面，并依据任务说明及重要提示信息填写页面信息（以下步骤默认为执行快查），如图 5–1 所示。

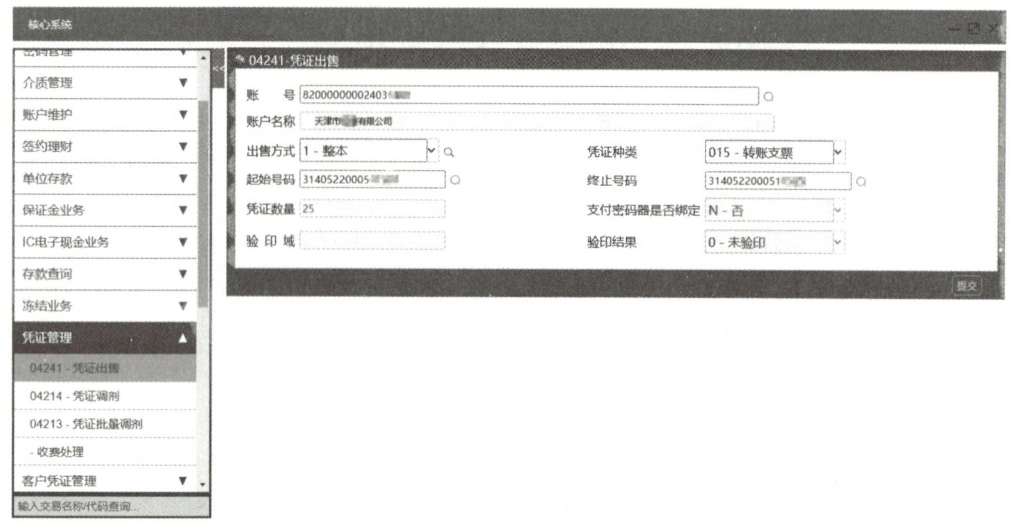

图 5-1　核心系统——凭证出售

（2）根据任务说明，输入“账号”为“82000000002403****”，执行快查后返显“账户名称”，选择“出售方式”为“1- 整本”，选择“凭证种类”为“015- 转账支票”，输入“起始号码”为“314052200051****”，输入“终止号码”为“314052200051****”，执行快查后返显“凭证数量”为“25”。

（3）完成信息录入后，单击“提交”按钮，页面将联动“收费处理”业务，依据任务说明“以转账购买转账支票一本”，选择“收费方式”为“2- 转账收费”，如图 5-2 所示。

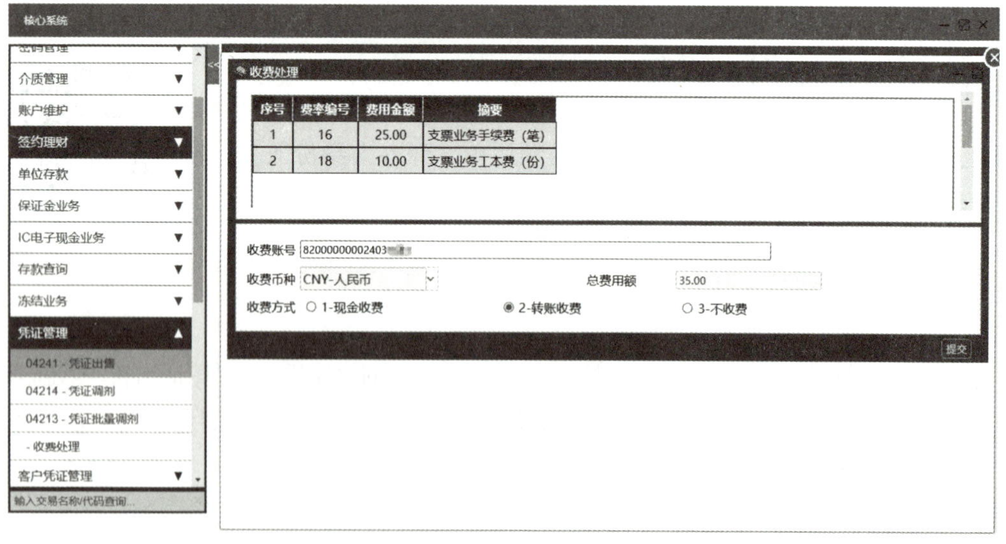

图 5-2　核心系统——收费处理

（4）勾选“通用业务凭证（耗材）”，单击“提交”按钮，页面提示“提交成功”。单击“确定”按钮，页面弹出交易打印页，单击“打印”按钮，打印通用凭证，如图 5-3 所示。

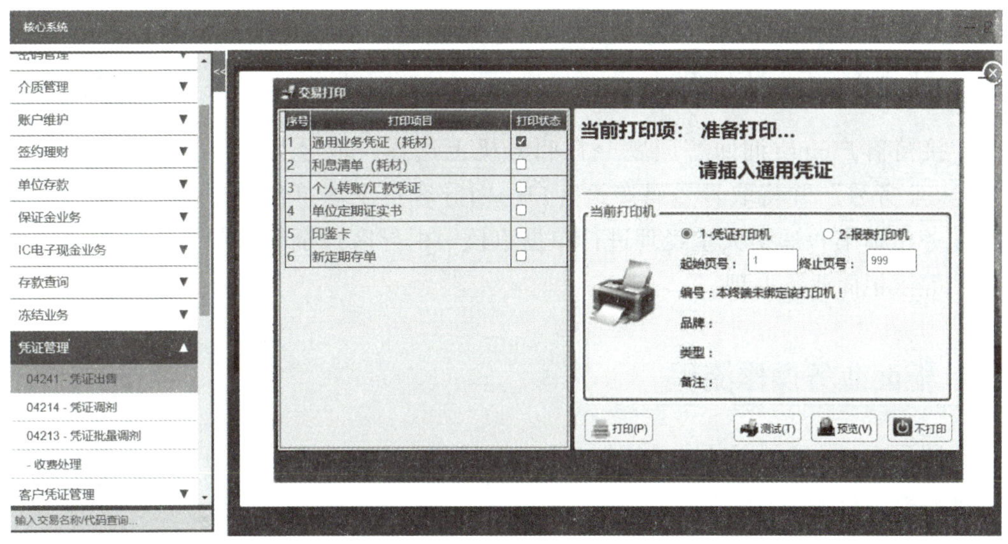

图 5-3　凭证出售——交易打印

（5）打印通用凭证并交与客户签名后，柜员盖章并签字。一般业务申请书应盖银行公章和柜员私章；客户身份证联网核查结果盖附件章；通用业务凭证需盖银行公章和柜员私章，盖章后还需客户签字。最后将经办人身份证、转账支票、通用凭证返还客户。柜员起立送别客户。客户到达厅堂时，大堂经理再次送别客户。

模拟仿真实训 2　现金预约业务实训

一、任务说明

2021 年 4 月 13 日，客户梁先生前来我行柜台办理现金预约业务，要求次日取款 30 万元，用途为购车。

客户相关信息如下。

姓名：梁某某。

证件类型：居民身份证。

证件号码：42011219940327****。

手机号码：1373341****。

客户账号：621779000110021****。

客户在办理现金预约业务时须先填写“一般业务申请书”。

二、厅堂服务操作流程

模拟实训 1

接待客户→质询回答问题→在叫号机上选择“取号类型”为“个人业务号”并将取号号码递给客户→引导客户至填单台填写一般业务申请书→递交大堂经理进行单据审核→引导客户至等候服务区，等候柜面业务办理。

三、柜面业务操作流程

模拟实训 2

接待客户→收取资料（“一般业务申请书”、客户身份证）→身份证核查→打印核查结果。

四、业务处理

（1）根据任务说明，单击“核心系统”→“现金预约及查询”→“现金预约”，进入对应业务操作页面，并依据任务说明及客户相关信息填写页面信息（以下步骤默认为执行快查），如图 5–4 所示。

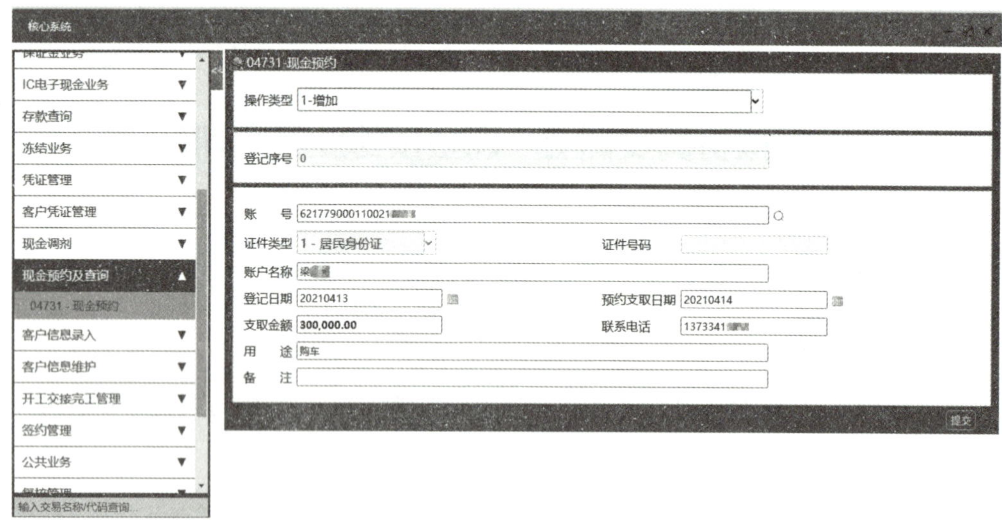

图 5–4　核心系统——现金预约

（2）根据任务说明“2021 年 4 月 13 日，客户梁先生前来我行柜台办理现金预约业务”及相关信息，选择“操作类型”为“1– 增加”，输入“账号”为“621779000110021****”，执行快查后返显“证件类型”“证件号码”“账户名称”，输入“登记日期”为“20210413”。

（3）根据任务说明“要求次日取款30万元，用途为购车”，输入“预约支取日期”为“20210414”，输入“支取金额”为“300 000.00”，输入“联系电话”为“1373341****”，输入“用途”为“购车”。

（4）完成信息录入后，勾选“通用业务凭证（耗材）”，单击“提交”按钮，页面提示“提交成功”。单击“确定”按钮，页面弹出交易打印页，单击“打印”按钮，打印通用凭证，如图5-5所示。

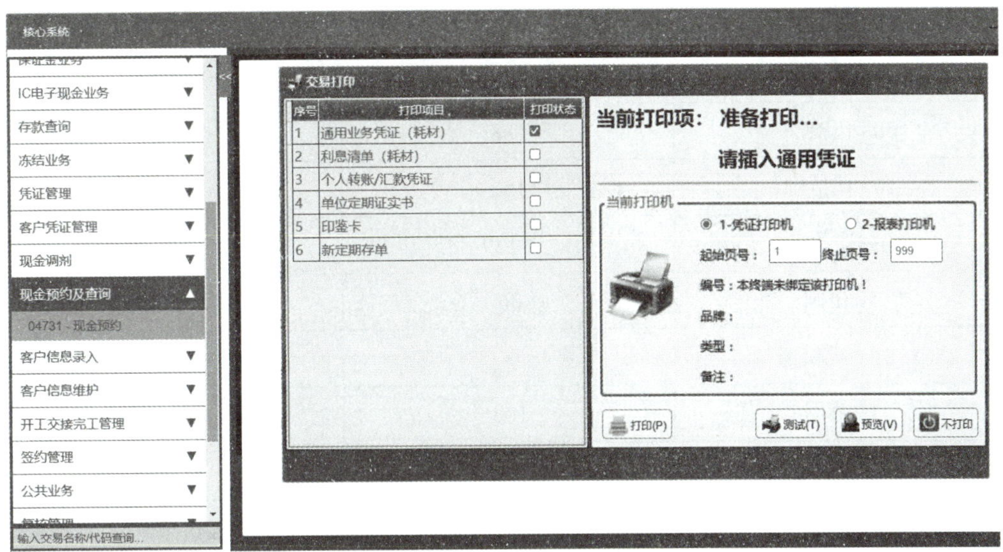

图5-5 现金预约——交易打印

（5）打印通用凭证并交与客户签名后，柜员盖章并签字。一般业务申请书应盖银行公章和柜员私章；客户身份证联网核查结果盖附件章；通用业务凭证需盖银行公章和柜员私章，盖章后还需客户签字。最后将客户身份证、通用凭证及转账支票返还客户。柜员起立送别客户。客户到达厅堂时，大堂经理再次送别客户。

模拟仿真实训3 柜员完工综合业务

一、任务说明

2021年3月25日，营业终了，柜员按流程轧账完工。

重要提示信息如下。

（1）柜员需先做柜员现金卡把，然后再进行现金轧账、凭证轧账、流水轧账，最后做柜员完工。

（2）当前柜员为盛某某。

（3）主管授权员号：143276；密码：12345654。

（4）柜员钱箱金额见表 5-1。

表 5-1　柜员钱箱金额

券别	张	金额 / 元
100- 壹佰圆	905	90 500.00
50- 伍拾圆	188	9 400.00
20- 贰拾圆	156	3 120.00
10- 壹拾圆	1 129	11 290.00
5- 伍圆	86	430.00
2- 贰圆	3	6.00
1- 壹圆	108	108.00
0.5- 伍角	64	32.00
0.2- 贰角	1	0.20
0.1- 壹角	74	7.40
A- 零币		16.50
B- 硬币		201.00
C- 残损币		349.00

二、柜面业务操作步骤

（一）柜员现金卡把

（1）根据任务说明，单击“核心系统”→“开工交接完工管理”→“柜员现金卡把”，进入对应业务操作页面，并依据任务说明及重要提示信息填写页面信息，如图 5-6 所示。

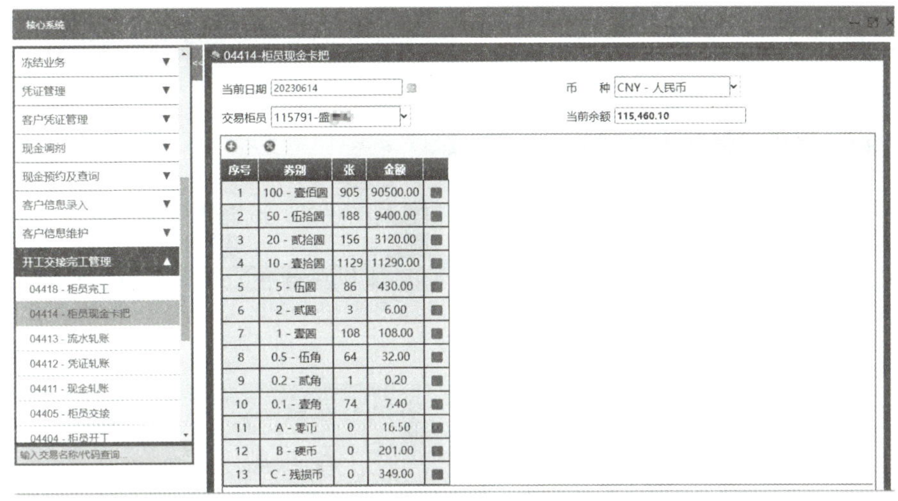

图 5-6　核心系统——柜员现金卡把

①单击“⊕”按钮，选择“类别”为“100- 壹佰圆”，输入“张”数为“905”，回车后金额自动返显“90 500.00”，单击“保存”按钮。

②单击“⊕”按钮，选择“类别”为“50- 伍拾圆”，输入“张”数为“188”，回车后金额自动返显“9 400.00”，单击“保存”按钮。

③单击“⊕”按钮，选择“类别”为“20- 贰拾圆”，输入“张”数为“156”，回车后金额自动返显“3 120.00”，单击“保存”按钮。

④单击“⊕”按钮，选择“类别”为“10- 壹拾圆”，输入“张”数为“1 129”，回车后金额自动返显“11 290.00”，单击“保存”按钮。

⑤单击“⊕”按钮，选择“类别”为“5- 伍圆”，输入“张”数为“86”，回车后金额自动返显“430.00”，单击“保存”按钮。

⑥单击“⊕”按钮，选择“类别”为“2- 贰圆”，输入“张”数为“3”，回车后金额自动返显“6.00”，单击“保存”按钮。

⑦单击“⊕”按钮，选择“类别”为“1- 壹圆”，输入“张”数为“108”，回车后金额自动返显“108.00”，单击“保存”按钮。

⑧单击“⊕”按钮，选择“类别”为“0.5- 伍角”，输入“张”数为“64”，回车后金额自动返显“32.00”，单击“保存”按钮。

⑨单击“⊕”按钮，选择“类别”为“0.2- 贰角”，输入“张”数为“1”，回车后金额自动返显“0.20”，单击“保存”按钮。

⑩单击“⊕”按钮，选择“类别”为“0.1- 壹角”，输入“张”数为“74”，回车后金额自动返显“7.40”，单击“保存”按钮。

⑪单击“⊕”按钮，选择“类别”为“A- 零币”，输入“金额”为“16.50”，单击“保存”按钮。

⑫单击“⊕”按钮，选择“类别”为“B-硬币”，输入“金额”为“201.00”，单击“保存”按钮。

⑬单击“⊕”按钮，选择“类别”为“C-残损币”，输入“金额”为“349.00”，单击“保存”按钮。

（2）信息录入完毕后，核对“合计金额”与“当前余额”是否一致，确认无误后，单击“提交”按钮，页面弹出授权员交易授权页面，根据重要提示信息，输入主管授权员号“143276”，回车后输入密码“12345654”，如图5-7所示。

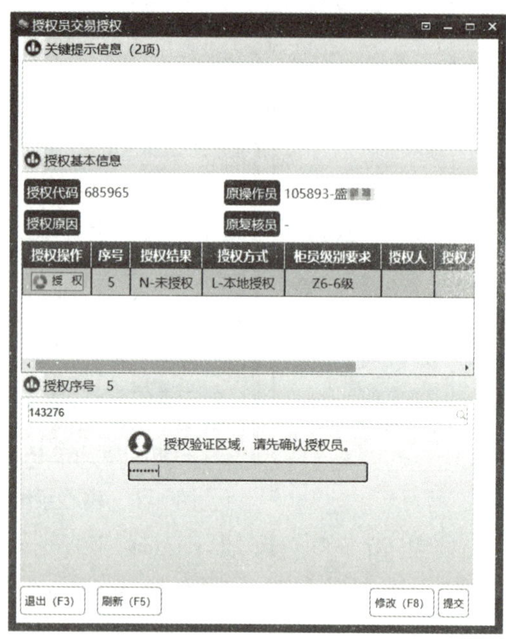

图 5-7　柜员现金卡把——授权员交易授权

（3）信息录入完毕后，单击“提交”按钮，页面提示“提交成功”。单击“确定”按钮，页面将返回柜员现金卡把页面，并提示“提交成功”，单击“确定”按钮，完成“柜员现金卡把”业务所有操作。

（二）现金轧账

（1）根据任务说明，单击“核心系统”→“开工交接完工管理”→“现金轧账”，进入对应业务操作页面，如图5-8所示。

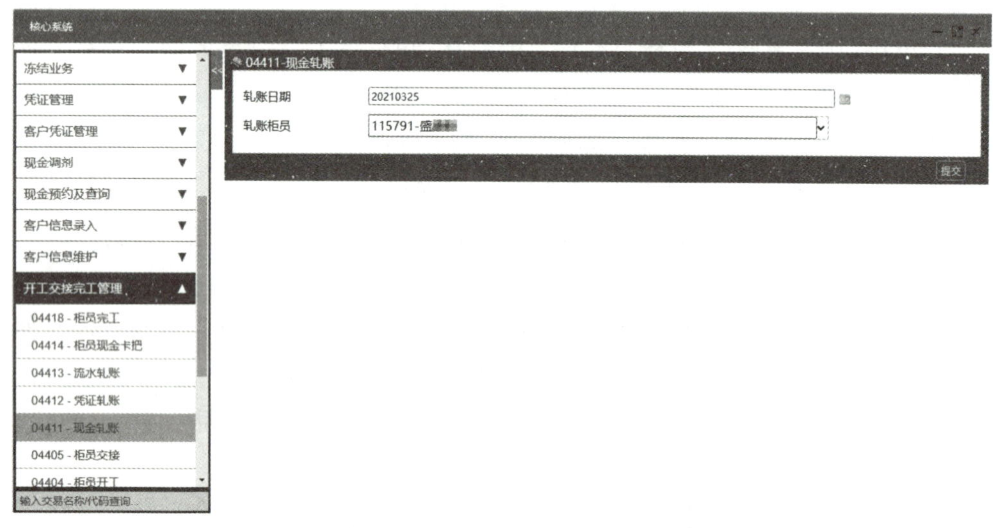

图 5-8　核心系统——现金轧账

（2）根据重要提示信息“当前柜员为盛某某”，选择“轧账柜员”为“115791-

盛某某”，信息录入完毕后，单击“提交”按钮，页面提示“提交成功”，单击“确定”按钮，页面弹出交易打印页，单击“打印”按钮，打印通用业务凭证（耗材），如图 5–9 所示。

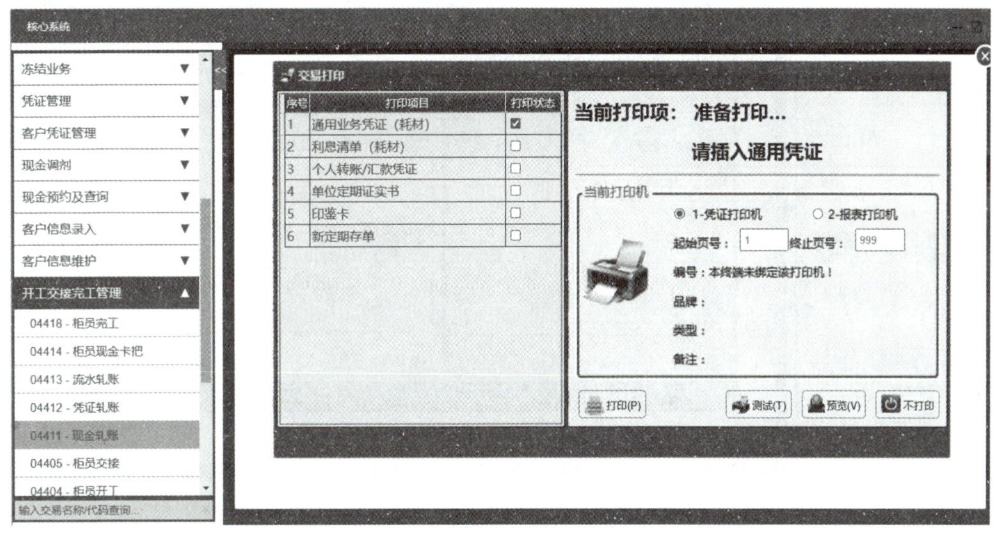

图 5–9　现金轧账——交易打印

（3）打印通用凭证后，关闭打印页面，完成“现金轧账”业务所有操作。

（三）凭证轧账

（1）根据任务说明，单击“核心系统”→“开工交接完工管理”→“凭证轧账”，进入对应业务操作页面，如图 5–10 所示。

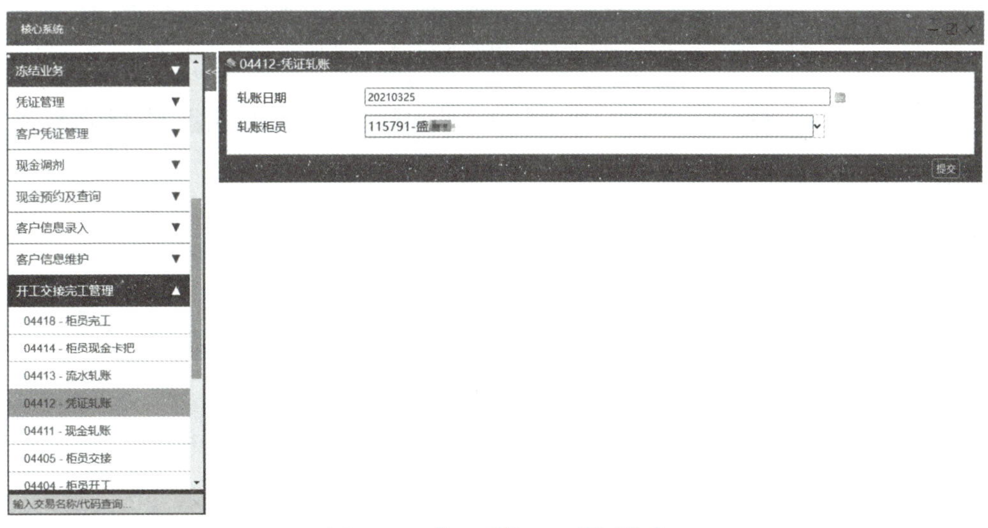

图 5–10　核心系统——凭证轧账

（2）根据重要提示信息“当前柜员为盛某某”，选择“轧账柜员”为“115791- 盛某某”，单击“提交”按钮，页面提示“提交成功”，单击“确定”按钮，页面弹出交易打印页，单击“打印”按钮，打印通用业务凭证（耗材），如图 5-11 所示。

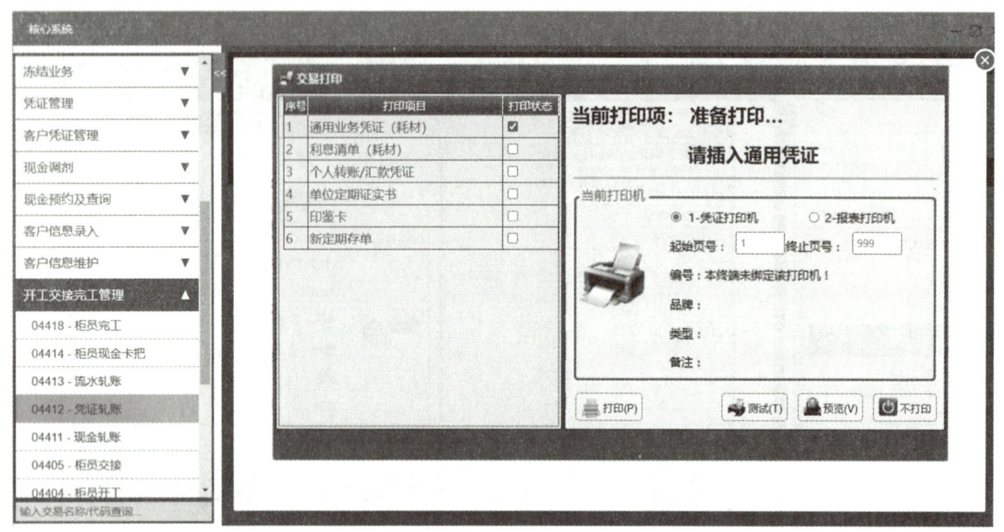

图 5-11　凭证轧账——交易打印

（3）打印通用凭证后，关闭打印页面，完成“凭证轧账”业务所有操作。

（四）流水轧账

（1）根据任务说明，单击“核心系统”→“开工交接完工管理”→“流水轧账”，进入对应业务操作页面，如图 5-12 所示。

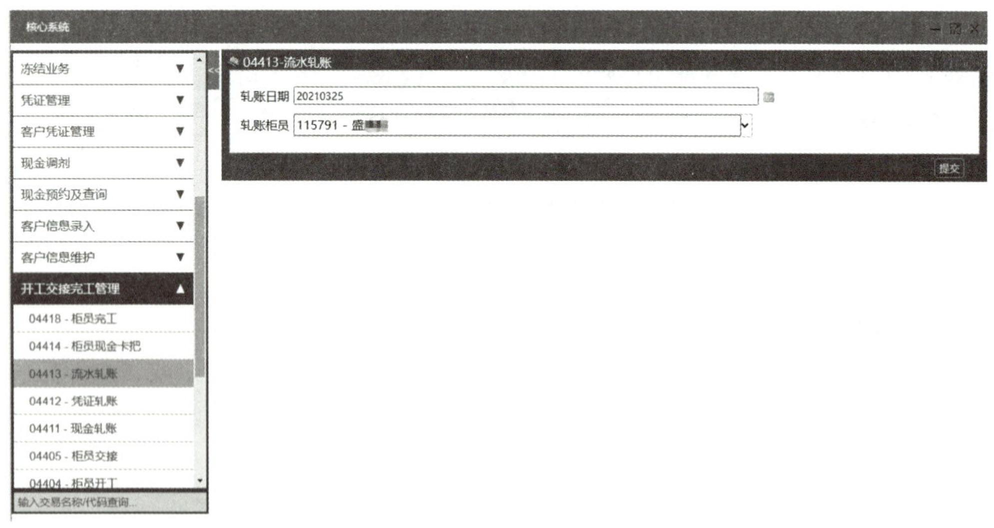

图 5-12　核心系统——流水轧账

（2）根据重要提示信息“当前柜员为盛某某”，选择“轧账柜员”为“115791-盛某某”，单击“提交”按钮，页面提示“提交成功”，单击“确定”按钮，页面弹出交易打印页，单击“打印”按钮，打印相关凭证（耗材），如图 5-13 所示。

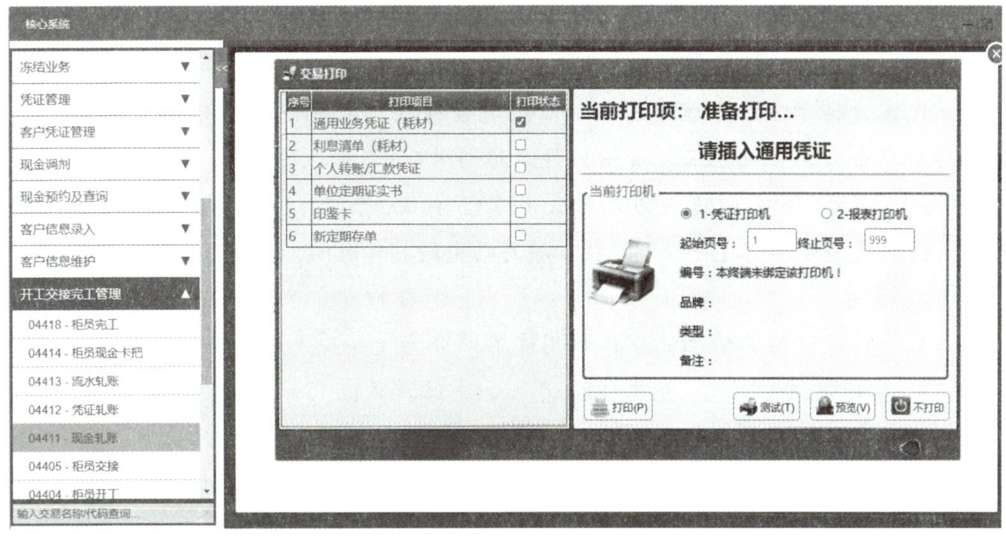

图 5-13 流水轧账——交易打印

（3）打印通用凭证后，关闭打印页面，完成“流水轧账”业务所有操作。

（五）柜员完工

（1）根据任务说明，单击“核心系统”→“开工交接完工管理”→“柜员完工”，进入对应业务操作页面（以下步骤默认为执行快查），如图 5-14 所示。

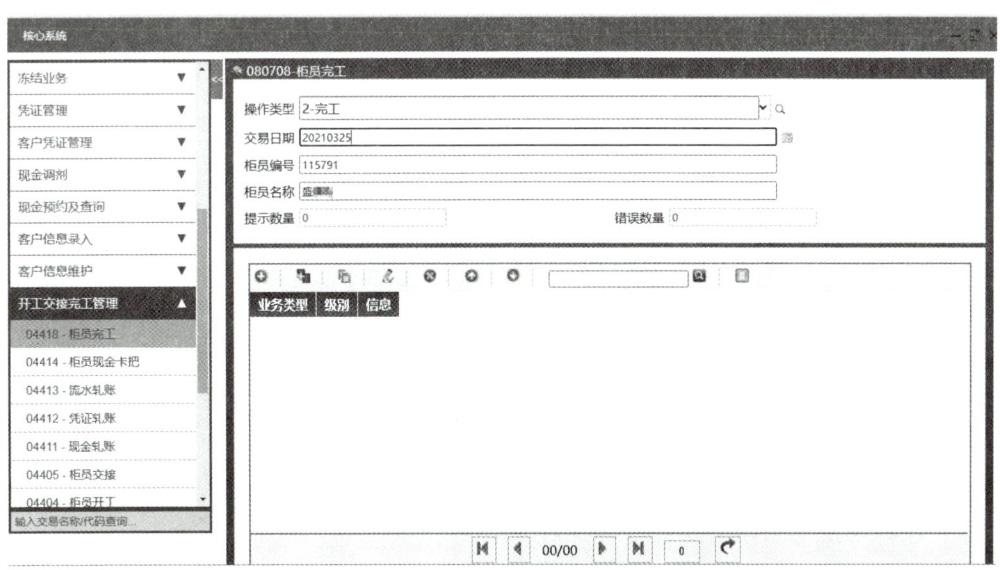

图 5-14 核心系统——柜员完工

（2）根据任务说明及重要提示信息“当前柜员为盛某某”，选择“操作类型”为“2- 完工”，单击“提交”按钮，页面提示“提交成功”，单击“确定”按钮，完成“柜员完工”业务所有操作。

知识巩固练习

一、不定项选择题

1. 客户持卡 / 折办理（　　）以上现金存款，客户需提供有效身份证件，在存款凭条背面登记姓名、身份证件名称与号码。

A. 5 万元　　B. 5 万元（含）　　C. 10 万元　　D. 10 万元（含）

2. 挂失登记簿“挂失日期”栏：填写挂失的具体时间，必须具体到（　　）。

A. 整时　　B. 时分　　C. 时分秒　　D. 日期

3. 会计凭证按其填制的程序和用途不同分为（　　）和（　　）两类。

A. 原始凭证　　B. 基本凭证　　C. 结算凭证　　D. 记账凭证

4. 填写现金支票和转账支票，应使用（　　）或（　　）书写。

A. 蓝黑墨水　　B. 墨汁　　C. 碳素墨水　　D. 纯蓝墨水

5. 挂失申请书填写的内容包括：（　　）。

A. 存款人姓名　　B. 存款人有效身份证件名称及号码

C. 存款人联系电话　　D. 存款人地址

6. 代理他人办理 5 万元以下汇款的，应在个人汇款业务凭证背面填写代理人（　　）。

A. 姓名　　B. 身份证号　　C. 联系电话　　D. 地址

二、判断题

1. 各机构在调拨、分配、使用等过程中如发现凭证短缺、重号、跳号等情形应立即报告机构负责人或者营业部经理。（　　）

2. 重要空白凭证的调拨是指上级机构的出库、入库。（　　）

3. 下级机构应在上级机构预留印鉴，并备案领取人员身份信息。（　　）

4. 各分行在总行的预留印鉴为分行业务公章。（　　）

5. 领取重要空白凭证人员身份信息需分行出具介绍信，写明领取人员的姓名、身份证号码，不需要提供领取人员的身份证复印件。（　　）

6. 办理重要空白凭证调拨时，出、入库人员应认真清点凭证数量。未拆箱的凭证可按张清点。（　　）

三、思考题

1. 行内汇兑业务主要包括哪些内容？

2. 凭证调剂注意的事项有哪些？

项目六　保证金业务

知识目标

1. 认识保证金的概念、账户管理规定等基本知识。
2. 熟悉活期、定期保证金开户的相关知识与结息规则。
3. 认识保证金账户查询与账户信息修改交易。
4. 了解保证金账户的风险与控制措施。
5. 掌握接待客户的流程、礼仪与话术要求。

技能目标

1. 掌握活期保证金、定期保证金的结息规则。
2. 掌握活期保证金开户的操作流程与操作要点。
3. 熟悉保证金账户风险环节与控制措施。
4. 按照操作流程能熟练地办理定期保险金开户业务。
5. 能够运用银行的礼仪规范引导客户办理此项业务。

素质目标

培养从业者诚实守信、办事公道的职业操守。

模块1　保证金账户制度规定

一、保证金的概念

保证金是商业银行在为客户办理承兑汇票、保函、信用证等融资业务和借款担保、付款保函等非融资业务时，为了降低银行风险而按客户信用等级和信贷管理规定向客户收取的资金。

保证金作为一种特定的动产质押方式，在客户不履行相应债务或交易义务时，银行可依法直接扣划保证金使自己的债权优先得到清偿。

保证金作为一种存款，是依附于其他银行业务而存在的。因此，保证金账户是客户为办理相关业务时，在银行开立的专门用于存放保证金存款的账户。保证金账户按照“一事一户”的要求设置分户账，可分为活期和定期两种类型。

二、保证金账户管理规定

（1）保证金账户应实行封闭管理，严禁发生保证金账户与申请人结算户串用、各子账户之间相互挪用、同一开证申请人的保证金账户之间相互混用等行为；不得提前支取保证金。

（2）单位保证金账户的开立、支取、退回及销户必须根据相关部门出具的书面通知方可进行相应的处理，严禁未有相关部门通知擅自办理保证金的缴存、支付等相关业务。

（3）会计主管应定期根据通知书或协议与保证金登记簿的内容逐项核对，核对要点：产品类别、保证金比率、缴存额、期限是否与通知书或协议相符。

（4）活期保证金和定期保证金账户利率应按照中国人民银行下发的相关利率文件及总行相关制度执行。

三、客户保证金账户管理规定

（1）客户保证金账户由其开户网点对应客户银行结算账户（主账户）开立，户名与主账户户名一致，无须办理开户许可证。

（2）客户保证金实行一票一户、单笔对应、专户管理。

（3）客户保证金账户不得出售支票、不得支取现金、不得办理保证事项外的其他资金结算业务。

（4）客户保证金作为承兑资金时，汇票到期后，用于支付汇票款项，同时将该利息从客户保证金账户转入客户在本营业网点银行结算账户（主账户）。

（5）客户保证金作为承兑资金划转时，汇票到期后，其保证金账户余额为零，同时将保证金账户作销户处理。

小贴士

商业银行收到客户存入的保证金，就当借记“银行存款”“存放中央银行款项”“应付分保账款”等科目，然后贷记“存入保证金”科目；向客户归还保证金时，应当做相反的会计分录。

【课堂活动】

请学生分组巩固保证金账户制度规定和保证金的管理知识。

模块 2　保证金相关业务

一、活期保证金开户

活期保证金开户是指公司、企业、政府、同业等单位客户或个人客户到银行办理活期保证金开户。

客户在办理开户时，如果与银行约定的保证金存款为活期，将执行活期存款利率，遵循活期存款的计结息规则，按季结息，按季计结的利息划回存款人结算账户。

二、定期保证金开户

定期保证金开户是指公司、企业、政府、同业等单位客户或个人客户到银行办理定期保证金开户。

客户在办理开户时，如果与银行约定的保证金存款为定期，将执行定期存款利率，遵循定期存款的计结息规则，利随本清，计结的利息划回存款人结算账户。

三、单位开立保证金账户所需资料

单位开立保证金账户所需资料如下。

（1）营业执照副本原件（必须经过上一年度年检，如营业执照的任何内容有变更，须出示市场监督管理局出具的变更证明）。

（2）组织机构代码证原件。

（3）法定代表人身份证原件或复印件。

（4）税务登记证原件。

（5）被授权人身份证原件。

（6）公章。

（7）法定代表人私章。

四、保证金账户查询

保证金账户查询是指柜员根据客户证件类型、证件号码，查询该客户开立的所有保证金账户的信息。

五、保证金账户信息修改

保证金账户信息修改是指柜员根据客户要求对已开立的保证金账户进行维护（证件类型及证件号码）。

六、保证金账户撤销

银行承兑汇票保证金账户撤销流程如下。

（1）撤销保证金账户时，承兑申请人应向开户银行公司业务部门提交“撤销银行承兑汇票保证金账户申请书”。

（2）营业部（柜台）应根据经公司业务部门核准的“撤销银行承兑汇票保证金账户申请书”，办理保证金账户撤销手续，并本着“原路退回”的原则将余款及利息划回出票人在本行开立的原结算账户。

（3）对一年内保证金账户未发生交易，且出票人在本行已无债务的，经公司业务部门确认，书面通知出票人来行销户。

保证金的类型

1. 债券类的保证金

（1）担保公司为其所担保的银行债权所提供保证金担保，即担保公司在对多个对象提供保证担保时，会存入一定比例的保证金作为附加担保。

（2）在联保贷款中联保个体提供的贷款保证金，即多人组成的联保贷款中，要求个体各存入一定比例的保证金作为附加担保。

（3）在按揭贷款中开发商提供阶段性担保提供的保证金，即在按揭贷款中，房产因未能办理房产证而没有办理抵押登记前，由开发商提供阶段性保证，同时存入一定比例保证金作为附加担保。

2. 担保类的保证金

担保类的保证金包括保函或信用证业务保证金等，保函或信用证是指银行为申请人的履约行为、投标行为、预收款行为或融资性债务提供担保，而申请人提供反担保的方式则是在银行存入一定比例的保证金。

3. 付款类保证金

付款类保证金主要指银行承兑汇票承兑业务，即申请人在申请开立银行承兑汇票业务时，需在银行存入一定比例的保证金作为担保，当票据到期，如申请人未能存入足额的资金导致银行代为付款时，银行有权扣划保证金。

【课堂活动】

请学生试用平台模拟单位开立保证金账户业务。

模块 3 保证金账户风险环节与控制

思政园地

用诚信铸就服务品牌

某支行客户经理刘某某一直努力为客户提供更快、更好的服务；努力为小微企业主的创业、经营提供金融融资帮助；努力为促进地方经济发展贡献自己的一份力量。他在工作中作风端正，秉公办事；在生活中严于律己，诚信为本。他平时办理贷款，客户的“小恩小惠”都一一拒绝，坚守了作为一名一线银行人合规合法的原则，践行了诚实守信的职业道德。他每天以饱满的热情，紧紧围绕“以客户为中心，服务至上，诚实守信”的工作理念，力所能及地帮助客户解决各类难题，以真诚的服务态度、优良的服务品质为银行赢得了良好的信誉和口碑。无论在工作中还是生活中，刘某某都一直秉承“对人以诚，人不欺我，对事以诚，事无不成”的人生理念。他恪尽职守、勇于担当，在客户提出问题或遇到困难时，他总是从客户的角度，实行全过程跟踪、全天候服务，答应客户的一定做到。有时客户在操作网银时遇到问题，即便他在下班时间，也会上门去帮助客户，及时为客户解决问题。一次，客户办完业务后误将所取的现金遗落在窗口，他发现后立刻清点确认并将现金保管好，马上通过各种渠道及时联系客户，并主动上门归还，客户非常感激，他说："这是我们应该做的，银行就是要维护客户的利益。"服务无止境，诚信无终点，刘某某正是将这一服务理念实实在在地融入了日常的工作生活中，哪里有困难，哪里便有他解决困难的身影，他以诚信赢天下的执着追求诠释着对事业的无限热爱，不断提升自我，努力铸造诚实守信的楷模形象。

道德是社会关系的基石，是人际和谐的基础。诚信是社会主义核心价值观在公民个人层面的一个价值准则，是一种道德规范和品质，是中华民族的传统美德。

（资料来源：编者根据相关内容整理改写）

一、风险环节

风险环节的内容包括以下几点。

（1）保证金账户户名与出票人姓名不一致。

（2）保证金账户未冻结或止付。

（3）保证金账户出售转账支票或支取现金。

（4）保证金账户作为结算账户使用，如单位银行结算账户资金不足，从保证金账户划转资金。

（5）转入单位结算账户。

（6）银行承兑汇票到期，保证金账户未做销户处理，形成零余额账户或重复使用。

（7）保证金账户未执行对账制度。

二、控制风险的措施

控制风险的措施包括以下几点。

（1）保证金账户的开立和销户应遵循相关规定严格办理。

（2）银行承兑汇票到期，保证金账户存款利息应按规定支付汇票保证金利息，计付利息进入保证金账户，同时将该利息从保证金账户转入在银行网点的主账户，保证金账户余额为零的，即作销户处理。

（3）保证金账户票款解付即销户，不能重复使用。

（4）保证金账户应严格执行对账制度。

【课堂活动】
请学生分组讨论保证金账户风险要点与控制措施。

模拟仿真实训 1　活期保证金开户

一、任务说明

2021 年 5 月 21 日，我行从天津市 A 有限公司采购一批电子设备，为保证设备质量，现需该公司开立活期保证金账户。该公司财务人员携带营业执照到柜台办理活期保证金开户业务，双方协定利率按 1% 计算，利息转入该公司在我行开立的基本户。

重要提示信息如下。

企业营业执照号：9112022358978****C。

基本户账号：82000000002403****。

摘要：天津市 A 有限公司缴纳保证金。

已通过柜面对账。

浮动值请保留至小数点后六位。

法定代表人姓名：郎某某。

法定代表人身份证号码：12010219790910****。

代办人姓名：钱某某。

代办人身份证号码：32010719921108****。

二、厅堂服务操作流程

模拟实训 1

接待客户→在叫号机上选择“取号类型”为“对公业务号”并将取号号码递给客户→引导客户至填单台填写“转账支票”“进账单”→递交大堂经理进行单据审核→引导客户至等候服务区，等候柜面业务办理。

三、柜面业务操作流程

模拟实训 2

接待客户→收取资料（转账支票、进账单、法定代表人身份证、经办人身份证、营业执照、营业执照复印件、银行保证金合同）→身份证核查→打印核查结果。

四、业务处理

（1）根据任务说明，单击“核心系统”→“保证金业务”→“活期保证金开户”，进入对应业务操作页面，并依据任务说明及重要提示信息填写页面信息（以下步骤默认为执行快查），如图 6-1 所示。

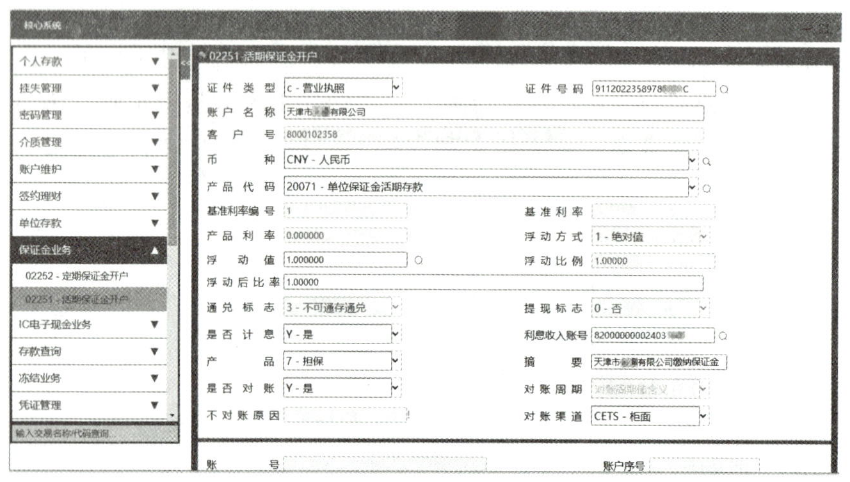

图 6-1 核心系统——活期保证金开户

①根据任务说明“该公司财务人员携带营业执照到柜台办理活期保证金开户业务”及企业相关信息，选择“证件类型”为“c- 营业执照”，输入“证件号码”为“9112022358978****C”，快查后返显“账户名称”“客户号”，选择“产品代码”为“20071- 单位保证金活期存款”。

②根据任务说明“双方协定利率按 1% 计算，利息转入该公司在我行开立的基本户”及企业相关信息，输入“浮动值”为“1.000 000”，浮动后比率返显为“1.000 000”，选择“是否计息”为“Y- 是”，输入“利息收入账号”为“8200000002403****”。

③根据任务说明“作为设备质量担保金”及企业相关信息，选择“产品”为“7- 担保”，输入“摘要”为“天津市 A 有限公司缴纳保证金”，选择“是否对账”为“Y- 是”，选择“对账渠道”为“CETS- 柜面”。

（2）完成信息录入后，单击“提交”按钮，页面提示“提交成功”，单击“确定”按钮，页面弹出交易打印页，勾选“通用业务凭证（耗材）”，单击“打印”按钮，打印相关凭证，如图 6-2 所示。

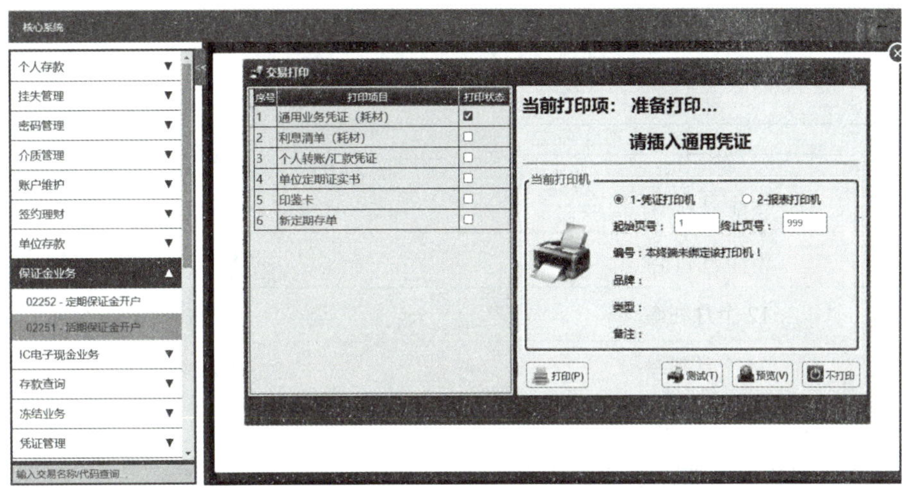

图 6-2　活期保证金开户——交易打印

（3）打印通用凭证并交与客户签名后，柜员盖章并签字。其中，一般业务申请书应盖银行公章和柜员私章；客户身份证联网核查结果盖附件章；通用业务凭证需盖银行公章和柜员私章，盖章后还需客户签字。最后将客户经办人身份证、法定代表人身份证、营业执照以及通用凭证返还客户。柜员起立送别客户，客户到达厅堂时，大堂经理再次送别客户。

模拟仿真实训 2　定期保证金开户

一、任务说明

2021 年 5 月 23 日，我行客户三亚 E 房地产投资服务有限公司现因担保需求，该公司财务人员携带相关资料以及转账支票到我行开立定期保证金账户，存期 3 个月，存入资金 130 万元，到期结息。

重要提示信息如下。

客户营业执照号：9146020069894****B。

客户基本户账号：8200000000002101****。

开户使用转账支票号码：31405220035****。

摘要：三亚 E 房地产投资服务有限公司存入保证金。

默认为柜面对账。

客户在办理定期保证金开户业务时须先填写“转账支票”“进账单”。

我行保证金账户利率见表 6-1。

表 6-1　保证金账户利率

项目	利率
3 个月利率	1.54%
6 个月利率	1.82%
12 个月利率	2.1%
24 个月利率	2.83%
C 残损币	349.00 元

账户利率请保留至小数点后六位。

法定代表人姓名：陈某某。

法定代表人身份证号码：12022319761118****。

经办人姓名：李某某。

经办人身份证号码：32010719921108****。

二、厅堂服务操作流程

模拟实训 1

接待客户→在叫号机上选择“取号类型”为“对公业务号”并将取号号码递给客户→引导客户至填单台填写“转账支票”“进账单”→递交大堂经理进行单据审核→引导客户至等候服务区，等候柜面业务办理。

三、柜面业务操作流程

模拟实训 2

接待客户→收取资料（“转账支票”、“进账单”、法定代表人身份证、经办人身份证、营业执照、营业执照复印件、银行保证金合同）→身份证核查→打印核查结果。

四、业务处理

（1）根据任务说明，单击“核心系统”→“保证金业务”→“定期保证金开户”，进入对应业务操作页面，并依据任务说明及重要提示信息填写页面信息（以下步骤默认为执行快查），如图 6-3 所示。

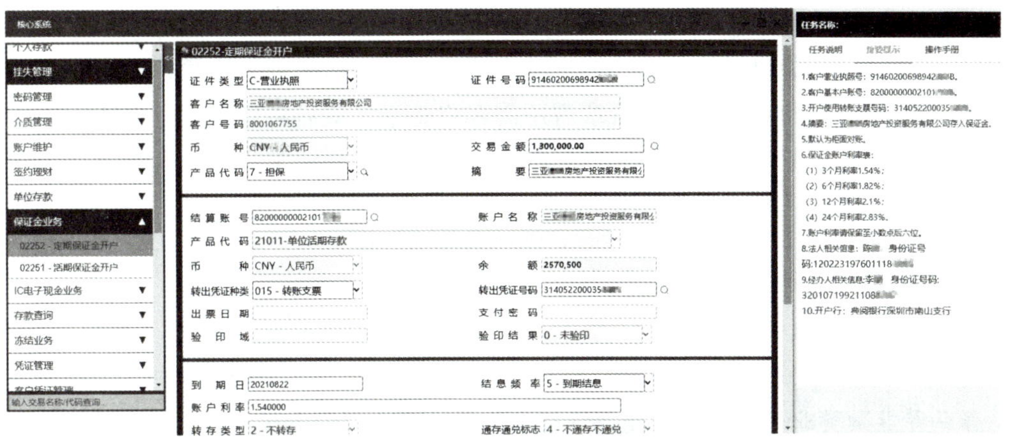

图 6-3　核心系统——定期保证金开户

①根据任务说明及企业相关信息，选择“证件类型”为“C- 营业执照”，输入“证件号码”为“9146020069894****B”，执行快查后返显“客户名称”“客户号码”“币种”，输入“交易金额”为“1 300 000.00”，选择“产品代码”为“7- 担保”，输入“摘要”为“三亚 E 房地产投资服务有限公司存入保证金”，输入“结算账号”为“82000000002101****”，执行快查后返显“账户名称”“产品代码”“币种”“余额”“出票日期”。

②根据任务说明“该公司财务人员携带相关资料以及转账支票到我行开立定期保证金账户，存期 3 个月，存入资金 130 万元，到期结息”及企业相关信息，选择“转出凭证种类”为“015- 转账支票”，输入“转出凭证号码”为“314052200035****”，输入“到期日”为“20210822”，选择“结息频率”为“5- 到期结息”，输入“账户利率”为“1.540 000”。

（2）完成信息录入后，单击“提交”按钮，页面提示“提交成功”，单击“确定”按钮，页面弹出交易打印页，勾选“通用业务凭证（耗材）”，单击“打印”按钮，打印相关凭证，如图 6-4 所示。

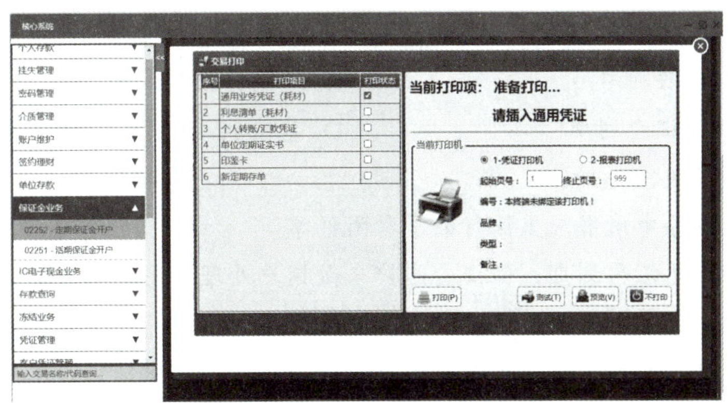

图 6-4　定期保证金开户——交易打印

（3）打印通用凭证并交与客户签名后，柜员盖章并签字。其中，一般业务申请书应盖银行公章和柜员私章；客户身份证联网核查结果盖附件章；通用业务凭证需盖银行公章和柜员私章，盖章后还需客户签字。最后将经办人身份证、法定代表人身份证、营业执照返还客户，柜员起立送别客户。客户到达厅堂时，大堂经理再次送别客户。

知识巩固练习

一、不定项选择题

1. 保证金是商业银行在为客户办理（　　）等融资业务和借款担保、付款保函等非融资业务时，为了降低银行风险而按客户信用等级和信贷管理规定向客户收取的资金。

A. 承兑汇票　　B. 保函　　C. 信用证　　D. 贷款

2. 银行承兑汇票到期，保证金账户存款利息应按规定支付（　　），计付利息进入保证金账户，同时将该利息从保证金账户转入在银行网点的主账户，保证金账户余额为零的，即作销户处理。

A. 活期存款利息　　B. 汇票保证金利息

C. 定期存款利息　　D. 执行市场利息率

3. 单位保证金账户的（　　）必须根据相关部门出具的书面通知方可进行相应的处理，严禁未有相关部门通知擅自办理保证金业务的缴存、支付等相关业务。

A. 开立　　B. 支取　　C. 退回　　D. 销户

4. 客户在办理活期保证金开户业务的时候，客户需要填写的单据是（　　）。

A. 转账支票　　B. 进账单

C. 特定业务申请书　　D. 一般业务申请书

5. 客户在办理开户时，如果与银行约定的保证金存款为定期，将执行并且遵循（　　）的计结息规则，利随本清，计结的利息划回存款人结算账户。

A. 定期存款利率　　B. 活期存款利率

C. 汇票保证金利率　　D. 基准利率

二、判断题

1. 一般业务申请书应盖银行公章和附件章。（　　）

2. 银行承兑汇票到期，保证金账户未做销户处理，形成零余额账户或重复使用。（　　）

3. 营业部（柜台）应根据经公司业务部门核准的“撤销银行承兑汇票保证金账户申请书”，办理保证金账户撤销手续，并本着“原路退回”的原则将余

款及利息划回出票人在本行开立的原结算账户。 ( )

4. 保证金账户查询是指柜员根据客户证件类型、证件号码，查询该客户开立的所有保证金账户的信息。 ( )

5. 保证金账户票款解付即销户，不能重复使用。 ( )

三、思考题

1. 简述客户保证金账户管理的内容。

2. 简述活期保证金开户与定期保证金开户的内容。

3. 保证金账户的风险环节有哪些?

1. 了解协助查询的含义。
2. 掌握冻扣、续冻、解冻业务的含义及其相关规定。
3. 了解账户止付的含义与办理条件。
4. 了解止付扣划的形式。
5. 了解冻结止付查询与个人账户分户账查询的含义。
6. 掌握解除账户止付录入规则。
7. 掌握止付扣划的相关规则与操作要点。

1. 掌握账户止付的分类与期限。
2. 掌握账户止付的期限与操作要点。
3. 熟悉办理止付的条件。
4. 熟悉解除止付的方式与操作要点。
5. 根据相关规定能熟练运用系统对需要进行账户止付的账户办理业务。
6. 熟练运用系统对已进行账户止付的账户进行解除账户止付操作。
7. 能熟练运用礼仪与沟通技巧引导客户办理业务。
8. 根据操作流程与规范能熟练地对止付账户进行扣划。

培养从业人员做事公平公正，不损公肥私、不以权谋私、不假公济私，无论对人对己都是出于公心的职业操守。

模块 1 协助查询业务

思政园地

银行工作人员警示教育

作为一名银行工作人员，从进入银行的那一刻起，就该有一份在金融战线上的担当，无论是普通柜员、信贷人员或者领导干部。担当无大小，要尽其所能，尽善尽美。银行工作责任重大，一念之差可能造成银行蒙受巨大损失。作为一名银行工作人员，要面对“日理斗金”的状况而坐怀不乱，要面对“糖衣炮弹”的侵袭而处事不惊，“念念有如临敌日，心心常似过桥时”，要正确处理好工作责任与个人名利的关系。所谓“人为财死，鸟为食亡”，名利对于很多人来说无疑是极具诱惑力的东西，然而，试想马失前蹄、铤而走险换取的名利又怎能长久？不顾良心和道德的约束得到的一时挥霍无度又怎能让自己和家人安心？只有树立正确的人生观和价值观，正确处理好个人得与失的关系，方能在纷繁复杂的环境中为内心留一片清凉平静的绿地，永远常青。

工作中银行工作人员要以更强的党性意识、政治觉悟和组织观念来要求自己，自觉遵守政治纪律和政治规矩。“不立规矩，难成方圆”，这些规矩，具体对每一个公民来说，就是要严格遵守国家的法律、法规和社会公德，安守本分，不越红线；对银行的每个工作人员来说，就是既要尽公民之责，同时还要遵守银行内部的规章制度。

（资料来源：编者根据相关内容整理改写）

一、协助查询、冻结、扣划

协助查询、冻结、扣划是指依法经营存款业务的金融机构（含外资金融机构），包括政策性银行、商业银行、城市和农村信用合作社、财务公司、邮政储蓄机构等，依法协助有权机关查询、冻结、扣划单位或个人在金融机构存款的行为。金融机构协助查询、冻结和扣划存款，应当在存款人开户的营业分支机构具体办理。

有权机关是指依照法律、行政法规的明确规定，有权查询、冻结、扣划单位或个人在金融机构存款的司法机关、行政机关、军事机关及行使行政职能的事业单位。

金融机构协助查询、冻结和扣划工作，应当遵循合法合规、不损害客户合法权益的原则，并且应当依法做好协助工作，建立健全规章制度，切实加强协助查询、冻结、扣划的管理工作。此外，金融机构应当在其营业机构确定专职部门或专职人员，负责接待要求协助查询、冻结、扣划的有权机关，及时处理协助事宜，并注意保守国家秘密。

有权查询、冻结、扣划单位、个人存款的执法机关一览表见表 7–1。

表 7-1　有权查询、冻结、扣划单位、个人存款的执法机关一览表

单位名称	查询		冻结		扣划	
	单位	个人	单位	个人	单位	个人
人民法院	有权	有权	有权	有权	有权	有权
税务机关	有权	有权	有权	有权	有权	有权
海关	有权	有权	有权	有权	有权	有权
人民检察院	有权	有权	有权	有权	无权	无权
公安机关	有权	有权	有权	有权	无权	无权
国家安全机关	有权	有权	有权	有权	无权	无权
军队保卫部门	有权	有权	有权	有权	无权	无权
监狱	有权	有权	有权	有权	无权	无权
走私犯罪侦查机关	有权	有权	有权	有权	无权	无权
监察机关(包括军队监察机关)	有权	有权	无权	无权	无权	无权
审计机关	有权	有权	无权	无权	无权	无权
市场监督管理机关	有权	无权	暂停结算	暂停结算	无权	无权
证券监管机构	有权	无权	无权	无权	无权	无权

协助查询是金融机构依照有关法律或行政法规的规定以及有权机关查询的要求，将单位或个人存款的金额、币种以及其他存款信息告知有权机关。办理协助查询业务时，经办人员应当核实执法定代表人员的工作证件，以及有权机关县团级以上机构签发的协助查询存款通知书。金融机构在协助有权机关办理完查询存款手续后，有权机关要求予以保密的，金融机构应当保守秘密。

有权机关在查询单位存款情况时，只提供被查询单位名称而未提供账号的，金融机构应当根据账户管理档案积极协助查询，若出现查询无此账户的情况，应如实告知有权机关。

二、冻结止付历史查询

冻结止付历史查询是指客户持有效账户到银行对账户进行冻结止付的历史查询，柜员对客户告知的账户进行本业务的办理。该业务用于查询禁止该账户不能办理任何金额的支取类交易（法律、法规另有规定的除外），且该账户在办理账户止付后新入账的金额也不允许查询支取的历史记录。

三、个人账户分户账查询

个人账户分户账查询是指客户持有效账户到银行办理个人账户分户账查询，柜员对客户告知的账户进行本业务的办理。该业务可用于个人账户总体情况的查询，也可以用于内部查询。分户账既是明细核算的主要账簿，也是总账各科目的详细记录。

金融机构协助有权机关查询的资料应仅限于存款资料，包括被查询单位或个人开户、存款情况以及与存款有关的会计凭证、账簿、对账单等。对上述资料，金融机构应当如实提供，有权机关根据需要可以抄录、复制、照相，但不得带走原件。金融机构协助复制存款资料等支付了成本费用的，可以按相关规定收取工本费。

【课堂活动】

有权查询、冻结、扣划单位、个人存款的执法机关有哪些？

模块2 冻结、续冻及解冻业务

一、冻结业务

冻结业务是指金融机构依照法律的规定以及有权机关冻结的要求，在一定时期内禁止单位或个人提取其存款账户内全部或部分存款的行为。冻结是一种临时性的执行措施，只进不出、不进不出、部分冻结等业务都通过此业务办理。办理冻结业务需要执行人持有效证件及相关材料，柜员再根据执行人告知的账号、冻结类型、冻结金额等进行冻结操作。

冻结的期限一般不超过6个月（法院的冻结期限一般为1年，公安及其他有权机关一般情况是6个月，但公安及其他有权机关经过县级以上批准冻结期限也可以延长至1年），有特殊原因需要延长的，应在冻结期满前重新办理冻结手续。逾期未重新办理冻结手续的，视为自动撤销冻结。有权机关要求对已被冻结的存款再行冻结的，金融机构不予办理并应当说明情况。

在冻结期限内，只有在原作出冻结决定的有权机关作出解冻决定并出具解除冻结存款通知书的情况下，金融机构才能对已经冻结的存款予以解冻。

被冻结存款的单位或个人对冻结提出异议的，金融机构应告知其与作出冻结决定的有权机关联系，在存款冻结期限内金融机构不得自行解冻。

办理协助冻结业务时，金融机构经办人员应当核实以下证件和法律文书。

（1）有权机关执法定代表人员的工作证件。

（2）有权机关县团级以上机构签发的协助冻结存款通知书，法律、行政法规规定应当由有权机关主要负责人签字的，应当由主要负责人签字。

（3）人民法院出具的冻结存款裁定书、其他有权机关出具的冻结存款决定书。

（4）经办人员审核有权机关执法定代表人员提交的协助执行通知书，应注意以下内容。

①协助执行通知书应为有权机关县、团级（含）以上机构出具。

②协助冻结存款通知书或协助扣划存款通知书上载明的被申请冻结或扣划存款的单位或个人开户银行名称、户名和账号是否与实际情况一致，大小写金额是否一致。

③协助冻结存款通知书或协助扣划存款通知书上的义务人应与所依据的法律文书上的义务人相同。

④协助冻结存款通知书或协助扣划存款通知书上的冻结或扣划金额应当是确定的。

值得注意的是，经办人员在受理协助冻结前应当首先查询账户状态，对已办理冻结手续的存款，可进行轮候冻结。所谓的轮候冻结是指已被冻结的存款，其他有权机关要求再进行冻结的，可办理轮候冻结。当上一笔冻结（含续冻）失效后，登记的下一笔有效冻结自动生效。但原有权机关仅冻结账户内的部分资金，另一有权机关要求对账户内的剩余未被冻结资金冻结的，可以办理，但金融机构应书面将已冻结情况告知该有权机关。

二、续冻业务

续冻业务是指执行人持有效证件及冻结材料到银行对原冻结账户办理续冻的

业务，柜员根据客户告知的账号、冻结类型、冻结金额、权力机关证件、执行人证件办理本业务。冻结单位或个人存款及其他资金的期限一般不得超过6个月（法律、法规、司法解释另有规定的除外），可以直接续冻且当天生效，也可以在办理续冻手续时选择在原冻结日生效。有权机关应在冻结期满前办理续冻手续，每次续冻的期限不得超过 6 个月。其中，人民法院在民事执行中对被执行人存款及其他资金办理续冻的，续冻期限不得超过 3 个月（法律、法规、司法解释另有规定的除外）。

公安机关在办理刑事案件过程中，对重大、复杂案件，经设区的市一级以上公安机关负责人批准，冻结单位或个人存款及其他资金的期限可以为 1 年。需要延长期限的，应当按照原批准权限和程序，在冻结期满前办理续冻。续冻也是由原冻结机关出具续冻通知书办理，是对原冻结到期日进行修改，不改变冻结编号及冻结金额，每次冻结期限最长不超过 1 年。逾期未办理续冻手续的，视为自动解除冻结措施。

三、解冻业务

解冻业务是指执行人持有效账户到银行办理解冻业务，柜员根据执行人告知的账号、原冻结序号、解冻通知书号、执行人证件办理本业务。在冻结期限内，只有在原冻结机关作出解冻决定并出具解冻存款通知书的情况下，金融机构才能对已经冻结的存款予以解冻。

在办理解冻业务时，分行主管部门经办人员应注意核实该有权机关是否为原作出冻结决定的有权机关以及其是否出具了解除冻结存款通知书。

【课堂活动】

在办理协助冻结业务时，金融机构经办人员应当核实哪些信息？

模块 3 账户止付、扣划业务

一、账户止付

账户止付是指商业银行按照人民银行的有关规定以及营业网点因业务或管理

需要，对个人活期或定期存款、单位活期或定期存款、内部账户进行控制，暂停支付部分或全部资金的业务。

（一）账户止付分类

银行账户止付可分为中止止付、全部止付和部分止付。

（1）中止止付是指在止付有效期内，账户不能发生收款和付款业务。

（2）全部止付是指该账户不能办理任何金额的支取类交易（法律、法规另有规定的除外），在止付有效期内账户可以办理资金存入，但该账户新入账的金额不允许被用来支付。

（3）部分止付是指对账户的部分或全部资金进行控制，已被控制的资金在止付有效期内不能办理资金支付业务，但该账户在可用余额范围内允许办理资金支付和转出业务。

（二）止付期限

止付期限可分为指定到期日和不指定到期日。

（1）指定到期日是指到期日日终，系统自动解除止付。

（2）不指定到期日是指执行止付后，止付一直有效，直到通过人工方式办理解除止付为止。

（三）办理账户止付条件

办理账户止付条件包括以下几点。

（1）存款人挂失、查询止付。

（2）存款人要求开具时段存款证明书。

（3）办理其他相关业务，按照相关规定对账户止付。

（4）在发生交易差错或差错金额不明等储蓄机构认为必要的其他情况下，对相关账户止付。

二、解除账户止付

解除账户止付是指柜员根据客户告知的账号、止付序号、原业务类型等对已止付的账户进行解除。若止付账户有止付期限，则止付期满后自动解除。

三、止付扣划

止付扣划是指对已止付的账户进行业务扣划、质押扣划、贷款扣划等业务。扣划时可选择本金扣划、本息扣划，以及根据客户需求输入扣划金额。

四、协助司法扣划

协助司法扣划是指银行协助有权机关将单位或个人存款账户内的全部或部分存款资金划拨到指定账户上的行为。执行人须持有效证件及冻结材料到银行办理司法扣划，柜员根据执行人告知的账户办理本业务。此业务可对账户进行强制扣划、冻结扣划。扣划时可选择本金扣划、本息扣划。

办理协助扣划业务时，分行主管部门经办人员应当核实以下证件和法律文书。

（1）有权机关执法定代表人员的工作证件。

（2）有权机关县、团级（含）以上机构签发的协助扣划存款通知书，法律、行政法规有规定应当由有权机关主要负责人签字的，需由主要负责人签字。

（3）有关生效法律文书或行政机关的有关决定书。

经办人员除对上述资料的真实性、完整性、合规性进行审查外，还应确认该有权机关是否具有扣划相关存款的权力。如发现缺少应附的法律文书以及法律文书有关内容与协助扣划存款通知书的内容不符，应向有权机关执法定代表人说明原因，并退回协助扣划存款通知书或所附的法律文书。有权机关对个人存款户不能提供账号的，应当要求有权机关提供该个人的居民身份证号码或其他足以确定该个人存款账户的资料。

营业机构协助扣划时，应当将扣划的存款直接划入有权机关指定的账户。有权机关要求提取现金的，营业机构不予协助。

银行在强制扣划资金的情况下，扣划金额不得大于指定冻结编号下的冻结资金，且强制扣划时不得造成账户透支。同一账户存在多笔冻结的情况时，营业机构应将账户冻结情况上报分行主管部门，经主管部门审批同意后方可办理扣划。

账户状态止付是支付人发出的停止支付。这是银行为加强管理、保证安全、防止伪卡及遗失卡被冒用以及丢失票据造成损失和不良影响而采取的一种防范措施。同时这也是应持卡人要求止付主卡或附属卡，减少持卡人损失和风险的重要环节。

【课堂活动】

请学生分组讨论账户止付、扣划业务的风险点。

模拟仿真实训 1　账户止付

一、任务说明

客户韩某某先生于 2021 年 4 月 21 日前来我行办理借记卡存款业务，我行柜员方某某在为韩先生办理业务时，由于计算错误，不慎为韩先生多存入 198 元，现差错柜员在当天下午申请办理止付。

（1）客户相关信息。

客户姓名：韩某某。

证件类型：居民身份证。

证件号码：45022219931010****。

联系方式：1342961****。

客户账号：81000000001105****。

（2）差错柜员相关信息。

柜员姓名：方某某。

证件类型：居民身份证。

证件号码：45022219850421****。

联系方式：1385002****。

止付通知书号：差错柜员申请止付。

申请止付单位填写格式：止付申请人姓名（证件号码）。例如，张某某（证件号码：45022219661111****）。

摘要：差错柜员方某某申请止付。

二、厅堂服务操作流程

模拟实训

接待客户→质询回答问题→在叫号机上选择“取号类型”为“个人业务号”并将取号号码递给客户→引导客户至等候服务区，等候柜面业务办理。

三、柜面业务操作流程

接待客户→收取资料（客户身份证、银行卡）→身份证核查→打印核查结果→柜员填单（授权申请书、止付通知书）。

四、业务处理

（1）根据任务说明，单击“核心系统”→“冻结业务”→“账户止付”，进入对应业务操作页面，并依据任务说明及重要提示信息填写页面信息（以下步骤默认为执行快查），如图 7–1 所示。

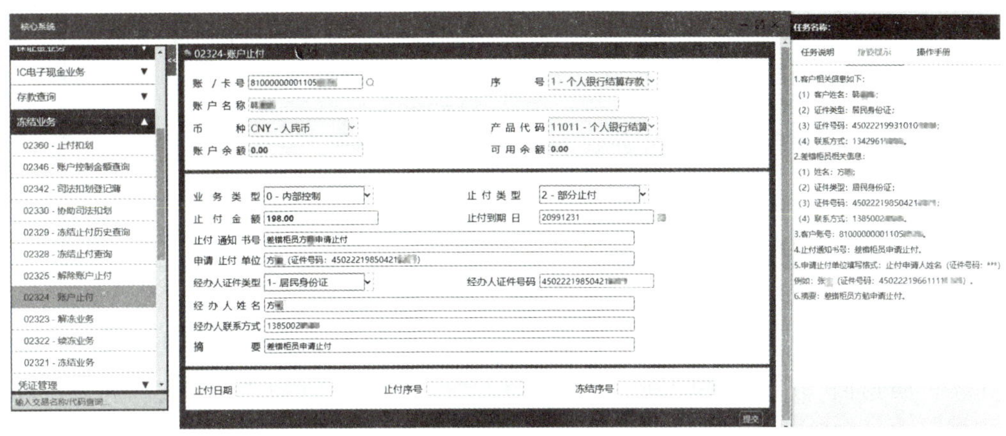

图 7–1 核心系统——账户止付

根据任务说明“我行柜员方某某在为韩先生办理业务时，由于计算错误，不慎为韩先生多存入 198 元”及企业相关信息，输入“账 / 卡号”为“81000000001105****”，执行快查后返显“序号”“账户名称”“币种”“产品代码”，选择“业务类型”为“0– 内部控制”，选择“止付类型”为“2– 部分止付”，输入“止付金额”为“198.00”，输入“止付通知书号”为“差错柜员方某某申请止付”，输入“申请止付单位”为“方某某（证件号码：45022219850421****）”，选择“经办人证件类型”为“1– 居民身份证”，输入“经办人证件号码”为“45022219850421****”，输入“经办人姓名”为“方某某”，输入“经办人联系方式”为“1385002****”，输入“摘要”为“差错柜员方某某申请止付”。

（2）信息录入完毕后，单击“提交”按钮，弹出集中授权申请页面，因本任务为账户止付业务，必须进行集中授权申请，故勾选“授权申请书”“现场审核”，如图 7–2 所示。

010001-集中授权申请

授权代码 6B6151		授权级别 C5-五级	
申请交易		中心电话	
客户头像	☐	协议	☐
本人身份证原件正面	☐	开户人身份证原件正面	☐
本人身份证原件反面	☐	开户人身份证原件反面	☐
本人身份核查结果	☐	开户人身份核查结果	☐
介质	☐	转出介质	☐
新开介质	☐	执行人两人（含）以上执行公务证	☐
原交易凭证	☐	执行人两人（含）以上工作证	☐
授权申请书	☑	裁定书	☐
现场审核	☑	通知书	☐
扣划申请书	☐	单位现金存款业务凭证	☐
授权委托书	☐	介质及新介质	☐
经办人身份证原件正面	☐	客户身份证原件正面	☐
经办人身份证原件反面	☐	客户身份证原件反面	☐
经办人身份核查结果	☐	客户身份核查结果	☐
交易凭证	☐	开户证明文件	☐
单位负责人及经办人身份证原件正面	☐	开户申请书	☐

图 7-2 核心系统——集中授权申请

（3）单击授权页面“提交”按钮，页面提示“提交成功”，单击“确定”按钮，页面返回“账户止付”页面，并提示“提交成功”，单击“确定”按钮，页面弹出交易打印页，勾选“通用业务凭证”，单击“打印”按钮，打印相关凭证，如图 7-3 所示。

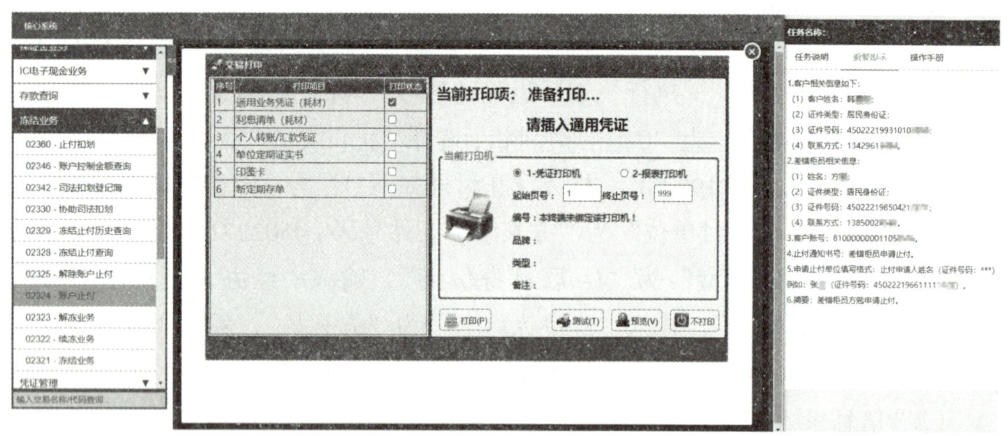

图 7-3 账户止付——交易打印

（4）打印通用凭证并交与客户签名后，柜员盖章并签字。一般业务申请书应盖银行公章和柜员私章；客户身份证联网核查结果盖附件章；通用业务凭证需盖银行公章和柜员私章，盖章后还需客户签字。最后将客户身份证、银行卡通用凭证返还客户，柜员起立送别客户。客户到达厅堂时，大堂经理再次送别客户。

模拟仿真实训 2 解除账户止付

一、任务说明

由于我行柜员在为客户韩先生办理存款业务时出差错，在已申请账户止付的情况下，差错柜员联系到客户，客户于 2021 年 4 月 25 日携带银行卡前来归还差错资金，现差错柜员申请解除客户账户止付。

（1）客户相关信息。

客户姓名：韩某某。

证件类型：居民身份证。

证件号码：45022219931010****。

联系方式：1342961****。

客户账号：81000000001105****。

（2）差错柜员相关信息。

柜员姓名：方某某。

证件类型：居民身份证。

证件号码：45022219850421****。

联系方式：1385002****。

解除止付通知书号：差错柜员申请解除止付。

解除止付单位格式：姓名（证件号码）。例如，张某某（证件号码：45022219661111****）。

摘要：差错柜员方某某申请解除止付。

二、厅堂服务操作流程

模拟实训 1

接待客户→质询回答问题→在叫号机上选择“取号类型”为“个人业务号”并将取号号码递给客户→引导客户至填单台填写一般业务申请书→递交大堂经理进行单据审核→引导客户至等候服务区，等候柜面业务办理。

三、柜面业务操作流程

模拟实训 2

接待客户→收取资料（客户身份证、银行卡）→身份证核查→打印核查结果→柜员填单（授权申请书、解付止付通知书）。

四、业务处理

（1）根据任务说明，单击“核心系统”→“冻结业务”→“解除账户止付”，进入对应业务操作页面，并依据任务说明填写页面信息（以下步骤默认为执行快查），如图 7–4 所示。

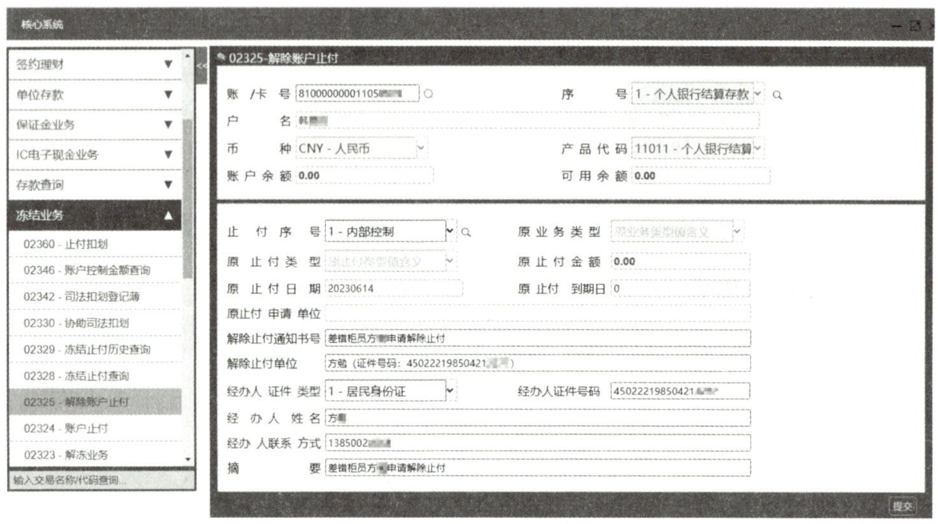

图 7–4　核心系统——解除账户止付

（2）根据客户相关信息，输入“账 / 卡号”为“81000000001105****”，选择“止付序号”为“1– 内部控制”，输入“解除止付通知书号”为“差错柜员方某某申请解除止付”，根据差错柜员相关信息，输入“解除止付单位”为“方某某（证件号码：45022219850421****）”，选择“经办人证件类型”为“1– 居民身份证”，输入“经办人证件号码”为“45022219850421****”，输入“经办人姓名”为“方某某”，“经办人联系方式”为“1385002****”，“摘要”为“差错柜员方某某申请解除止付”。

（3）页面信息输入完毕后，单击页面下方“提交”按钮，完成解除账户止付录入操作，并进入至集中授权申请页面，勾选“授权申请书”“现场审核”，如图 7–5 所示。单击“提交”按钮完成授权申请。

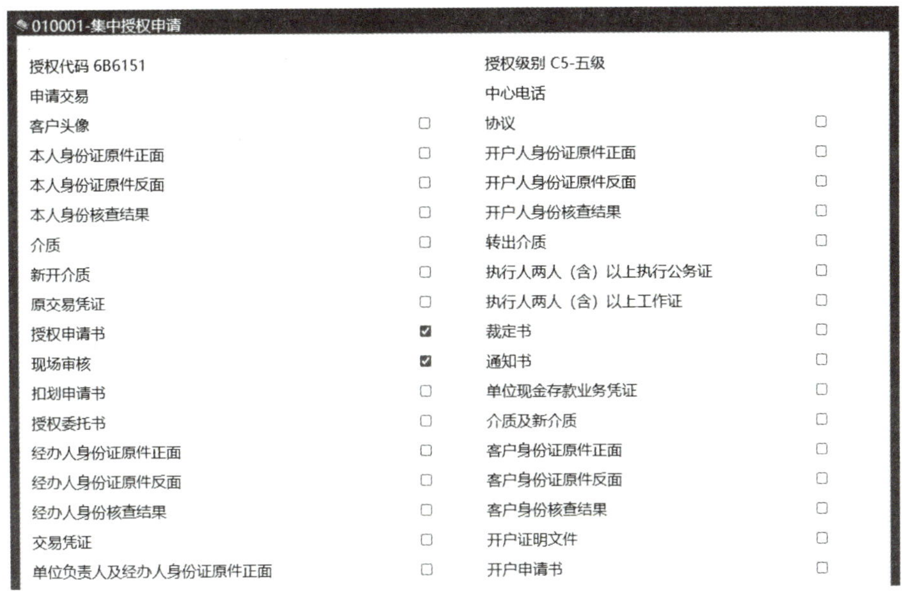

图 7-5　交易打印

（4）授权成功后，页面弹出交易打印提示，如图 7-6 所示。勾选“通用业务凭证”，单击“打印”按钮，打印通用业务凭证，打印完毕后，将通用凭证交与客户签名，完成本任务所有操作。

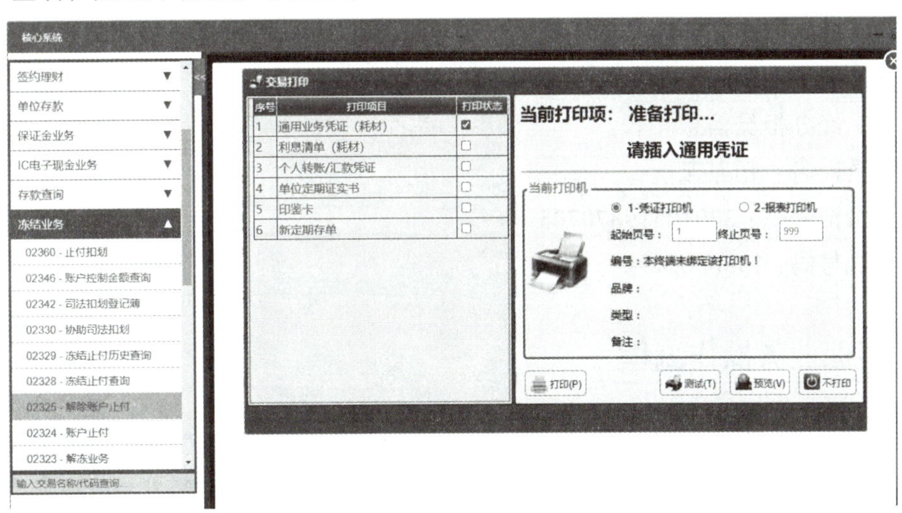

图 7-6　解除账户止付——交易打印

（5）打印通用凭证并交与客户签名后，柜员盖章并签字。一般业务申请书应盖银行公章和柜员私章；客户身份证联网核查结果盖附件章；通用业务凭证需盖银行公章和柜员私章，盖章后还需客户签字。最后将客户身份证、银行卡以及通用凭证返还客户，柜员起立送别客户。客户到达厅堂时，大堂经理再次送别客户。

模拟仿真实训 3　止付扣划

一、任务说明

2021 年 3 月 20 日，原经办柜员伍某某操作失误导致错账，根据业务处理规则，营业部现对客户施先生名下的账户已做止付，并对序号为 1 的账户进行业务扣划，将该账户下的错账 37 500 元扣划至其他应付款账户，并选择不解除，摘要为“施某某错账扣划”。

（1）客户相关信息。

客户银行卡号：621779000100000****。

其他应付款账号：22000012241999900040****。

身份证号码：36232519890523****。

手机号码：1362598****。

（2）扣划凭证为内部凭证。

内部凭证号码：000031554****。

（3）转入账户凭证为其他凭证。

其他凭证号码：000000001****。

（4）经办柜员信息。

柜员姓名：伍某某。

身份证号码：32010519870705****。

手机号码：1386502****。

二、柜面业务操作流程

接待客户→收取资料（客户身份证、银行卡）→身份证核查→打印核查结果→柜员填单（授权申请书）。

模拟实训

三、业务处理

（1）根据任务说明，单击“核心系统”→“冻结业务”→“止付扣划”，进入对应业务操作页面，并依据任务说明填写页面信息（以下步骤默认为执行快查），如图 7–7 所示。

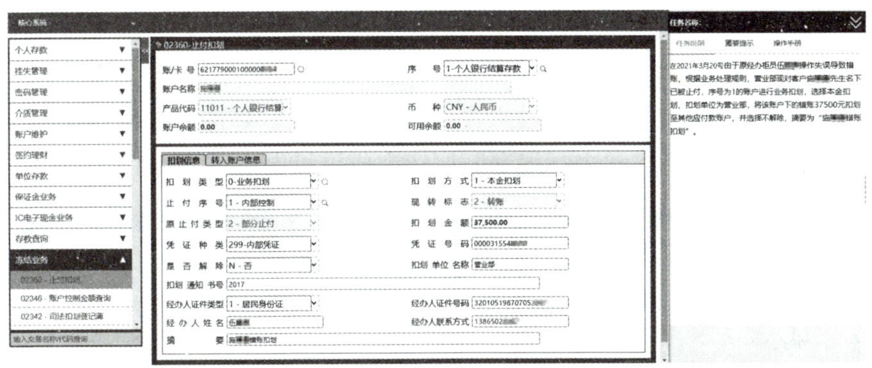

图 7-7 核心系统——止付扣划

（2）根据客户相关信息，输入“账 / 卡号”为“621779000100000****”，选择“序号”为“1- 个人银行结算存款”。

（3）在“扣划信息”页签中，根据任务说明“进行业务扣划，本金扣划业务”，选择“扣划类型”为“0- 业务扣划”，“扣划方式”为“1- 本金扣划”，选择“止付序号”为“1- 内部控制”。

（4）根据任务说明“将该账户下的错账 37 500 元扣划至其他应付款账户，并选择不解除，摘要为‘施某某错账扣划’”，输入“扣划金额”为“37 500.00”，根据客户相关信息，选择“凭证种类”为“299- 内部凭证”，输入“凭证号码”为“000031554****”，选择“是否解除”为“N- 否”，输入“扣划单位名称”为“营业部”。

（5）根据经办柜员信息，选择“经办人证件类型”为“1- 居民身份证”，输入“经办人证件号码”为“32010519870705****”，“经办人姓名”为“伍某某”，输入“经办人联系方式”为“1386502****”，根据任务说明，输入“摘要”为“施某某错账扣划”。

（6）扣划信息输入完毕后，单击“转入账户信息”页签，输入“转入账号”为“2200001224199990004****”，选择“凭证种类”为“299- 其他凭证”，输入“凭证号码”为“000000001****”，如图 7–8 所示。

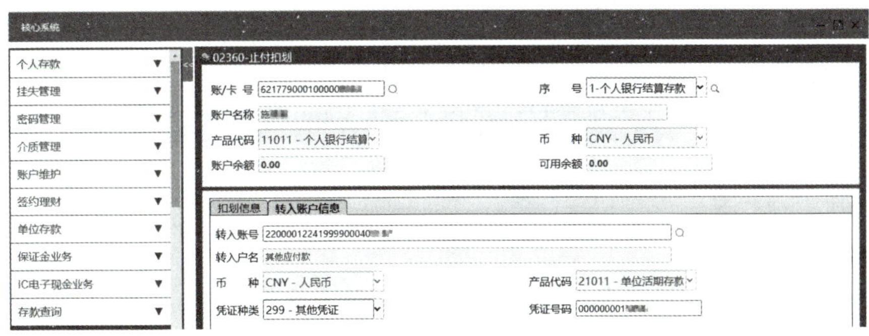

图 7–8 止付扣划——转入账户信息

（7）页面信息填写完毕后，单击页面下方“提交”按钮，完成止付扣划所有录入项。

（8）成功提交录入信息后，进入集中授权申请页，如图 7–9 所示。勾选“授权申请书”“现场审核”，单击“提交”按钮完成授权申请。

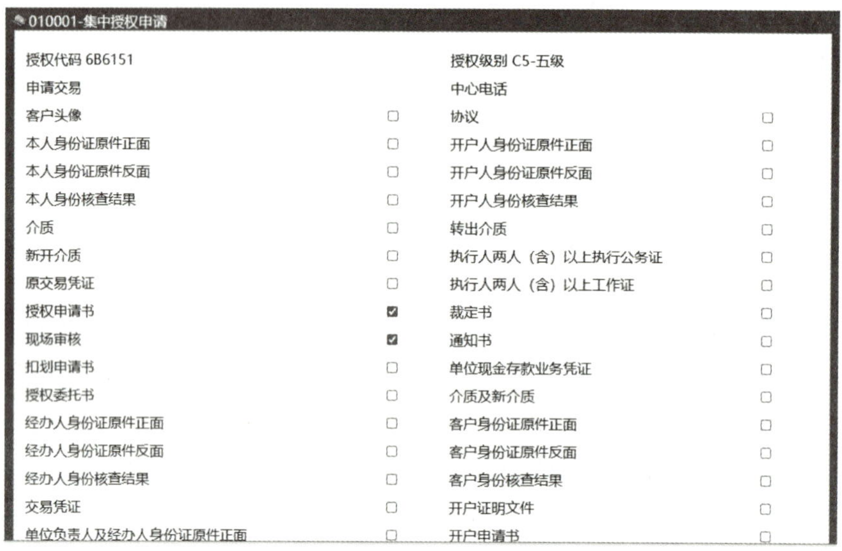

图 7–9　止付扣划——集中授权申请

（9）页面弹出交易打印提示，如图 7–10 所示。勾选“通用业务凭证（耗材）”后单击打印。

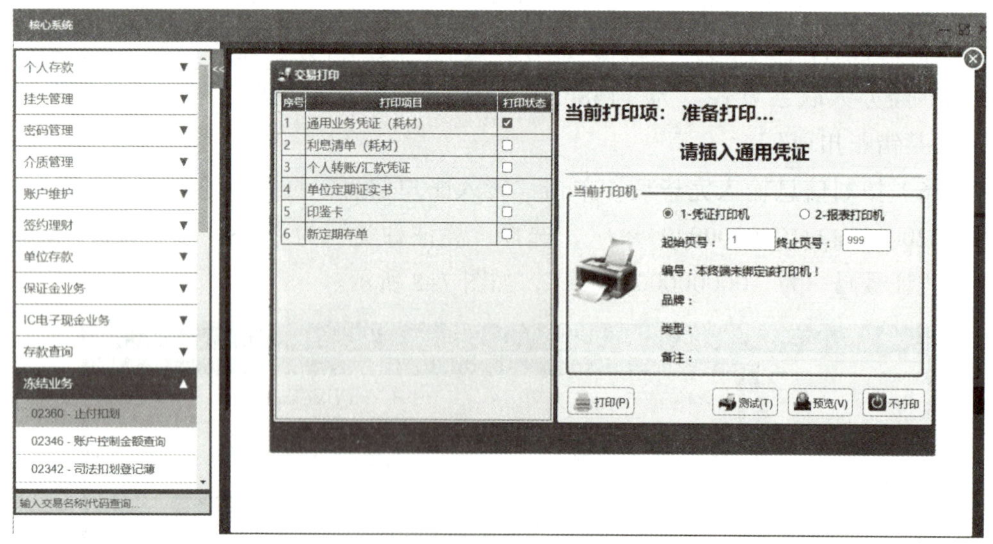

图 7–10　止付扣划——交易打印

（10）打印通用凭证并交与客户签名后，柜员盖章并签字。一般业务申请书应盖银行公章和柜员私章；客户身份证联网核查结果盖附件章；通用业务凭证需盖银行公章和柜员私章，盖章后还需客户签字。最后将客户身份证、银行卡以及通用凭证返还客户，柜员起立送别客户。客户到达厅堂时，大堂经理再次送别客户。

小贴士

扣划行为在法律上称之为行使抵销权的行为，这种行为是有明确的法律依据的。根据《中华人民共和国民法典》第五百六十八条的规定：当事人互负债务，该债务的标的物种类、品质相同的，任何一方可以将自己的债务与对方的到期债务抵销；但是，根据债务性质、按照当事人约定或者依照法律规定不得抵销的除外。

知识巩固练习

一、不定项选择题

1. 金融机构协助查询、冻结和扣划工作应当遵循依法合规、不损害客户合法权益的原则，并且应当依法做好协助工作，建立健全有关规章制度，切实加强协助（　　）的管理工作。

A. 查询　　B. 冻结　　C. 扣划　　D. 委托

2. 有权机关是指依照法律、行政法规的明确规定，有权查询、冻结、扣划单位或个人在金融机构存款的司法机关、行政机关、军事机关及行使行政职能的事业单位。下列属于有权机关的是（　　）。

A. 税务机关　　B. 人民检察院　　C. 证券监管机关　　D. 审计机关

3. 办理冻结业务需要执行人持有效证件及相关材料，柜员再按照执行人告知的（　　）等进行冻结。

A. 账号　　B. 冻结类型　　C. 冻结金额

4. 公安机关在办理刑事案件过程中，对重大、复杂案件，经设区的市一级以上公安机关负责人批准，冻结单位或个人存款及其他资金的期限为（　　）。

A. 一年　　B. 二年　　C. 六个月　　D. 三年

5. 止付扣划是指对已做止付的账户进行（　　）。扣划时可选择本金扣划、本息扣划，以及根据客户需求输入扣划金额。

A. 业务扣划　　B. 质押扣划　　C. 贷款扣划

二、判断题

1. 办理解冻业务时，分行主管部门经办人员应注意核实该有权机关是否为原作出冻结决定的有权机关以及是否出具了解除冻结存款通知书。（　　）

2. 协助查询、冻结、扣划是指依法经营存款业务的金融机构（含外资金融机构），包括政策性银行、商业银行、城市和农村信用合作社、财务公司、邮政储蓄机构等依法协助有权机关查询、冻结、扣划单位或个人在金融机构存款的行为。（　　）

3. 协助查询是金融机构依照有关法律或行政法规的规定以及有权机关查询的要求，将单位或个人存款的金额、币种以及其他存款信息告知有权机关。（　　）

4. 冻结止付历史查询是指客户持有效账户到银行对账户进行冻结止付的历史查询，柜员按照客户告知的账户执行本交易。（　　）

5. 金融机构协助复制存款资料等支付了成本费用的，可以按相关规定收取工本费。（　　）

三、思考题

1. 简述协助查询的含义。

2. 解释冻结、续冻以及解冻业务的含义。

3. 简述账户止付的分类。

项目八　代理业务

知识目标

1. 了解电费代理业务基础知识。
2. 掌握电费签约的相关规定。
3. 掌握电费签约管理综合业务操作流程及要点。
4. 了解电费查询客户欠费与电费代收客户欠费之间的关联。
5. 掌握电费查询客户欠费与电费代收客户欠费的操作及要点。
6. 了解代理国债、基金、保险业务。

技能目标

1. 熟悉电费签约管理、电费查询/代收客户欠费等交易。
2. 根据操作流程与要点能熟练地为客户办理电费签约业务。
3. 大堂经理与柜员能根据服务礼仪要求接待客户，并为客户办理此项业务。
4. 熟悉电费客户欠费综合业务的操作流程。
5. 熟悉代理理财业务。

素质目标

培养从业者信守承诺、讲求信誉和诚实守信的道德操守。

模块1　代理业务

思政园地

爱岗敬业、热情服务

某银行来了一位取大额现金的客户，在叫到她号的时候，柜员张某站起来亲切地跟她问好："您好，请问您要办理什么业务？"客户说要从存折中取10万元现金，并将剩下的5万元存入客户的一张卡中，张某说："好的，您请稍等。"打开客户存折后发现，客户的定期存款还没到期，于是张某细心提醒："您的存款还没到期，现在取会损失不少利息，您确定要取吗？"在取得客户点头同意后张某便为其办理业务，办理完成后，张某把10万元现金、卡、存折以及回单整理妥善后交给客户，并提醒客户："请务必保管好您的现金，您可以向大堂经理索取一个袋子放钱，请慢走，欢迎下次再来。"最终客户笑着离开的时候说了一句："在你们银行办业务真的很舒服。"

学习贯彻党的二十大精神为动力，不忘为民初心，牢记金融使命，扑下身子，真抓实干，踔厉奋发，助力实体经济发展，为建设中国式现代化贡献金融力量。

（资料来源：编者根据相关内容整理改写）

一、代理业务概述

（一）代理业务的含义及作用

代理业务是指商业银行接受客户的委托，代为办理客户指定的经济事务，提供金融服务并收取一定费用的业务。代理业务是典型的中间业务。银行充分利用自身的信誉、技能、信息等资源代客户行使监督管理权、提供各项金融服务。目前，私人银行业务日益成为我国商业银行拓展中间业务的竞争核心项目。

代理业务具有为客户服务的性质，是代理人和被代理人之间产生的一种契约关系和法律行为，明确代理的内容、范围、对象、时间、方式和费用，以及双方的权利、义务等。同时，应贯彻"先收后付，先存后支，不予垫款"的原则。商业银行在办理代理业务过程中，不使用自己的资产，主要发挥财务管理职能和信用服务职能。

代理业务的作用主要体现在以下几个方面。

（1）增加银行的盈利。

（2）促进银行间的竞争。

（3）促进银行资产负债业务的发展。

（二）代理业务的种类

代理业务中应用范围最广的就是代收代付业务，此类业务几乎涉及社会生活的家家户户。代收代付业务是指商业银行利用自身结算的便利，接受客户的委托代为办理指定款项收付的业务。如代发工资业务、代扣住房按揭消费贷款还款业务、代收交通违章罚款等。

代收代付业务的种类繁多，涉及范围广泛。归纳起来其可以分为两大类，一是代缴费业务，就是银行代理收费单位向其用户收取费用的一种转账结算业务，如代收电话费、保险费、交通违章罚款、养路费等。二是代发薪资业务，即银行受国家机关、行政事业单位及企业的委托，通过其在银行开立的活期储蓄账户，直接向职工发放工资的业务。

银行代发工资是通过代付业务的中间账户（银行的内部账户）进行的，委托单位必须按照银行指定的工资表格式制作工资盘，然后开具转账支票、批量业务数据提交表，填一份进账单将代发工资总额转入银行的代付账户中，银行人员通过系统返盘数据核对批量数据提交表金额、笔数是否相符，相符的话，表示代发成功；如遇个别客户账户已销户的，系统不能处理，就会显示交易不成功的笔数、金额。

银行代发薪资，对企业的好处是：①减少了到银行领取现金进行复点的环节；②减少财务人员因分发工资而产生的差错；③减轻保管工资的负担。其对企业主的好处是：银行流水可以用来办理大额信用卡和贷款。其对企业员工的好处是：减少对现金的保管，降低现金的丢失和损坏率。

（三）代理业务的意义

代理业务的意义主要有以下三点。

一是代理业务的发展是社会分工深化的必然趋势。若所有企业都按照社会分工的原则，把要委托代理的业务均委托给银行，其规模经济的效应不但能使其平均经营成本下降，而且能避免社会劳动的大量重复和消耗，这对提高企业经济效益和整个社会的经济效益显然具有巨大的推动作用。

二是代理业务对稳定经济秩序、促进单位和个人行为的规范化，也有其积极作用。

三是开办代理业务能充分发挥商业银行电子化程度高、资金实力强、人员素质好、业务网点多的资源优势，从而能在不改变银行资产负债规模的条件下获得更多的利润，成为银行新的效益增长点。

代理业务作为新兴业务，在银行竞争中的地位越来越重要。目前，银行开展的代理业务主要有代理收付款业务、代理保管业务、代理银行卡存取款业务，但目前我国银行实行的是分业经营，要想与国际上流行的混业经营相竞争，就应大力发展相关行业的代理业务，为今后实现混业经营奠定基础，是必然的趋势。

二、代理业务管理

代理业务管理是指银行充分利用自身优势，接受客户委托，代为办理客户指定的经济事务，提供金融服务。为规范业务的办理以及资源的整合，需要对代理业务进行管理，防范风险。银行的代理业务管理包括委托单位签约管理、代理文件上传、代理数据核查校检、代理数据入账、批量配介质、批量配介质解除锁定和表外补打、介质激活。

（一）委托单位签约管理

委托单位签约管理是指柜员根据委托单位提供的有效的协议号或单位账号，对其进行代发代扣单位签约管理业务的操作。

（二）代理文件上传

代理文件上传是指柜员根据客户提供的批量业务记录文档，将文件上传到服务器的操作。批量业务记录文档记录的信息包括协议号、总笔数、总金额等。

（三）代理数据核查校验

代理数据核查校验是指柜员根据客户提供的有效的协议号进行账户检验和开户身份核查的操作。

（四）代理数据入账

代理数据入账是指柜员根据客户提供的批次号办理代发、代扣、批量开户等业务数据入账的业务。

（五）批量配介质

批量配介质是指柜员根据客户提供的批次号办理批量配卡和配折 / 单的业务。其优点在于减轻了银行柜面的工作压力。

（六）批量配介质解除锁定

批量配介质解除锁定是指未进行解锁介质的柜员根据客户提供的有效批次号

办理介质锁定解除。

（七）批量配介质表外补打

批量配介质表外补打是指柜员根据客户提供的有效批次号和介质为其办理批量业务的票据补打。

（八）介质激活

介质激活是指柜员根据客户提供的账号/卡号以及证件号码为其办理代发代扣业务的介质激活。

银行账户介质是指能够证明、记录、核实账户内容的实体物，如借记卡、定期存单、活期存折、定期存折等能够证明账户内容的证据。

三、代理业务查询

（一）代理业务处理信息查询

代理业务处理信息查询是指柜员根据客户提供的批次号信息查询代理业务处理进度的信息。本业务只用于查询代发、代扣、批量开户和批量配卡结果查询。

（二）汇总信息查询及打印

汇总信息查询及打印是指柜员根据客户提供的批次号为其查询代理业务汇总信息并打印相关信息。本业务只用于查询代发、代扣和批量开户的汇总信息。

（三）代发代扣明细查询

代发代扣明细查询是指柜员根据客户提供的相关信息，办理代发代扣业务明细信息查询。

（四）批量开户明细查询

批量开户明细查询是指柜员根据客户提供的相关信息办理批量开户业务的明细信息查询。

四、代理缴费概述

代理缴费业务是指银行与代理业务单位签订相关协议，又与客户建立相应的委托支付关系，根据委托单位提供的代收清单，代理客户缴交某项费用，并将款项划转委托单位的一种服务方式。

代理缴费主要涉及通信、物业管理、社会保障、税费、交通、行政事业等九大业务，近100个品种。常见的业务有：水费代理、电费代理、交通罚款、电子银行服务费等。本模块将重点讲述代理缴费业务中的电费代理业务。

五、电费代理业务概述

电费代理业务是供电公司与多家银行合作推出的一种银行存折（卡）代扣电费的业务。每月电费自动从客户指定的银行账户上代扣，适用于供电公司“一户一表”居民客户。这是一种安全、高效、方便的现代化缴费方式，是国内外大多城市普遍采用的一种缴费方式。

电费代理业务的特点是客户交费不受地域限制，可到任一指定银行的储蓄网点预交费，而供电企业又能实时掌握客户交费信息。

对客户来说，开通电费代理业务主要有以下几点好处。

一是省心。使用电费代理服务，客户不用前往营业窗口缴费，避免了在缴费高峰期排队等待。每月电费结算完成后，银行将自动直接从账户上划扣应交电费。

二是安心。客户不用担心欠费停电，只要账户上有满足当月缴费的足够金额，到时间银行就自动扣款。

三是放心。通过银行短信服务或银行热线电话，容易查询核对电费清单，让客户感到十分放心。与此同时，其也减轻了供电公司及银行营业窗口的收费压力及减少了电费找零程序，且有利于杜绝电费资金风险，提高居民电费资金回收的及时率。这不失为一项企业与客户“双赢”的好做法。

六、电费代理相关业务

（一）电费签约管理

电费签约管理是指客户携带有效身份证件、银行存折（卡）及客户号（即客户用电编号）前往与供电公司合作的银行，办理电费代理签约、修改或解约。

（1）签约，即客户与银行签订电费代收协议，银行录入客户账户等信息，签约过的账号会定期自动缴费。

（2）修改，即客户到银行要求修改录入的相关信息，如更换缴费账户等。

（3）解约，即客户与银行解除电费代收协议。

（二）电费查询客户欠费

电费查询客户欠费交易是指客户到银行通过客户号查询相关电费欠费信息。若客户欠费，系统将显示欠费金额、违约金等信息。

（三）电费代收客户欠费

电费代收客户欠费是指银行代收客户所欠电费，客户可选择现金或非现金缴纳所欠电费。若客户欠费，系统将联动电费代收客户欠费交易。

（四）电费存入预付款

电费存入预付款是指客户到银行提前存入电费预付款项。

（五）新电费缴费明细查询

新电费缴费明细查询是指客户到银行根据交易流水号对电费交易明细进行查询。银行代收电费是科技迅速发展的成果，银行代收电费不仅可以方便人们的生活，甚至给企业和国家带来巨大的利益，提高了缴费效率。银行要始终本着方便居民缴费和方便电力企业回收的原则，认真地为人民服务。同时银行应不断提高服务质量，保障缴费数据的安全、稳定，让客户能够更加方便、简单、快捷地缴费，落实安全、文明缴费。

【课堂活动】

1. 查阅《商业银行中间业务暂行规定》。
2. 学生分组练习办理代收自来水费、电费等业务。

模块 2　代理理财业务

一、银行代理服务类业务的概念

银行代理服务类业务（以下简称“代理业务”），是指银行在其渠道代理其他企业、机构办理的、不构成商业银行表内资产负债业务、给商业银行带来非利息收入的业务。

二、银行代理理财产品销售基本原则

（一）适当性原则

在销售代理理财产品时，要综合考虑客户所处的生命周期阶段以及风险承受能力、投资目标、投资期限长短、产品流动性等因素，为客户推荐合适的产品。适当性原则的基本要求是要有合适的产品、合适的客户、合适的网点、合适的销售人员。

（二）客观性原则

在向客户推荐理财产品时，银行从业人员应客观地向客户说明产品的各种要素及风险，让客户在购买产品前，充分了解产品的类型、特点、购买方式、投资方向、投资风险、历史业绩等情况。

（三）避免利益冲突原则

银行在代销理财产品时，应避免与客户发生利益冲突，尽职调查、产品筛选和产品销售之间应相互独立，同时避免银行与产品委托人以及银行与客户之间的利益冲突。

三、基金

（一）基金的概念和特点

证券投资基金简称基金，是一种利益共享、风险共担的集合投资方式，它是通过发行投资基金单位，集中投资者的资金，由投资基金托管人托管，由投资基金管理人对资金进行统一管理和运用，从事股票、债券等金融工具的投资，并将投资收益按基金投资者的投资份额进行分配的一种间接投资方式。

基金具有以下几个特征。

1. 集合理财、专业管理

基金将众多的投资者的资金——主要是中小投资者的小额资金汇集为一个整体，形成规模巨大的资金，这样就可以分散投资于数十种甚至数百种有价证券。投资基金是间接投资，投资基金就等同于聘请了专业的投资专家，委托具有丰富的证券投资知识和经验的专家来经营管理。这样可以节约交易成本，提高投资收益。投资者付出合理的价钱便可以享有专业的投资管理服务。

2. 组合投资、分散投资

投资基金把大量大小不一的资金汇集在一起，通过投资组合来降低投资风险。有投资经验的人一定听说过这样一句话：“不要把所有的鸡蛋放在一个篮子里。”意思就是避免该投资品种突发损失导致的巨大损失。多元化投资是投资运作的一个重要策略，但是要实现投资资产的多元化，需要一定的资金实力，对小额投资者而言，由于资金有限，很难做到这一点。而投资基金可以凭借其汇集而来的巨额资金，分别投资于各类证券品种或其他项目，实现资产组合的多元化，真正做到分散风险，提高投资的安全性和收益性。

3. 利益共享、风险共担

利益共享是指基金投资者是基金的所有者，基金的投资收益在扣除由基金承担的费用后，盈余全部归基金投资者所有，并根据投资者持有的基金份额进行分配。风险共担是指基金管理人一般不承担投资损失，由基金投资者根据持有的基金份额比例承担投资风险。

4. 严格监管、信息透明

为切实保护投资者的利益，增强投资者对证券投资基金的信心，各国（地区）基金监管机构都对基金业实行严格监管，对各种有损于投资者利益的行为进行严厉打击，并强制基金进行及时、准确、充分的信息披露。

5. 独立托管、保障安全

基金财产是独立于基金管理人、基金托管人的公司自由的财产。基金管理人负责基金的投资运作，基金托管人负责基金的保管，二者相互监督、相互制约，形成相互制衡的关系，这为保证投资者的利益提供了制度保障。

（二）基金的分类

按照基金份额是否可赎回和基金规模是否固定可将基金分为开放式基金和封闭式基金。

按照投资对象不同，基金可以分为股票型基金、债券型基金、混合型基金、货币市场基金。其中股票型基金以股票为主要投资对象，股票投资比重不得低于60%，具有高风险、高收益特征；债券型基金则是以各类债券为主要投资对象。债券投资比重不得低于80%，具有较低风险、较低收益的特征；混合型基金同时以股票、债券为主要投资对象，通过不同资产类别的配置投资，实现风险和收益上的平衡；货币市场基金以货币市场工具为投资对象，具有低风险、低收益、高流动性的特征。

依据投资目标的不同，基金可分为成长型基金、收入（收益）型基金和平衡型基金。

依据投资理念不同，基金可以分为主动型基金和被动型基金。主动型基金是通过主动管理，力求取得超越基金组合表现的基金；被动型基金一般不主动寻求超越市场的表现，一般选取特定指数作为跟踪对象，以复制跟踪对象的表现，因此，被动型基金通常被称为“指数基金”。

此外，基金还可以根据募集方式不同分为公募基金和私募基金；根据基金法律地位的不同，可分为公司型基金和契约型基金。

（三）特殊类型基金

特殊类型基金包括基金中的基金（fund of funds，FOF）、交易型开放式指数基金（exchange traded fund，ETF）、上市开放式基金（listed open-ended fund，LOF）、QDII 基金（qualified domestic institutional investor，QDII）。

1. FOF

FOF 是一种专门投资于其他证券投资基金的基金。

2. ETF

ETF 可以理解为股票化的指数投资产品。从本质上看，ETF 属于开放式基金的一种特殊类型，它综合了封闭式基金和开放式基金的优点，投资者既可以向基金管理公司申购或赎回基金份额，同时，又可以像封闭式基金一样在证券市场上按市场价格买卖 ETF 份额。不过，ETF 的申购赎回必须以一篮子股票 换取基金份额或者以基金份额换回一篮子股票，这是 ETF 有别于其他开放式基金的主要特征之一。

3. LOF

LOF 被称为中国特色的 ETF，其具有与 ETF 相同的特征：一方面可以在交易所交易；另一方面又是开放式基金，持有人可以根据基金净值申购赎回。与 ETF 不同的是，LOF 的申购、赎回都是基金份额与现金的交易，可在代销网点进行；而 ETF 的电购、赎回则是基金份额与一篮子股票的交易，且通过交易所进行。

4. QDII

QDII 基金是指在一国境内设置、经批准可以在境外证券市场进行股票、债券等有价证券投资的基金。

（四）银行代销流程

银行代销流程涉及开放式基金，客户可在大多数的银行柜台或网上银行办理基金开户、认购、申购、赎回、转换、修改分红方式和定额定投业务。

1. 基金开户

想要进行基金投资，投资者首先需要开立基金交易账户和基金 TA（transfer agent）账户。投资者使用银行卡办理基金交易账户后，才可以开立基金 TA 账户；购买不同基金公司发行的基金，需要开立不同的基金 TA 账户。

2. 基金认购

（1）基金认购是指投资者在开放式基金募集期间申请购买基金份额的行为。

（2）基金认购采用“金额认购、面额发行”的原则，即认购以金额申请，认购的有效份额按实际确认的认购金额在扣除相应的费用后，以基金份额面值为基准计算。在认购期内产生的利息以注册登记中心的记录为准，在基金成立时，自动转换为投资者的基金份额，即利息收入增加了投资者的认购份额。

（3）认购期一般按照基金面值 1 元钱购买基金，认购费率通常比申购费率低。投资者办理认购必须在基金份额发售公告规定的募集期限和规定时间内提交申请。认购申请一经成功受理，不得撤销。基金募集期内，基金注册与过户登记人对投资者的认购金额进行确认；在募集结束及达到基金合同生效条件时，基金注册与过户登记人为投资者计算认购份额并登记权益。

（4）投资者进行基金认购可以在商业银行网点和网上银行办理。其中在网点办理一般需携带本人有效身份证件和基金账户卡或银行卡到银行营业网点，填写基金认（申）购申请表，柜台受理认（申）购申请，柜台处理完毕后，投资者查询结果并确认基金份额。

3. 基金申购

（1）基金申购是指投资者在基金存续期内基金开放日申请购买基金份额的行为。

（2）投资者在进行基金申购时可根据基金所开办的收费模式，选择申购前收费份额类别或申购后收费份额类别。

（3）投资者于 T 日申购基金成功后，基金注册登记人于 T+1 日为投资者增加权益并办理注册登记手续，投资者于 T+2 日起可赎回该部分基金份额。对于基金的申赎时间安排，投资者需要注意基金招募说明书。

（4）基金申购采取“未知价”原则，投资者申购以申购日（T 日）的基金份额净值为基础计算申购份额。T 日的基金份额净值在当天收市后计算，并在 T+1 日公告。

（5）定期定额申购是指投资者通过向开办此业务的销售机构申请，与销售机构约定每期扣款时间、扣款金额及扣款方式，由销售机构于每期约定扣款日在投资者指定银行账户内自动完成扣款及基金申购申请的一种投资方式。一般有最低每期供款金额。

（6）投资者进行基金申购的程序与认购相同。

（7）前端收费、后端收费。前端收费指投资者在申购基金时缴纳申购费用。后端收费指投资者在赎回时缴纳申购费用。前端收费一般按投资金额划分费率，而后端收费以持有时间划分费率档次。为鼓励投资者长期持有，有些基金规定如果在持有基金超过一定期限后才卖出，申购费可以完全免除。

4. 基金赎回

（1）基金赎回是指在基金存续期间，将手中持有的基金份额按一定价格卖给基金管理人并收回现金的行为。赎回后的剩余基金份额不能低于基金公司规定的最小剩余份额；基金管理人可以对基金账户在销售机构托管的每只基金份额类别的最低持有份额进行规定。如投资者赎回后余额低于规定，基金管理人有权将余额部分一并赎回。

（2）赎回原则。投资者赎回基金，只能以赎回日（T 日）的基金份额净值为基础计算赎回资金。

（3）份额赎回原则。在未知价情况下，投资者以份额申请赎回。

（4）巨额赎回。单个开放日基金净赎回超过基金总份额的 10% 时，为巨额赎回。若发生巨额赎回，基金管理人可以根据基金当时的资产组合情况决定采用全额赎回或部分顺延赎回的方式，由投资者选择是否顺延赎回。如选择顺延赎回，在遇巨额赎回的情况时，则当日赎回不能全额成交部分延续至下一交易日继续赎回；如选择非顺延赎回，则当日赎回不能全额成交部分，在下一交易日不再继续赎回；如投资者未做选择，则视同顺延赎回。

5. 基金转换

基金转换是指投资者不需要先赎回已持有的基金份额，就可以将其持有的基金份额转换成同一家基金管理公司管理的另一种基金份额的业务模式。

基金的转换一般采取未知价法，以申请有效日（T 日）的转出基金份额净值为基础，计算转出金额和转入份额。

6. 基金分红

基金分红是指基金将收益的一部分以现金形式派发给投资者。这部分收益原来就是基金单位净值的一部分。基金分红分为现金分红和红利再投资两种形式。一般银行系统对非货币基金默认为现金分红，货币基金默认为红利再投资。

（五）基金的流动性及收益情况

1. 基金的流动性

开放式基金通过申购和赎回实现转让，流动性强，但须支付一定的手续费。

不同的基金具有不同的流动性，从基金赎回角度来看，货币型基金的流动性较高，一般是 T+1 日或 T+2 日到账，债券型基金一般为 T+2 日或 T+3 日到账，而股票型基金一般为 T+4 日或 T+5 日到账。

2. 基金的收益

债券型、混合型、股票型基金根据类别与基金契约的不同，其资产主要投资于国债和股票，以及存放于银行证券投资。基金的收益主要有以下几种。

（1）证券买卖差价，也称资本利得。

（2）红利收入，即因持有股票而享有的净利润分配所得。

（3）债券利息，即基金因投资债券而获得的定期利息收入。

（4）存款利息收入，即基金资产的银行存款利息收入。

基金可分配收益也称基金净收益，是基金收益扣除按照国家规定可以扣除的费用等项目后的余额。基金收益分配一般有分配现金（现金分红）和分配基金单位（红利再投资）两种形式。

货币市场基金被称为准储蓄，收益安全，有较好的流动性，几乎与银行的活期储蓄同样便利。

与股票型或债券型基金不同。货币市场基金的购买和赎回价格所依据的净资产值不变。对基金分配的盈利，基金投资者可以选择增加新的基金份额或领取现金。货币市场基金也具有一定的风险性。

影响基金类产品收益的因素主要来自两方面：一是基金的基础市场；二是基金自身的因素，如基金管理公司的资产管理与投资策略、基金管理人员的业务素质等。

一般而言，各类基金的收益特征由高到低的排序依次是：股票型基金、混合型基金、债券型基金和货币市场型基金。

（六）基金的风险

基金的风险是指购买基金遭受损失的可能性。基金损失的可能性取决于基金资产的运作。投资基金的资产运作风险也包括系统风险和非系统风险。证券投资基金种类繁多，各只基金的风险状况也不同。

基金产品主要包括两种风险：价格波动风险和流动性风险。封闭式基金在市场进行买卖，购买者有可能会面临在一定的价格下无法出售的风险或不能及时出售的风险。开放式基金管理人遇到巨额赎回，有时会延长赎回时间，卖出股票和债券以变现资产，这个过程会对资产价值带来影响，从而造成持有人最终赎回金额的不确定。

四、保险

（一）银行代理保险概述

1. 银行代理保险的概念

保险代理人是根据保险人的委托，向保险人收取佣金，并在保险人授权的范围内代为办理保险业务的机构或者个人。保险代理机构包括专门从事保险代理业务的保险专业代理机构和兼营保险代理业务的保险兼业代理机构。商业银行是中国保险市场上最重要的保险兼业代理机构之一。银行和保险的合作，保险利用银行渠道，银行丰富自身产品。

2. 银行代理保险的范围

银行主要代理的险种包括人身保险和财产保险。市场主流是人身保险中的分红险、万能险；财产险主要有房贷险、企业财产保险、家庭财产险。根据《中华人民共和国保险法》，银行从事保险代理业务，须与保险公司签订代理协议，下辖各级经营机构开办保险代理业务，必须“取得保险监督管理机构颁发的保险兼业代理业务许可证”。

（二）银行代理保险产品主要类型介绍

1. 人身保险新型产品

人身保险新型产品主要包括分红险、万能保险和投连险。

（1）分红险。分红险是指保险公司将其实际经营成果优于定价假设的盈余，按照一定比例向保单持有人进行分配的人寿保险。红利的来源是利率的波动和保险公司制定的预定死亡率、预定投资回报率和预定营运管理费用。与固定利率非分红产品相比，分红型产品仅增加了分红功能。保险公司每一会计年度向保单持有人实际分配盈余的比例不低于当年可分配盈余的 70%。方式有现金红利和增额红利。

（2）万能保险。万能保险是一种交费灵活、保额可调整、非约束性的寿险。其具体定义为包含保险保障功能并设立有单独保单账户的人身保险产品。按合同约定，保险公司在扣除一定费用后，将保险费转入保单账户，并定期结算保单账户价值。保险公司按照合同约定定期从保单账户价值中扣除风险保险费等费用。在投资收益方面，此类产品为保单账户价值提供最低收益保证。万能保险保单可以收取的费用包括初始费用、风险保险费、保单管理费、部分领取手续费、退保费用。根据产品的不同，上述费用的收取也存在差异。保险公司为万能保险设立单独账户，提供一个最低保证利率，当单独账户的实际收益率低于最低保证利率时，万能保险的结算利率应当是最低保证利率。

（3）投连险。根据中国保险监管机构的规定，投连险是指包含保险保障功能并至少在一个投资账户拥有一定资产价值的人身保险产品。投连险的投资账户必须是资产单独管理的资金账户。投资账户划分为等额单位，单位价值由单位数量及投资账户中资产或资产组合的市场价值决定。投资风险完全由投保人承担，未来的投资收益具有一定的不确定性，有可能面临亏损。投连险的费用主要包括初始保费、风险保险费、账户转换费用、投资单位买卖差价、资产管理费、部分支取和退保手续费等。2009 年，原中国保险监督管理委员会在《关于进一步加强投资连结保险销售管理的通知》中规定各保险公司自 3 月 15 日起不得在银行储蓄柜台销售投连险，而限制在理财中心和理财柜销售。同时，在银行销售的新单趸交保费限制在 3 万元以上。

2. 银行代理财产险

银行代理财产险主要包括家庭财产险、房贷险和企业财产保险。

（1）家庭财产险，包括普通消费型家财保险、长效还本家财保险。

（2）房贷险，即个人抵押商品住房保险，包含对抵押商品住房本身的家庭财产保险，也包括对借款人本人的借款人意外险。后者的基本操作模式是：房产商将商品房销售给需要贷款的业主，业主向银行申请贷款，银行要求业主将所购的房屋进行抵押，银行凭着房屋抵押借款合同给予贷款。为了避免因业主发生意外而丧失还款能力，从而失去抵押给银行的住房，业主向保险公司购买借款人意外险，将银行作为保单第一受益人，保险金额不高于银行抵押贷款余额，保险期间不长于抵押贷款期限。

（3）企业财产保险，法定代表人单位为其存放在固定地点的财产和物资购买的保险。

五、国债

（一）银行代理国债的概念和种类

国债是国家信用的主要形式，国债以国家信用为担保，风险较小，收益高于一般银行存款，因此是很多风险承受能力较低的投资者的投资首选。我国财政部或者地方政府发行债券后一般由商业银行代为进行销售。

1. 国债的概念

我国的国债指的是财政部代表中央政府发行的国家公债。国债以国家财政信誉为担保，其信誉度非常高，风险很小，因此国债的收益率一般被看作是无风险收益率，是我国金融市场利率体系中的基准利率之一。

2. 国债的种类

目前银行代理国债的种类有三种：凭证式国债、电子式储蓄国债和记账式国债。其对比见表 8-1。

表 8-1　三种类型国债对比

种类	债券记录方式	是否可流通	是否无纸化	发行对象
凭证式国债	以凭证记录债权	不能上市流通	未无纸化	机构及个人投资者
电子式储蓄国债	以电子方式记录债权	不可流通	无纸化	个人投资者
记账式国债	以记账形式记录债权	可进行买卖	无纸化	机构及个人投资者

注：记账式国债的发行和交易均为无纸化，所以效率高、成本低、交易安全。

（二）国债的流动性及收益情况

国债的流动性及收益情况见表 8–2。

表 8–2　短期国债、长期国债、公司债券、股票对比

流动性	由高到低排序：股票>短期国债>长期国债>公司债券
收益情况	收益大于现金存款或货币市场金融工具；风险小于股票、基金产品
收益来源	利息收益：债券持有人根据票面利率定期获得的利息收入
	价差收益：买卖债券获得的收入
影响收益的因素	债券期限、基础利率、市场利率、流动性、债券信用等级、税收待遇、宏观经济状况等

（三）银行代理国债的主要风险

债券投资的风险因素主要有价格风险、再投资风险、违约风险、赎回风险、提前偿付风险和通货膨胀风险（表 8–3）。

表 8–3　主要风险

价格风险	即利率风险，是指国债的市场利率变化对债券价格的影响。债券价格与利率变化成反比；债券的到期时间越长，利率风险越大
再投资风险	当市场利率下降，债券的持有人进行再投资，将无法获得较高收入。利率风险与再投资风险成反比关系
违约风险	即信用风险，是指债券发行者不能按照约定的期限和金额偿还本金和支付利息的风险。债券发行者经营不善时容易违约
赎回风险	附有赎回条款的债券所面临的特有风险。赎回保护期一般是 2~5 年
提前偿付风险	提前偿付本金的风险，主要是针对债券发行人
通货膨胀风险	中长期债券面临的风险

六、贵金属

（一）银行代理贵金属业务种类

银行代理贵金属业务种类有以下几个。

（1）条块现货。条块现货的主要表现形式为金条、金币和金饰等，条块的规格大小决定着不同的投资门槛，但有安全性差、保存不便和移动不易的缺点。

（2）金币。金币有纯金币和纪念金币两种，大多数金币更具有纪念意义，但

普通投资者较难鉴定其价值，因此对投资者的素质要求较高。

（3）黄金基金。黄金基金是将资金委托专业经理人全权处理，用于投资黄金类产品，成败关键在于经理人的专业知识、操作技巧以及信誉，属于风险较高的投资方式。

（4）纸黄金。纸黄金交易没有实物黄金介入，是一种由银行提供的服务，是以贵金属为单位的户口，通过记账方式来投资黄金，不涉及实物黄金的交收，交易成本更低。

（二）业务流程

（1）个人客户需持本人有效身份证件，若客户代他人购买，应持本人及购买人有效身份证件。公司客户需持公司预留印鉴（同中央银行扣款账户的印鉴相同），提供经办人的被授权委托书（需加盖法定代表人签章和单位公章）、经办人有效身份证件原件及复印件。银行还需根据反洗钱要求对客户本人及购买人进行身份识别。

（2）银行打印实物销售水单，核对实物销售水单上的产品信息（如产品名称、数量、价格等）与客户购买意向是否相符。核对无误后，将销售水单交客户签字确认（盖章），并将实物销售水单作为传票附件。

（3）银行将实物产品交予客户。交付前，应严格核对销售水单上的产品信息（如产品名称、数量、价格、产品编码等）与实物是否相符，产品与证书（含编号）是否一致，以及销售金额与收取款项是否一致等。

（三）贵金属的流动性及风险点

流动性通常可以在产品、市场和投资者三个层面上加以说明。产品的流动性是指贵金属资产在正常的市场价格上变现的能力。市场的流动性是指通过该市场来出售和购买贵金属产品的便利程度，通常由市场的交易量来衡量。而投资者的流动性是指通过将资产变现或对外融资来清偿到期债务的能力。对于投资者来说，流动性风险往往是指其持有的贵金属资产流动性差和对外融资能力枯竭而造成损失的可能性。

关于流动性风险，主要是一个人存在不良资产的流动性，或是外部融资枯竭引发损失、破产的可能性。对于黄金投资而言，流动性风险就是投资者的可用资金被冻结或是发生亏损给其资金的流动性带来风险。

【课堂活动】

请学生分组练习办理代收理财业务。

模拟仿真实训 1　电费签约管理

一、任务说明

关女士在 2021 年 5 月 16 日携带银行卡和身份证前来我行要求办理电费签约业务，并且要求电费扣除与银行卡绑定。

客户相关信息如下。

客户姓名：关某某。

证件类型：居民身份证。

证件号码：12022319921108****。

地址：天津市和平区贵州路某某公寓 4 号楼 502 室。

联系电话：1351621****。

客户提供电表号码：062203950414****。

客户借记卡号：621779000110021****。

客户在办理电费签约管理业务时，需填写“一般业务申请书”。

二、厅堂服务操作流程

模拟实训 1

接待客户→选择“取号类型”为“个人业务号”并将取号号码递给客户→引导客户至填单台填写一般业务申请书→递交大堂经理进行单据审核→引导客户至等候区，等候柜面业务办理。

三、柜面业务操作流程

模拟实训 2

接待客户→收取资料（一般业务申请书、客户的身份证、银行卡）→身份证核查处→打印核查结果→核心业务处理。

四、业务办理

（1）根据任务说明，单击“核心系统”→“电费代理业务”→“电费签约管理”，进入对应业务操作页面，并依据任务说明填写页面信息（以下步骤默认为执行快查），如图 8-1 所示。

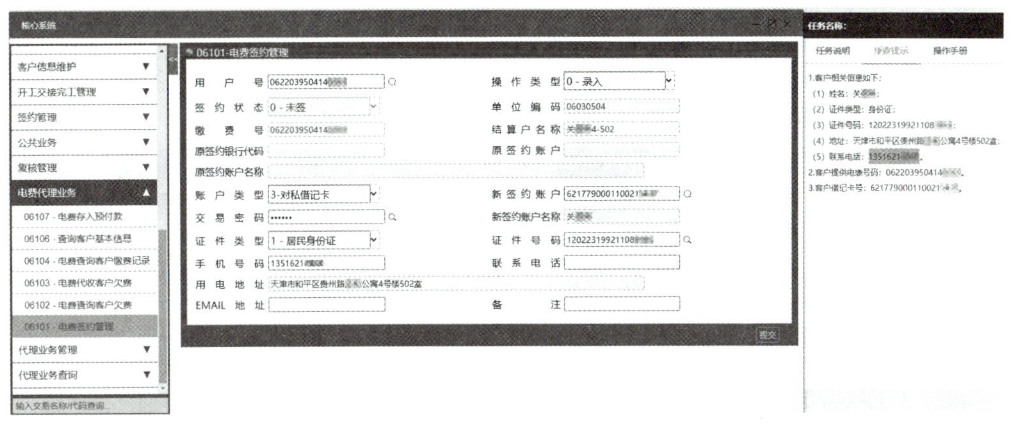

图 8-1　核心系统——电费签约管理

（2）根据客户相关信息，输入“用户号”为“062203950414****”，选择“操作类型”为“0- 录入”，选择“账户类型”为“3- 对私借记卡”，输入“新签约账户”为“621779000110021****”，输入“交易密码”（本任务不作相关要求，需自行设立支取密码），选择“证件类型”为“1- 居民身份证”，输入“证件号码”为“12022319921108****”，输入“手机号码”为“1351621****”。

（3）信息输入完毕，单击页面下方“提交”按钮，弹出集中授权申请页面，勾选“客户头像”“协议”“本人身份证原件正面”“本人身份证原件反面”“本人身份核查结果”，单击授权页面下方“提交”按钮，提交授权要素，并完成本业务所有操作，如图 8-2 所示。

010001-集中授权申请

授权代码 6B6151		授权级别 C5-五级	
申请交易		中心电话	
客户头像	☑	协议	☑
本人身份证原件正面	☑	开户人身份证原件正面	☐
本人身份证原件反面	☑	开户人身份证原件反面	☐
本人身份核查结果	☑	开户人身份核查结果	☐
介质	☐	转出介质	☐
新开介质	☐	执行人两人（含）以上执行公务证	☐
原交易凭证	☐	执行人两人（含）以上工作证	☐
授权申请书	☐	裁定书	☐
现场审核	☐	通知书	☐
扣划申请书	☐	单位现金存款业务凭证	☐
授权委托书	☐	介质及新介质	☐
经办人身份证原件正面	☐	客户身份证原件正面	☐
经办人身份证原件反面	☐	客户身份证原件反面	☐
经办人身份核查结果	☐	客户身份核查结果	☐
交易凭证	☐	开户证明文件	☐
单位负责人及经办人身份证原件正面	☐	开户申请书	☐

图 8-2　集中授权申请

（4）单击授权页面“提交”按钮，页面提示“提交成功”，单击“确定”按钮，页面弹出交易打印页，勾选“通用业务凭证（耗材）”，单击“打印”按钮，打印相关凭证，如图 8-3 所示。

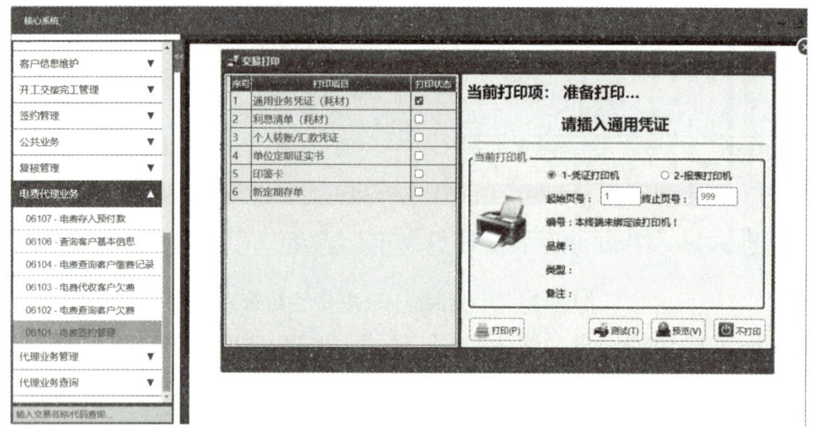

图 8-3　打印通用业务凭证

（5）打印通用凭证并交与客户签名后，柜员盖章并签字。一般业务申请书应盖银行公章和柜员私章；客户身份证联网核查结果盖附件章；通用业务凭证需盖银行公章和柜员私章，盖章后还需客户签字。最后将客户身份证、银行卡以及通用凭证返还客户，柜员起立送别客户。客户到达厅堂时，大堂经理再次送别客户。

模拟仿真实训 2　电费客户欠费综合业务

一、任务说明

关女士于 2021 年 4 月 13 日前来我行要求查询电费欠费信息，我行柜员按客户要求完成查询操作，并为其以非现金付款方式办理欠费代收业务。

客户相关信息如下。

客户用户号：062203950414****。

客户付款借记卡号：621779000110021****。

客户姓名：关某某。

证件类型：居民身份证。

证件号码：12022319921108****。

地址：天津市和平区贵州路某某公寓 4 号楼 502 室。

联系电话：1351621****。

二、厅堂服务操作流程

模拟实训 1

接待客户→选择“取号类型”为“个人业务号”并将取号号码递给客户→引导客户至填单台填写一般业务申请书→递交大堂经理进行单据审核→引导客户至等候服务区，等候柜面业务办理。

三、柜面业务操作流程

模拟实训 2

接待客户→收取资料（一般业务申请书、客户身份证、银行卡）→身份证核查→打印核查结果。

四、业务办理

（1）电费查询客户欠费，根据任务说明，单击“核心系统”→“电费代理业务”→“电费查询客户欠费”，进入对应业务操作页面，并依据任务说明填写页面信息（以下步骤默认为执行快查），如图 8-4 所示。

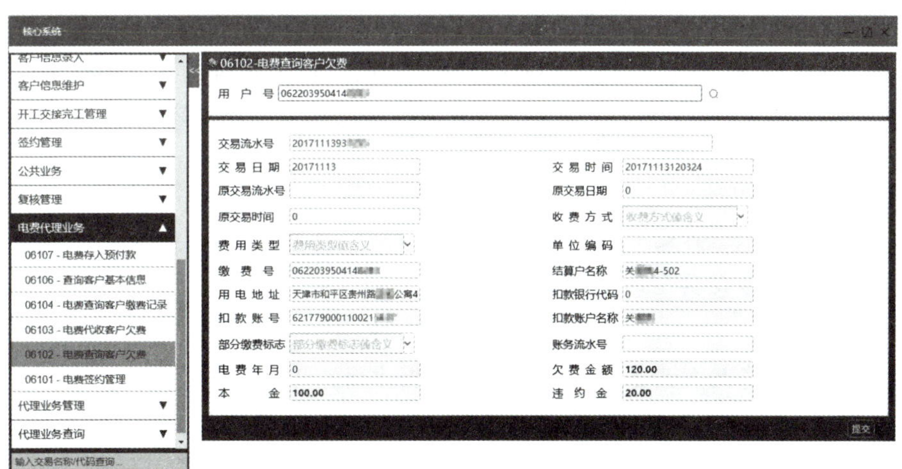

图 8-4 核心系统——电费查询客户欠费

（2）根据客户相关信息，输入“用户号”为“062203950414****”，执行快查，返显客户相关电费欠费信息，得知客户共欠费 120 元。单击“提交”按钮完成欠费查询操作。

（3）电费代收客户欠费，完成查询步骤后，单击“核心系统”→“电费代理业务”→“电费代收客户欠费”，进入对应业务操作页面，并依据任务说明填写页面信息（以下步骤默认为执行快查），如图 8-5 所示。

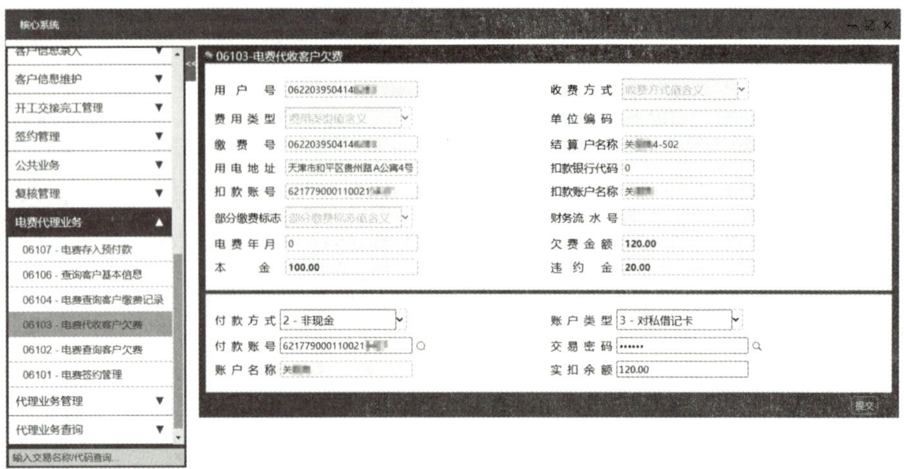

图 8-5　核心系统——电费代收客户欠费

（4）选择“付款方式”为“2- 非现金”，“账户类型”为“3- 对私借记卡”，输入“付款账号”为“621779000110021****”，输入“交易密码”（本任务对密码不作考核，需自行设立），输入“实扣余额”为“120.00”，完成电费代收客户欠费信息录入后，单击“提交”按钮弹出打印界面，勾选“通用业务凭证”，单击“打印”完成操作。

（5）打印通用凭证并交与客户签名后，柜员盖章并签字。一般业务申请书应盖银行公章和柜员私章；客户身份证联网核查结果盖附件章；通用业务凭证需盖银行公章和柜员私章，盖章后还需客户签字。最后将客户身份证、银行卡以及通用凭证返还客户，柜员起立送别客户。客户到达厅堂时，大堂经理再次送别客户。

知识巩固练习

一、不定项选择题

1. 代理业务是典型的（　　）业务。

A. 资产　　　B. 负债　　　C. 中间

2. 代理业务的作用主要体现在以下哪些方面？（　　）

A. 增加银行的盈利　　　B. 促进银行间的竞争

C. 促进银行资产负债业务的发展　　　D. 增加信誉度

3. 银行代发薪资，对企业的好处是（　　）。

A. 减少了到银行领取现金进行复点的环节

B. 减少财务人员因分发工资而产生的差错

C. 减轻保管工资的负担

D. 降低现金的丢失和损坏率

4. 代理数据入账是柜员根据客户提供的批次号办理（　　）等业务数据入账的业务。

A. 代发　　B. 代扣　　C. 批量开户

5. 代理业务处理信息查询是柜员根据客户提供的批次号信息查询代理业务处理进度的信息，只用于（　　）结果查询。

A. 代发　　B. 代扣　　C. 批量开户　　D. 批量配卡

6. 在销售代理理财产品时，要综合考虑客户所处的生命周期阶段以及风险承受能力、投资目标、投资期限长短、产品流动性等因素，为客户推荐合适的产品。这指的是销售理财产品应遵循（　　）。

A. 适当性原则　　B. 客观性原则　　C. 避免冲突原则

7. 由社会大众汇集分散的资金、委托给专门的投资机构从事约定领域的投资或分散组合投资，这样的一种利益共享、风险共担的集合投资方式，称为（　　）。

A. 银行储蓄　　B. 购买股票　　C. 购买债券　　D. 证券投资基金

8. 按照投资对象不同，基金可以分为（　　）。

A. 股票型基金　　B. 债券型基金　　C. 混合型基金　　D. 货币市场基金

9. 按照基金份额（　　）和（　　）分为开放式基金和封闭式基金。

A. 是否可以赎回　　B. 基金规模是否固定

C. 组织形式不同　　D. 投资对象不同

10. 根据中国保险监管机构的规定，（　　）是指包含保险保障功能并至少在一个投资账户拥有一定资产价值的人身保险产品。

A. 分红险　　B. 万能险　　C. 投连险

二、判断题

1. 银行贯彻“先收后付，先存后支，特殊情况可垫款”的原则。（　　）

2. 银行代发工资是通过代付业务的中间账户（银行的内部账户）进行的，委托单位必须按照银行指定的工资表格式制作工资盘，然后开具转账支票、批量业务数据提交表。（　　）

3. 电费代理业务是供电公司与多家银行合作推出的一种银行存折（卡）代扣电费的业务。每四个月电费自动从客户指定的银行账户上代扣，适用于供电公司“一户一表”居民客户。（　　）

4. 银行开展的业务主要有代理收付款业务、代理保管业务、代理银行卡存取款业务。（　　）

5. 代理业务是指商业银行接受客户的委托。（　　）

三、思考题

1. 简述代理业务的含义及种类。

2. 简述代理业务查询的种类。

3. 简述电费代理相关业务。

项目九　应急事件处理

知识目标

1. 了解银行网点安全管理制度规范。
2. 掌握银行各类突发事件的应急预案和基本处理方法。

技能目标

熟悉银行网点安全管理制度、银行网点服务应急预案以及自卫武器使用管理制度的相关内容。

素质目标

正确对待银行柜面风险，注重培养守规意识、社会责任意识与风险防范能力。

模块 1　银行营业网点安全管理规范学习

思政园地

守规意识

作为一名银行工作人员，不仅应当具备一定的业务知识和能力，还应当有对银行规章的“敬畏”感；不仅应该做到懂规矩，更加应该做到守规矩。一方面，日常工作中，必须从杜绝工作中每一个细节性的差错、失误入手，“勿以恶小而为之，勿以错小而容之”，把守法守规的理念贯穿到每一项工作中。另一方面，必须坚持“合规前提”，把合规作为一切业务经营、内部控制和创新发展的前提，真正使“合规精神”渗透到工作和生活的每一个环节，成为银行企业文化的重要组成部分。规章制度学习不深，理解不够全面，只抱着兢兢业业干好工作，遵守规章制度与己关系不大，可学可不学的想法，在这种思想支配下，久而久之，就会萌生一些自由散漫的思想，造成违规违纪的现象发生，甚至走上犯罪的道路。银行工作人员要从保障银行安全运营、维护国家金融乃至社会稳定的高度出发，自觉抵制各种不正当的诱惑。牢固树立防控意识，针对员工操守的各项制度规定再学习和再认识。坚决禁止充当资金掮客、为有贷企业及个人过渡资金、经商办企业或在企业兼职等严重违规行为的发生。明确职责、强化制度执行力的落实。牢固树立制度观念，在工作中严格要求。增强法律意识和思想道德觉悟，树立起正确的权力观和财富观。要严格约束自己的行为，不触犯法律法规和行业规范，努力工作，廉洁从业。

银行工作人员树立正确的价值取向和是非标准，增强合规意识、防范风险的意识，在今后的工作中切实要求自己，在岗位上尽职尽责，为合规银行建设奉献自己的力量。

（资料来源：编者根据相关内容整理改写）

一、银行营业网点日常安全操作规范

（一）营业前安全操作规范

（1）营业场所工作人员上班前，首先应检查营业门（卷闸门、电动门、通勤门）有无被撬、被砸等破坏痕迹；检查网点门窗有无破损，门窗下方有无异常脚印、手印，柜台内有无异常；如发现有异常情况应立即保护现场，严禁无关人员进入，并向保卫部门报告。

（2）工作人员必须两人或两人以上同时进入营业场所；在营业前打扫卫生时，要锁定通勤门，严禁通勤门不锁或将钥匙插在通勤门上；安全员要认真检查报警设备、通信设备、电视监控运行情况，保证监控设备上清洁无尘；督促检查员工的交通工具是否锁定、防卫器械是否放在随手可拿的位置，并如实填写《网点日常安全检查登记簿》。

（3）在运钞车送款时（特别是中途送款），各县市支行营业网点员工要认真核对验视押运钞人员身份识别仪，包括隶属邮政局负责运钞的人员身份，要认真核对运钞车型号、车牌号、押运人员、解款员、运钞车驾驶员，接款时人员不少于四人（不足四人的全员接款）；如发现车辆或人员变动，要提高警惕并立即向上级行进行核实；接包人员要及时在《缴包记录簿》上顶格并大写款包数量，严禁代签、漏签或单人签名；在款包接入联动门后，要立即将通勤门反锁。

（二）营业中安全操作规范

（1）通勤门在营业期间属重点防范部位，禁止无关人员进入；遇有上级行和公安机关、人民银行检查，要查验介绍信、身份证、工作证等相关证件，由本行领导或保卫、相关业务部门负责人陪同，经陪同人员同意并在《营业场所出入登记簿》上登记后方可进入；因设备维修需要，专业维修人员需进入营业室的，须经行领导或保卫部门批准，安全员应查验其身份证件，并向保卫部门核实后，在相关部门人员陪同下，在《营业场所出入登记簿》上登记后方可进入；发生案件事故等特殊情况下，安全员应注意保护现场，维护秩序，严禁无关人员进入，办案人员由行领导或保卫人员陪同，应准予进入，并做好出入登记。

（2）通勤门钥匙由安全员和营业场所负责人双人保管；营业中必须做到双道门全部落锁并打上保险；钥匙禁止插在门锁上，禁止放置于其他人员随手可取处；工作人员临时出入营业室不得将钥匙带出营业室；工作人员临时出入营业室时，安全员要负责通勤门的开关；安全员在开启通勤门前，要注意观察营业外厅的情况，在确认无任何异常后，方可开启通勤门。

（3）各柜员的现金、储蓄用重要单证应按照核定的限额量向综合员办理领用、上缴，柜员只能保管少量保证日常营业所需的储蓄用重要单证；柜员现金超过核定限额的，要及时上缴；柜员抽屉内存放的现金不得超过规定限额；各柜员之间不得自行调剂现金和重要单证，重要空白凭证不得跳号使用。

（4）工作人员不得携带自有现金、手袋等物品临柜营业；营业室内不得存放个人现金、存折、首饰等贵重物品。

（5）各岗位操作员的口令和保险柜密码应严格保密，口令应定期或不定期地更换；保险柜钥匙不得插在保险柜上，在不办理业务时，保险柜应乱码锁定。

（6）柜员当班时，个人名章、业务印章的保管必须做到章在人在，离柜收起，入屉上锁。柜员存放重要单证和现金的抽屉要保证能够上锁，发现损坏要及时修理。

（7）纸张、易燃物品应远离电源；营业室内各种线路要整齐有序、穿管敷设。

（8）在营业中，如发生火灾、抢劫、诈骗、滋事等突发性事件，营业网点员工要迅速按照预案分工，临危不乱，正确处置。

（9）营业中，如发生停电，电视监控管理人员必须及时正常关机；发电机在不使用的情况下，不得放置于营业室外厅。

（三）营业终了安全操作规范

（1）当日营业终了，各柜员必须将业务印章统一上交综合柜员封包放入钱箱，随钱箱入库保管。

（2）在运钞车接款时，要严格按照相关操作规范的有关规定进行操作，并核查接包人员在《缴包记录簿》上的签名。

（3）营业终了，监控使用管理人员要检查电视监控的运行状况，安全员要认真检查保险柜是否锁定乱码，各类钥匙是否收起，门窗是否关好上锁，微机及其他电源是否关闭，并对营业场所进行清场，确认无异常情况后，如实填写《营业网点安全员检查登记簿》和《视频监控每日运行记录》，方能布防离开。

（4）工作人员加班必须由营业网点负责人批准，加班应有两人以上（含两人）在场。

（5）营业场所应每月组织全体员工召开四次以上安全会议，并根据本单位实际情况每月组织一次进行应急预案演练。安全会议的重点是：学习安防知识、掌握安全保卫新动态，查找本网点风险点并讨论解决方案，对本网点近段时期的安全保卫工作进行总结点评。会议和学习内容如实填写《安全会议（学习记录）》台账。

二、银行营业网点的消防安全管理规范

（1）营业网点要认真贯彻落实“预防为主、防消结合”的方针和“谁使用、谁负责”的原则，确立防火责任区和责任人。营业网点负责人为安全防火第一责任人，负责落实消防安全责任制、组织消防宣传教育和消防管理；安全员即兼职消防安全员，负责日常消防工作；全员承担义务消防和灭火责任。

（2）营业网点负责人和安全员要充分利用安全教育时间，开展消防安全宣传和警示教育，普及消防知识，组织防火预案演练，提高员工防火意识和预防、扑

救火灾的能力。

（3）营业网点安全员应结合日常安全检查进行防火情况的检查；每半月进行一次消防专项检查，发现火险隐患，必须及时整改，并做好记录，不能及时整改应立即报告有关部门。

（4）灭火器应摆放在营业室内固定的、便于取用的地方，周围不得堆放杂物；不可摆放在营业大厅客户区，防止被犯罪分子利用或火灾发生时不能方便取用。

（5）应加强对消防设施和器材的管理，安全员负责定期检查消火栓、灭火器的有效和完好，确保处于良好状态。

（6）消防设施和器材未经公安消防监督机关同意，不得任意改装、挪用和停用。

（7）营业网点电器、电源配置必须符合国家有关电气规定标准和防火要求，接、装电源、电器必须经管理部门同意。严禁擅自接装电源，严禁漏电运行，严禁电器超负荷用电，严禁使用各种与工作无关的私人用电设备。

（8）营业网点内的电器设备（如配电箱、电闸、插座、监控设备、微机等）周围，严禁放置任何无关物品，特别是禁止放置各种易燃物品，需放置水容器，以免发生火灾。

（9）严禁在营业网点内存放易燃、易爆物品和化学危险物品。

（10）营业网点柜台内和生活区等区域严禁吸烟。

（11）营业网点严禁动用明火，出于改建、装修或其他特殊原因需要动用明火必须采取有效防火措施，并经保卫部门审查同意后方可进行作业。严禁使用电炉子、电炉丝暖气、电暖热垫等取暖设备。

（12）营业网点发生火灾，要立即启用防火处置预案。

（13）对违反本规定的单位和个人，按照相关规定予以处罚；引发火灾并造成等级事故的，追究相关人员责任；对在消防工作中作出突出贡献的按有关规定予以表彰或奖励。

三、银行营业网点的安全检查管理规范

（一）安全检查的内容

（1）营业前的常规安全检查。

（2）早晚接送款环节中安全操作情况检查。

（3）营业中各项安全规章制度落实情况检查。

（4）营业期间客户的异常反映情况检查。

（5）电视监控和报警设备运转情况检查。

（6）营业终了的常规安全检查。

（7）营业网点负责人认为必须检查的其他内容等。

（二）安全检查的步骤和方法

1. 步骤

每日的安全检查主要分为早检查（营业前）、营业中检查、晚检查（营业终）三个部分。

2. 方法和要求

（1）每日由当班安全员按照营业前、营业中、营业终三个阶段规定的不同检查内容，实施逐项的检查。

（2）每次安全检查后，要将检查的情况及时、真实地记录在网点安全检查登记簿上，营业网点负责人应当定期对登记情况进行检查。

（3）检查中发现的问题或隐患，属于营业网点可以自行整改的，必须立即整改；无力自行整改或自身整改有困难的，要立即报告上级和安全保卫部门，并认真做好记录，协助有关部门限期搞好隐患整改。

四、营业网点的安全防护设施管理规范

（1）营业网点安全防护设施是指为确保营业网点正常经营，保障资产和员工人身安全及预防灾害事故，抵御和防范外部侵害所必须设置的、具有特殊构造的各种防御性设施。目前我行营业网点安全防护设施主要包括以下三种。

①专用于预防盗窃、抢劫、破坏等不法侵害的附属于建筑物的基础防护设施，如防护墙、防护柜台、防弹玻璃、防尾随电控联动门、防护窗、钢板防弹门等。

②应用探测报警、电视监控、电子通信等科技手段，对重点要害部位预防不法侵害而安装的技术设备及其相应的指挥控制系统。如入侵探测报警设施、“110”联网报警设施、电视监控设施、通信设备等。

③用于应急使用的防卫器具，如灭火器、狼牙棒、电警棍等。

（2）营业网点安全防护设施、装备的管理应遵循“分级管理”“谁使用，谁负责”的原则。

①市分行综合办公室是安全防护设施建设和管理的归口管理部门。对安全防护设施建设适时提出计划，对日常安全防护设施的管理进行指导、检查和监督，及时排除故障，保证安全防护设施正常、有效地运行。

②网点负责人是安全防护设施管理的第一责任人，安全员（兼职）是安全防护设施的具体管理人员，要共同遵守安全防护设施操作程序和方法，保证其正常使用，真正发挥安全防护设施的功效。

（3）网点安全员和使用操作人员，要做好安全防护设施的日常检查，发现故障要迅速查明原因予以排除，无法排除的要立即报告安全保卫部门维修，并将故障情况登记在案以便备查。

（4）紧急报警按钮，在发生盗窃、抢劫等外部侵害紧急情况时方可使用。除此之外，任何人不得随意触动应急报警按钮。应急报警设施应定期检测，始终保持完好状态。

（5）营业网点每日营业前，安全员要对“110”紧急报警、声响报警和入侵探测报警系统进行检查并按规定撤防。营业终了，对入侵探测报警系统进行检查并布防。检查、撤防和布防情况必须做好记录，布、撤防密码要经常更换，严防密码外泄，不得使用原厂出厂设置密码。

（6）录像监控的管理人员必须熟悉和了解录像监控系统的基本性能、作用和特点，熟练掌握操作技能，每天要对录像监控系统的运转情况进行检查，发现故障要及时报告安全保卫部门维修。

（7）营业网点的大门、边门、侧门和后门钥匙要实行专人保管和使用，营业期间要按规定锁定，人员出入时随开随锁。

（8）防卫器具要按规定妥善保管，一般摆放在员工柜台旁侧，既隐蔽又随手可取的地方，不准摆放在柜台上或脚下。发现丢失或损坏，要及时报告安全保卫部门。防卫器具只能在本营业网点遭遇抢劫或员工生命、资金财产遭受威胁时使用，不得擅自借与他人，不得随意摆弄，不得带出营业网点柜台外。

（9）营业网点配备的消防器材要合理摆放，不得挪作他用。消火栓周围不得堆放杂物，不得圈占或设置无关装置。要定期检查灭火栓门、卷盘、水带、水枪是否损坏，门锁开启是否灵活，拉环铅封、水带转盘框架是否完好，发现问题及时报告和修理。

（10）营业网点撤并和合并时，安全防护设施由安全保卫部门统一收回保管。

（11）凡违反防护设施管理规定，造成设施出现丢失或损坏，要按照有关规定进行查处。

（12）营业网点通勤门实行两把钥匙管理制度，由网点负责人和当班安全员各执一把，安全员实行当班交接控制。钥匙不得外借，不得擅自配制或插在锁头上，防止钥匙失控、丢失、损坏，备用钥匙由县级支行分管领导、安保工作负责人以及网点负责人共同签章加盖单位公章封存保管。

（13）管理通勤门钥匙的人员在每天开、锁门时应检查门锁是否正常，发现异常情况及时查明原因并报告登记。

（14）营业网点卷闸门应安装落地挂锁，确保门关闭后能落锁，手控卷闸门边框上应设置固定锁钩，确保卷闸门开启上锁后无法下拉。

（15）营业网点的通勤门（防尾随电控联动门）钥匙，工作期间不允许拿出营业室。

（16）营业网点的防尾随电控联动门边门，锁具在工作期间必须互锁，处于保险状态，使其不能手动开门（停电除外）。

（17）员工出入防尾随电控联动门时，应注意观察，必须在确认外围安全情况下才能开门。

五、银行营业网点的通勤门管理规范

（1）营业网点通勤门主要包括营业场所大门、防尾随电控联动门（柜台通勤门）和后门。

（2）营业网点与外界相通的出入口应安装金属防盗安全门。

（3）营业网点要将通勤门的管理作为日常安全管理的一项重要内容来抓，实行领导负责制，由营业网点负责人组织落实安全管理。

（4）"联动互锁门"要做到第一道门未关第二道门禁止开启，严防他人尾随进入。双开按钮，在早上款包到后至晚上款包未接走之前，禁止使用。营业终了，运钞人员未到，不得提前打开防尾随电控联动门，必须等运钞人员到达验证核对无误后，方可进入。

（5）对于营业网点可以通过后门或侧门进入营业室的应严格门的管理，在营业期间严禁从此门出入，早晚必须双人开启和落锁。

（6）营业网点通勤门钥匙，除按规定使用外，备用钥匙必须由县级支行分管领导、安保工作负责人，以及网点负责人共同签章加盖单位公章封存保管，进行统一的封存入柜保管。钥匙发生损坏和丢失时，在确保安全的情况下，经行领导批准，启用备用钥匙，并及时换锁，备用钥匙启用时必须经原签封人员一起当面拆封，在确认签封有效的前提下，方可起用。

（7）营业网点的通勤门钥匙和锁具的启用、保管、签封，必须建立登记制度（登记在钥匙交接登记簿上），确保钥匙管理和使用安全。

【课堂活动】

请学生分组对商业银行涉及的安全管理制度相互提问与回答，并由教师点评。

模块 2 突发事件应急处理

了解银行网点服务应急预案相关内容，能运用于实际工作。

一、突发事件的概述

银行网点突发事件是指银行在日常经营过程中发生的事前难以预测，危及银行信誉、资产安全，甚至危及银行客户和员工生命安全的各种事件的总和，如抢劫、诈骗、火灾等。

银行突发事件的具体特征有以下几点。

（1）信息不完全。

（2）突发性、高度不确定。

（3）后果的严重性、广泛性、连锁性和持久性。

突发事件对银行营业场所安全经营具有极大的破坏性，因此，必须时刻保持高度警惕，牢固树立安全责任重于泰山的思想，坚持以人为本，强化安全意识，加强组织领导，严格内部管理，加大监督检查力度，注重防范重大和特别重大突发事件。要建立统一指挥、功能齐全、反应灵敏、运转高效、责任明确的应急管理组织和工作体制，高度重视对突发情况的紧急处置，结合实际情况，制订各类突发事件预案，明确处置程序、方式和责任，使突发事件处置工作程序化、规范化和责任化。做好应急处置培训，定期开展应急预案演练。

加强突发事件的信息分析和处置过程的组织、协调等工作，提高应急管理水平和应急处置能力。遇突发事件时，要按照工作程序及时启动应急处置预案，组织人、财、物等资源，做好维持秩序、疏散人员、抢救财产等工作，减少人员伤亡和财产损失，最大限度地减少各类突发事件造成的损失，确保银行工作的安全开展。

二、突发事件预案演练和善后处理

（一）突发事件预案的演练

应急预案演练是指对参与应急行动的所有相关人员进行相关的应急培训，要求应急人员了解和掌握如何识别风险，如何采取必要的应急措施，如何启动紧急情况警报系统，如何安全疏散员工等基本操作。为了提高应急处置人员的技术水平与应急处置队伍的整体能力，增加经验，以便在突发事件的救援行动中快速有序、有效地应对突发事件，各营业场所要将经常性地开展应急预案培训或者演练作为突发事件日常管理中的一项重要工作来抓。

（二）预案演练的任务和作用

预案演练的基本任务是锻炼和提高队伍在突发事件情况下的快速抢险处置、及时营救伤员的能力，正确指导和帮助职工撤离，有效消除危害后果，降低事故危害，减少事故损失。应急处置培训应包括政府主管部门的培训、企业全员培训、专业应急救援队伍培训等。

应急演练包括总体预案的演练与各专项应急预案的演练。

应急预案演练是检验评价和保持应急能力的一个重要手段。其重要作用是：可在事故发生前暴露预案的缺陷；发现应急资源的不足；改善各应急部门、机构和人员之间的协调；增强银行应对突发事件的经验、信心和应急意识；提高应急人员的熟练程度和技术水平；进一步明确各自的岗位职责；提高各级预案之间的协调性；提高整体应急反应能力。

（三）开展预案演练的注意事项

（1）要加强对突发事件预案演练工作的组织领导。

（2）要妥善处理预案演练和日常工作的关系。

（3）要严格预案演练方案的制订和审查。

（4）加强预案演练的信息沟通。

（5）做好演练现场群众的疏导和解释。

（6）加强演练过程中的安全保卫和后勤保障。

（7）做好预案演练的分析和评价。

（四）突发事件的善后处理

突发事件的善后处理是突发事件处置工作中的一项重要内容。一般来说，善后处理工作包括清理现场、恢复办公和营业秩序、稳定人心、事后调查、相关整改工作责任追究及处罚、奖励与表彰、信息发布以及评估与总结。

（五）抢劫事件应急处理

1. 金融抢劫案的特点

（1）犯罪嫌疑人在抢劫前，基本上都要进行“踩点”。

（2）犯罪嫌疑人多在午间休息、刚上班或快下班等人少时作案。

（3）犯罪嫌疑人多使用偷来的或假牌照汽车，在行抢时将发动着的汽车停放在作案现场附近，车内留有司机，开着车门，从事抢劫后立即逃跑。

（4）犯罪嫌疑人作案时多戴墨镜或蒙面，使人难以辨认。

（5）犯罪嫌疑人进入银行后，首先设法破坏电话报警设备及自动报警系统，使银行员工无法向公安机关报警。

（6）抢劫银行的犯罪嫌疑人都带有凶器，不少情况下还带有真枪，必要时杀害或捆绑银行员工，以便顺利作案。

（7）抢劫银行几乎都是团伙作案，有预谋、有计划、有组织地实施犯罪。

2. 抢劫事件应急处理原则

（1）营业期间遇到抢劫事件时，应区别情况，沉着应对。如果危害员工生命安全的，应贯彻先藏身、后报警、再反击的原则。

（2）发生持枪抢劫情况时，首先应选择位置迅速隐蔽，立即报警，力争外援，沉着机智，记住歹徒的体貌特征及交通工具，并保护好现场。

（3）发生持刀（械）抢劫情况时，在及时报警的同时，出纳人员应及时护卫现金及印章，会计人员及时护卫好印章、密押等，向出纳人员靠拢，其余人员控制住二道门。如歹徒闯入柜台内抢劫的，在报警的同时，全体人员应携带自卫武器或办公用具及消防器材等投入应急自卫，呼叫四邻和街上行人缉拿犯罪嫌疑人。

（4）犯罪嫌疑人逃跑情况下，要坚守阵地，不要冒险追击，应及时向救援人员提供犯罪嫌疑人体貌特征和逃跑方向，力争抓获犯罪嫌疑人。

3. 抢劫事件应急处理方法

（1）立即报警并启动紧急预案。第一发现人或者离报警装置近的人要首先报警。要采取手按报警、脚勾报警、电话报警、大声呼救或打手势等多种方式公开或者秘密地迅速报警，确保警讯传出。电话报警时要讲明行名、营业场所地址、歹徒人数、施害手段等基本情况。报警过程中如遇到特殊情况要灵活处置。柜台后室、楼上办公人员和监控室人员得知犯罪嫌疑人抢劫后，也要立即报警，避免出于前台工作人员被犯罪嫌疑人控制或者其他原因未将警情传出而贻误报案时机。

（2）保护现金。在报警的同时，要立即将营业款箱放入保险柜并上锁，迅速将钥匙置于安全地带或扔在不易被犯罪嫌疑人发现和拿去的偏僻角落，以防歹徒进入柜台后威逼交出钥匙或搜身。

（3）保护好现场。抢劫事件突发后注意保护好现场，等待公安机关或安全保卫部门进行现场勘查，为后续破案尽可能地提供有力证据。

（六）诈骗事件应急处理

1. 金融诈骗案的类型

近几年来，有社会上的不法分子抓住银行结算中的漏洞，利用银行结算票据“隐蔽性强、金额大、得手率高”的特点，大肆诈骗银行资金。在存款及支付结算领域，用假票据、假存单、假证明、假文件、假币等诈骗银行资金的案件层出不穷。其类型具体可总结为以下几种。

（1）假票据诈骗。其主要包括伪造变造汇票委托书、假冒银行查询、调换真假银行汇票、伪造支票、伪造进账单。

（2）假存单诈骗。

（3）假存折诈骗。

（4）假印鉴诈骗。

（5）假币诈骗。

（6）银行卡（包括借记卡、信用卡等）欺诈。其主要包括骗取持卡人密码和账号、伪卡欺诈、以办理银行透支信用卡为名实施诈骗，在 ATM 上骗卡。

（7）网上银行诈骗。其主要包括密码泄露、网络钓鱼、木马套密。

2. 金融诈骗案的特点

（1）发生频率高。

（2）欺诈手段多样化且不断翻新。

（3）作案工具隐蔽，防范难度较大。

（4）作案诱饵具有迷惑性。

（5）内外勾结，集体作案呈上升趋势。

（6）作案金额巨大，造成银行的损失巨大。

3. 诈骗事件的应急处置

当发现有人持伪造银行票据、国库券、存单、存折办理业务或假冒他人冒领存单存折时，接待此业务的综合柜员按照以下方法进行处置。

（1）发现诈骗案件线索时，当即向上一级领导报告，如银行领导涉嫌作案的，工作人员可以越级报告。

（2）甄别确认为诈骗案件后，应先向上级银行报告，请示上级银行后向司法机关或金融机构监管部门报告，或者由上级领导或营业场所负责人、安全保卫人员向支行相关部门和当地公安机关报警。

（3）及时控制涉案人员资金的诈骗案件，所在银行应在向公安部门报案的同时，迅速认定涉案嫌疑人，采取措施，防止涉案嫌疑人潜逃，并对相关证据进行保全，防止涉案嫌疑人毁灭作案证据。如采用各种方式和恰当的理由设法稳住嫌疑人，迅速确认嫌疑人的外貌特征，严密监视，等待来人援助抓获嫌疑人。需要注意的是，当班人员坚决不能将嫌疑人的票据证件退回去。

（七）火灾事件应急处理

火灾是指在时间或空间上失去控制的燃烧所造成的灾害。银行网点若发生火灾，可能会给银行带来不可估计的损失。因此，银行柜员、大堂经理等学习灭火器的使用是作为银行职员的一项基本能力要求。

1. 灭火器介绍

灭火器是一种可由人力移动的轻便灭火器具，它能在其内部压力作用下，将所充装的灭火剂喷出，用来扑救火灾。

灭火器种类繁多，如营业场所的灭火器一般有干粉类的灭火器、二氧化碳灭火器、泡沫型灭火器、卤代烷型灭火器这几种。不同的灭火器，其适用范围也有所不同，只有正确选择灭火器的类型，才能有效地扑救不同种类的火灾，达到预期的效果。

2. 灭火器的选择

在不同类型的火灾中灭火器的选择是不同的，可分为下列几种情况。

（1）扑救固体燃烧的火灾应选用水型、泡沫、磷酸铵盐干粉卤代烷型灭火器。

（2）扑救液体火灾和可熔化的固体物质火灾应选用干粉、泡沫、卤代烷及二氧化碳型灭火器（这里值得注意的是，化学泡沫灭火器不能扑灭极性溶剂火灾）。

（3）扑救气体燃烧的火灾应选用干粉、卤代烷、二氧化碳型灭火器。

（4）扑救带电火灾应选用卤代烷、二氧化碳、干粉型灭火器。

小贴士

灭火器的使用

熟练使用灭火器是每个员工应具备的基本技能，普通灭火器的使用方法可总结为“一提、二拔、三压、四射”。第一步是把灭火器提起来；第二步是拔掉铅封和插销；第三步是右手紧握压把，左手握住喷嘴；第四步是对准火苗根部压下压把喷射。

3. 火灾事故的处理要点

（1）营业期间发生火灾，应及时切断电源，并拨打 119 报警电话，报明单位名称地点、街道、门牌号、火源部位、燃烧物品种类等。网点负责人要立即将情况向上级管理部门报告。出纳、记账人员要全力保护和转移现金账册、重要空白凭证等资料，其他人员应及时使用消防器材进行扑救，如有外来人员进入柜台进行扑救的，应安排人员加强现场警戒，防止趁火打劫。火情消除后，立即封锁现场协助公安、消防、保险和上级主管部门勘查现场查找原因，检查和整理可能遗漏在现场的物品，清点损失。

（2）营业场所周边发生火灾，应及时拨打119报警电话，如可能危及营业场所或情况比较紧急的，按营业期间发生火灾情况处理。

（3）办公楼发生火灾，应及时切断电源并报警，利用消防栓和灭火器进行自救，同时做好工作人员的疏散和逃生工作，做好重要资料和设备的转移工作，确保人员安全和减少财产损失。

4. 银行火灾的善后处理

（1）负责对楼内设施进行全面检查、修复，使其尽快恢复正常运转。

（2）对可能遗失或损毁的业务凭证、账、表、簿、现金等，认真审查、核对、修复，确保业务工作尽快恢复正常运转。

（3）灾情过后，及时对预案的实施进行总结。安全保卫部牵头组织各有关部门认真检查、分析、总结。针对问题，提出整改意见并组织落实。

（4）与新闻媒体的联系和协调，最大限度减小社会影响。

（八）群体性突发事件应急处理

群体性突发事件是指聚众恶意挤兑、聚众围堵营业场所等扰乱社会秩序、危害公共安全的行为事件。

（1）银行网点负责人应立即向上级行报告情况，并根据实际情况及时向地方政府、公安机关及银行监管部门报告情况。发生重大群体性事件，一级分行应在24小时内向总行报告。重大紧急情况可以先电话报告，随后再补送书面报告。

（2）群体性事件发生后，要指定专人担任处置工作的负责人，统一指挥、协调处置工作。特殊情况下，也可由上级行指定负责人。发生重大群体性事件，上级行委派人迅速赶赴事件现场，组织开展各项处置工作。相关部门、人员要服从统一指挥，及时到达指定位置开展工作。

（3）经上级行主管部门同意，网点负责人应立即组织员工采取保护措施或疏散现金、业务档案、重要凭证、设备及其他必要的防范措施，做好现场录像和资料的保管工作，确保设备、设施的正常运行。

（4）处置群体性事件的过程中，银行网点员工要加强自身安全防范，坚持对外营业；确实无法正常营业的，必须报请当地银行监管部门同意，并上报至总行备案。上级主管部门要密切关注事态发展，加强监督、管理和指导工作。

（5）事件处置完毕后，网点负责人应及时组织人员清理现场，发现有价单证、重要空白凭证、印章、密押器、压数机等重要物品丢失要立即上报；发生营业设备损毁、丢失等问题要立即上报，并申请维修和补充，确保正常营业的基本条件。

【课堂活动】

请学生分组对商业银行网点服务应急预案涉及的内容相互提问与回答，教师点评。

知识巩固练习

一、不定项选择题

1. 银行网点日常安全操作规范包括（　　）。

A. 营业前安全操作规范　　B. 营业中安全操作规范

C. 营业终了安全操作规范　　D. 营业网点安全检查管理规范

2. 每日的安全检查主要分为（　　）个部分。

A. 2　　B. 3　　C. 4　　D. 5

3. 银行突发事件的具体特征表现为（　　）。

A. 信息不完全

B. 突发性

C. 后果的严重性、广泛性、连锁性和持久性

D. 高度不确定

4. 开展预案演练应注意事项包括（　　）。

A. 要加强对突发事件预案演练工作的组织领导

B. 要妥善处理预案演练和日常工作的关系

C. 要严格预案演练方案的制订和审查

D. 加强预案演练的信息沟通

5. 金融诈骗案的特点有（　　）。

A. 发生频率高

B. 欺诈手段多样化且不断翻新

C. 作案工具隐蔽，防范难度较大

D. 内外勾结，集体作案呈上升趋势

二、判断题

1. “联动互锁门”要做到第一道门未关第二道门禁止开启，严防他人尾随进入。（　　）

2. 营业期间遇到抢劫事件时，应区别情况，沉着应对。如果危害员工生命安全的，应贯彻先藏身、后报警、再反击的原则。（　　）

3. 发现诈骗案件线索时，当即向公安机关报告，如行领导涉嫌作案的，工作人员可以越级报告。（　　）

4. 办公楼发生火灾，应及时切断电源并报警，利用消防栓和灭火器进行自

救，同时做好工作人员的疏散和逃生工作，做好重要资料和设备的转移工作，确保人员安全和减少财产损失。（ ）

5. 重大紧急情况可以先解决，随后再补送书面报告。（ ）

三、思考题

1. 突发事件的善后处理有哪些？

2. 抢劫事件应急处理原则是什么？

3. 处置群体性事件的过程中应注意哪些要点？

项目十　商业银行从业人员礼仪培训

知识目标

1. 熟悉商业银行从业人员的仪容、服饰等基本要求。
2. 掌握商业银行从业人员仪容修饰的基本常识和技巧。
3. 掌握商业银行从业人员标准的服务仪态礼仪。

技能目标

1. 正确使用商业银行从业人员语言、称呼礼仪规范。
2. 熟练运用商业银行从业人员接待礼仪和拜访礼仪。

素质目标

1. 培养从业者树立爱岗敬业、热情服务、奉献社会的职业道德规范。
2. 培养从业者树立人人都是服务者，人人又都是服务对象的服务意识。

模块1　商业银行从业人员仪容仪表礼仪

思政园地

诚信待人　确保服务

2022年7月某日上午，在某市某商业银行，客户陈阿姨因业务问题与柜员发生争执，性格急躁的陈阿姨在营业大厅大声诉说自己的不满："你们这样的人就会骗人，大家评评理，以后都不要把钱存在你们银行了。"此时，主管过来亲切地招待了陈阿姨，他说话口齿清晰、音量适中，和陈阿姨沟通后顺利解决了陈阿姨的业务问题，并在陈阿姨离开前礼貌地告诉陈阿姨："若有需要服务的地方，请叫我一声，我很愿意为您服务！"陈阿姨笑着离开的时候说了一句话："现在我的心里十分舒坦了。"

客户有疑问时，应以专业、亲切的态度为客人解答，而不宜出现不耐烦的表情或者一问三不知。作为柜面人员要细心、随时地观察客人的情绪及需要，从而提供更好的帮助。

（资料来源：编者根据相关内容整理改写）

有"礼"走遍天下，礼仪已成为个人立身处世、企业谋生求存的重要基石。在现代银行服务中，优质的银行服务，不仅可以反映出银行工作人员的个人修养，更是对银行整体形象的良好表达；通过优质的银行服务，能吸引更多的客户，从而促进银行产品销售，进而提升银行竞争力。

银行业是一个窗口行业，所以银行从业人员要做到仪容仪表规范，具体表现在以下几点。

一、仪容

清新、端庄的仪容和恰当自然的修饰是对银行从业人员仪容的基本要求。适度的仪容修饰既能展示自己的职业形象和精神面貌，也是对他人的尊重。因此，在仪容上要做到以下几点。

（1）头发要确保整洁、无头皮屑、梳理整齐，不染非自然颜色的头发。

（2）男员工头发前不遮眉、侧不过耳、后不及领、面部无须，不剃光头，应适当做定型处理使人看起来更精神。

（3）女员工头发以短发为佳，发不及肩，刘海儿不遮眉，不留新潮、怪异的发型；工作时应将鬓角两侧头发放在耳后，若为长发，应束起或盘于脑后，不佩戴夸张头饰，不佩戴过多头饰，选择颜色较暗的头饰固定头发。

（4）注意面容清洁卫生，保持干净、清爽、自然，眼角不得留有分泌物。如戴眼镜，应保持镜片清洁。

（5）男员工应注意保持面部的滋润和清洁，做到每天都要清洁面容、洗发、剃净胡须，鼻孔内毛发应及时修剪。

（6）女员工在岗工作期间化淡妆，以淡雅、自然、庄重为宜。

（7）保持耳部清洁，不留有皮屑、污垢。

（8）保持口腔内外清洁，上岗前不吃生姜、生蒜等带有刺激味道的食物，更不得酒后上岗。

（9）保持手部清洁，勤洗手、勤修剪指甲，不涂有色彩的指甲油。

（10）除婚戒、眼镜外，不佩戴其他饰物，特别是款式花哨、颜色夸张的饰物；男员工除手表外尽量不佩戴其他饰物。

同时，银行的职业女性还必须掌握一定的化妆技巧和方法，正确选择所需的化妆用品，熟悉相应的操作步骤和化妆要领，使自己的化妆达到预期的效果。化妆的具体要求如下。

（1）化妆品。如普通乳液、粉底（粉底液与粉饼任选一种）、眉笔、眼影、睫毛膏、唇彩、腮红。

（2）工具。如眼影刷（一般的眼影盒都附带）、睫毛夹、腮红刷。

（3）化妆步骤。

第一步：涂乳液。乳液用在洗脸后起护肤和滋润的作用。

第二步：打粉底。擦粉底时，如果是粉底液，可用手蘸取少量，分别点在额头、鼻梁、脸颊、下巴等处，然后轻轻推匀。如果是粉饼，用粉扑均匀地扑上即可。

第三步：画眉。眉笔的颜色要选与自己眉毛颜色最接近的颜色，东方人通常为咖啡色、棕色或灰色。画眉的时候应尽量淡，从眉头到眉梢依次进行，眉头最好从下到上，从内到外，眉梢要一笔带过，避免修改。

第四步：涂眼影。同一色系以不同深、浅的色彩，自眼睑下方至上方、由深至浅渐次涂上，可以塑造目光深邃的效果。

第五步：刷睫毛。刷睫毛前应以睫毛夹夹卷处理，睫毛应夹 3 次（夹时注意勿夹到眼皮），第 1 次夹根部；第 2 次夹中端轻轻向上弯；第 3 次夹尾端。然后以“Z”字形的手法上睫毛膏，这样能让睫毛显得更加纤长和浓密。

第六步：涂唇彩。唇彩的颜色最好跟服装的主体色一致。

第七步：打腮红。选出合适色系的腮红，对着镜子微笑，颧骨的部分就是腮红可以打上的部位。使用时每次的腮红量要少、要淡，可多刷几次直至效果完美。

三、服装

（1）工作时应穿统一的工作服，服装应保持洁净、清爽、挺括，衣扣完好、齐全。衣裤、领带、领花、丝巾清洗后要熨烫整齐，不起皱。

（2）男员工佩戴的领带、女员工穿有领衬衫所佩戴的领花或丝巾，应与衬衫衣领口吻合、紧凑而不系歪；工牌、行徽要全部佩戴整齐，固定牢固，不能松垮、歪斜、左右晃动。

（3）男员工衬衣系配领带，打法要规范，上不露领扣，长短适度，下端抵达腰带，衬衣下摆应束入裤腰之内，扣好袖口，不得挽袖；女员工衬衣下摆应束入裙腰内，长袜口不得露在裙摆外。

（4）男员工穿深色皮鞋和深色袜子，保持鞋面清洁。女员工穿深色皮鞋，穿接近肤色的淡色丝袜，无挑丝、无破损。

【课堂活动】

请学生分组练习，相互评价对方的着装、化妆、发型等是否符合商业银行柜员的职业要求。

模块 2　商业银行从业人员仪态礼仪

仪态也叫仪姿、姿态，泛指人们身体所呈现出的各种姿态，它包括举止动作、神态表情和相对静止的体态。人们的面部表情，体态变化，行、走、站、立、举手投足都可以表达思想感情。因此，银行从业者必须注意自己在工作、生活中的行为举止，并有计划、有系统地进行仪态的训练，方能让自己的举手投足尽显仪态端庄。

一、站姿

站姿是一个静止的造型动作，不仅要挺拔而且还要优美和典雅。

（一）标准站姿

从正面观看，全身笔直，精神饱满，两眼正视，两肩平齐，两臂自然下垂，两脚跟并拢，两脚尖张开 60°，身体重心落于两腿正中；从侧面看，两眼平视，下颌微收，挺胸收腹，腰背挺直，手中指贴裤缝，整个身体庄重挺拔。

（二）前腹式站姿

前腹式站姿是银行厅堂工作人员与同事或客户交流时常用站姿，男女都适用，但动作上有区别。

（1）女士前腹式站姿：双脚八字步或丁字步，双手相握或右手在前、左手在后，二手相叠放于腹前，手指伸直但不要外翘。上身正直、头正目平、腰直肩平、双臂自然下垂、挺胸收腹、两腿站直、肌肉略有收缩感、微收下颌，面带微笑。

（2）男士前腹式站姿：要求与女士前腹式站姿的区别在于手部与脚部。男性左手握住右手腕部，双腿均匀用力，双脚跨立部。

（三）双手背后式站姿

这是男士较为常用站姿。要领是：挺胸收腹，双脚稍分开且平行，双脚间距离比肩宽稍窄些，两手在身后交叉，右手搭在左手腕部，两手心向上收。

二、坐姿

俗话说“坐有坐相”，正确的坐姿不仅能给人以端庄安详之感，还会给客户传达稳重、坚实之意。

（一）标准坐姿

（1）入座时要轻要稳，从座位的左边入左边出，上身挺直或稍向前倾，双肩放平，下颌微收，眼睛平视前方，表情平和，面带微笑，一般坐于座位的1/2或1/3处。

（2）女性入座时，若着裙装，落座前需用手将裙子向前拢一下。落座后两腿并拢，两脚向同侧倾斜，可将右手搭在左手上轻放于腿面。

（3）男性入座后双手掌心向下，自然地放在膝上，也可放在椅子或沙发的扶手上，两腿分开，与肩同宽。

（4）起身时，右脚向后收半步，向后站立。同样，女性起身时，若穿着裙装，应用手将裙子稍拢一下，以保持平衡。

无论是沙发或是座椅，落座时均不宜将座位坐满，落座后上身需保持挺拔，不宜向前弯曲，不宜跷二郎腿、抖动双腿或东张西望。

（二）常见的几种变化坐姿

（1）标准坐姿（正襟危坐式坐姿）：上身与大腿、大腿与小腿，小腿与地面，都应保持直角，双膝、双脚并拢。

（2）双腿斜放式坐姿（侧点式坐姿）：双膝完全并拢，然后双脚向左或向右斜放，力求使斜放后的腿部与地面成 45° 角。

（3）双腿叠放式坐姿：两条腿在大腿部分一上一下叠放，小腿相靠并在一起斜向身体一侧，叠放后与地面成 45° 角。

（4）双脚内收式坐姿：两大腿首先并拢，双膝略打开，两条小腿分开后向内侧屈回。

（5）前伸后屈式坐姿：双腿适度并拢，左腿向前伸出，右腿屈后，两脚脚掌着地，双脚前后要保持在一条直线上。

（6）双脚交叉式坐姿：双膝并拢，双脚在脚踝处交叉。交叉后的双脚可内收，可斜放，但不可向前方直伸过去。

三、手势

规范的手势是手掌伸直、手指并拢、拇指自然分开、掌心斜向上方，腕关节伸直，手与前臂形成直线，以肘关节为轴，自然弯曲，大小臂的弯曲以 140° 左右为宜。做手势时要配合眼神、微笑和其他姿态，使手势显得协调大方，同时忌用手指指人。

1. 办理业务常用手势

（1）叫号手势：左手自然平放，右手在身体左前方 45° 处举起，手心朝向前方，五指并拢，前臂向上弯曲成 90°。保持该姿势 5 秒左右等待客户走近。如无客户应答，请重复叫号和举手动作，仍无客户应答，可视为过号，接下一位客户。

（2）示意入座手势：在站立姿势的基础上，身体微微前倾 15°，右手伸出，五指并拢，手心微微向上，引导客户坐下，并配合礼貌用语。

（3）签字或阅读手势：对于签字或阅读指示时，要求手部姿势是四指并拢，拇指微微张开，掌心微微向上，手指指尖指向客户签字的区域，面带微笑，并配有热情亲切的语言。

2. 介绍来宾、引导客人时常用手势

（1）直臂式。需要给宾客指方向时或做“请往前走”手势时，采用直臂式，其动作要领是：将右手由前抬到与肩同高的位置，前臂伸直，用手指向来宾要去的方向。一般男士使用这个动作较多。注意指引方向，不可用一根手指指

出，显得不礼貌。

（2）斜臂式。（斜摆式）请来宾入座做“请坐”手势时，手势应摆向座位的地方。手要先从身体的一侧抬起，到高于腰部后，再向下摆去，使大小臂成一斜线。其动作要领是：一只手由前抬起，从上向下摆动到距身体45°处，手臂向下形成一斜线。

（3）曲臂式。当一只手拿东西，同时又要做出“请”的动作或指示方向时采用曲臂式。以右手为例，从身体的右侧前方，由下向上抬起，至上臂离开身体45°的高度时，以肘关节为轴，手臂由体侧向体前的左侧摆动，距离身体20厘米处停住；掌心向上，手指尖指向左方，头部随客人由右转向左方，面带微笑。

四、走姿

正确的走姿应从容、平稳、直线，上身基本保持站立的标准姿势，挺胸收腹，腰背笔直，两臂以身体为中心，前后自然摆动，前摆约35°，后摆约15°，掌心向内，起步时身子稍向前倾，重心落在前脚掌，膝部伸直，脚尖向正前方伸出，跨步均匀，两脚之间相距一只脚到一只半脚，步伐稳健，步履自然，行走时双脚踩在一条线上。

五、蹲姿

蹲姿是由站立的姿势转变为两脚弯曲和身体高度下降的姿势。银行从业人员在日常生活和工作中低处取物品或捡拾地上东西时，必须要注意采取正确的蹲姿。

蹲姿的基本要领是：站在所取物品的旁边，屈膝蹲下去拿，而不宜低头，也不宜弓背，要慢慢地使腰部降低；两腿合力支撑身体，掌握好身体的重心，臀部向下。

（1）交叉式蹲姿，这是女士蹲姿。下蹲时右脚在前，左脚在后，右小腿垂直于地面，全脚着地。左腿在后与右腿交叉重叠，左膝由后面伸向右侧，左脚跟抬起；脚掌着地两腿前后靠紧，合力支撑身体。臀部向下，上身稍前倾。

（2）高低式蹲姿，男女通用。下蹲时左脚在前，右脚稍后（不重叠），两腿靠紧向下蹲。左脚全脚着地，小腿基本垂直于地面，右脚脚跟提起，脚掌着地。右膝低于左膝，左膝内侧靠于右小腿内侧，形成左膝高右膝低的姿势。臀部向下，基本上以右腿支撑身体。男士选用这种蹲姿时，两腿之间可有适当距离。

六、鞠姿

鞠躬既适合于庄严肃穆或喜庆欢乐的场合，又适合于一般的社交场合。随着社会文明水平的提高，鞠躬礼在人们的生活社交、商业服务中的使用越来越频繁，深深地表达对他人的敬意和感激之情鞠躬时必须伸直腰、脚跟靠拢、双脚尖处微微分开，目视对方，男性双手放在身体两侧，女性双手合起放在身体前面，然后将伸直的腰背，由腰开始的上身向前弯曲，弯曲 15° 为宜。

鞠躬分为 15° 鞠躬、30° 鞠躬、45° 鞠躬、90° 鞠躬。度数越大代表越尊重。15° 鞠躬，主要用于问候、倾听；30° 鞠躬，常用在向对方表示感谢的时候，如谢谢您配合、谢谢您光临、请慢走等；45° 鞠躬，在致歉的时候使用；90° 鞠躬，一般情况下不用，除非表示特别尊重或十分愧疚。

七、微笑

微笑是服务人员在工作岗位上的一种标准表情，应是发自内心的微笑，笑得真诚、适度、合时宜。在微笑前要放松自己的面部肌肉，使自己的嘴角微微向上扬起，让嘴唇略呈弧形。

第一步：用上下两颗门牙轻轻咬住筷子，看看自己的嘴角是否已经高于筷子。

第二步：继续咬着筷子，嘴角最大限度地上扬，也可以用双手手指按住嘴角向上推，上扬到最大限度。

第三步：保持上一步的状态，拿下筷子，这时的嘴角就是微笑的基本脸型，能够看到上排 8 颗牙齿就可以了。

第四步：轻轻咬住筷子，发出“yi”的声音，同时嘴角向上向下反复运动，持续 30 秒。

第五步：拿掉筷子，察看自己微笑时基本表情。双手托住两颊从下向上推，并发出声音反复数次。

第六步：放下双手，同上一个步骤一样数“1、2、3、4”，也要发出声音，重复 30 秒结束。

【课堂活动】

请学生进行模拟演示，并相互评价其站姿、坐姿、走姿、手势等是否符合银行柜员的职业要求。

模块 3　商业银行从业人员语言与称呼礼仪

一、商业银行从业人员语言礼仪

银行服务语言是银行从业人员最重要的基本功。在与顾客打交道的过程中，如何使用银行服务语言，让顾客满意是银行从业人员必须掌握的礼仪规范。

（一）用语原则

（1）工作中要使用普通话；在向客人介绍业务时，尽量避免使用专业词语，令客户不易理解。

（2）自觉使用“请、您好、谢谢、对不起、再见”10 字文明用语。

（3）在与客户交谈中，要准确、简洁、清楚、表达明白，说话要有轻重缓急，讲求顺序，语调平稳轻柔，速度适中。言谈应得体，做到善解人意、善于倾听，懂得赞美，宽以待人、永不争论。在需要表明自己的观点时，应采取谦恭、委婉的方法表达自己的意思。

（4）言辞讲究，应做到言必有礼、言必有据、言必有情、言必有度。言谈要与自己的身份和授权状况相适应，掌握分寸。

（二）基本礼貌用语

（1）问候用语。问候用语用于见面时的问候，标准式问候用语的常规做法是：在问好之前，加上适当的人称代词，或者其他尊称。例如，“你好”“您好”“大家好”等。

（2）迎客用语。迎客用语一般指在服务岗位上迎来送往服务对象时使用的语言。如“欢迎光临”“再见”“欢迎再来”“请慢走”等，同时还可以施以注目、点头、微笑、鞠躬等。

（3）请托用语。请托用语通常指的是在请求他人帮忙或是托付他人代劳时，照例应当使用的专项用语。在工作岗位上，任何服务人员都免不了可能会有求于人。在向客人提出某项具体要求或请求时，都要加上一个“请”字。

（4）道歉用语。在工作中主客观原因导致差错、延误或者考虑不周时，应诚恳致歉。如“对不起”“对不起，设备线路出现故障，请稍等”“今天比较忙，耽误了您的时间”“对不起，让您久等了”等。对客户报以歉意，让客户感受到我们的诚意，取得同情和谅解。

（三）服务忌语

在服务中我们必须杜绝以下四类服务忌语。

（1）不尊重之语。服务过程中，任何对服务对象缺乏尊重的语言，均不得使用。如面对残疾人时，切忌使用“残废”“瞎子”“聋子”等词。对体胖之人的“肥”，个矮之人的“矮”，都是不尊重的。

（2）不友好之语。不友好之语即不够友善，甚至满怀敌意的语言。例如，鄙视的语言、粗暴的语言或者对抗的语言等都是不友好的语言，这既有悖于职业道德，又有可能无事生非，或者进一步扩大事端。

（3）不耐烦之语。在服务工作中要表现出应有的热情与足够的耐心，要努力做到有问必答，答必尽心；百问不烦，百答不厌；不分对象，始终如一。假如使用了不耐烦之语，不论自己的初衷是什么，都是属于违反服务精神的。

（4）不客气之语。在工作中，要坚持使用文明礼貌的语言，不客气的话坚决不能说。如在劝阻服务对象不要动手乱摸乱碰时，不能够说“别乱动”“弄坏了你得赔”等。

二、商业银行从业人员称呼礼仪

商业银行从业人员所接触的服务对象包括各界人士，由于彼此双方的关系、年龄、性别、身份、地位、民族等存在差异，因此在具体称呼服务对象时最好有所区别。

（一）职务性称呼

职务性称呼是指以交往对象的职务相称，以示身份有别、敬意有加，这是一种最常见的称呼。职务性称呼通常有三种情况：称职务、在职务前加上姓氏、在职务前加上姓名，适用于极其正式的场合，如“副主任”“王经理”“李某某科长”等。

（二）职称性称呼

对于具有职称者，尤其是具有高级、中级职称者，在工作中直接以其职称相称。称职称时可以只称职称，如“教授”；也可在职称前加上姓氏，如“方教授”；

或者在职称前加上姓名，如“方某某教授”，这适用于十分正式的场合。

（三）行业性称呼

在工作中，有时可按行业进行称呼。对于从事某些特定行业的人，可直接称呼对方的职业，如老师、医生、会计、律师等，也可以在职业前加上姓氏、姓名。

（四）性别性称呼

对于从事商业、服务性行业的人，一般约定俗成地按性别的不同分别称呼“小姐”“女士”“先生”，“小姐”是称未婚女性，“女士”是称已婚女性。

（五）姓名性称呼

在工作岗位上称呼姓名，一般限于同事、熟人之间。有三种情况：可以直呼其名；只呼其姓，但要在姓前加上“老、大、小”等前缀；只称其名，不呼其姓，通常限于同性之间，尤其是上司称呼下级、长辈称呼晚辈，在亲友、同学、邻里之间，也可使用这种称呼。

小贴士

银行柜面规范服务用语

（1）接听客户电话时，主动自我介绍：“您好，××银行。”交谈结束应说“再见”，待对方挂机后再放电话。

（2）给客户打电话时，主动表明身份：“您好，我是××银行××支行（网点）。”

（3）接待客户时使用“您好，请问您办理什么业务”或“您好，请问有什么事我可以帮忙吗”。

（4）客户办理需提供相关证明、资料的业务时，应说：“对不起，请您出示××资料（证件）。”

（5）客户提供的资料不全时，应说：“对不起，根据规定，办理这项业务需要提供××资料，这次让您白跑一趟真是抱歉！”

（6）客户办理的业务需相关部门或人员签字时，应说：“对不起，根据规定这笔业务需要××部门（人员）签字，麻烦您去办理签字手续。”

（7）客户进行咨询，若询问的内容自己不太清楚（或不能处理），应说：“对不起，请稍候，待我请示一下负责人。”

（8）客户的要求与国家政策、银行规定相悖时，应说：“非常抱歉，根据规定我不能为您办理这项业务，希望您能谅解。”

（9）临时出现设备故障，应说：“请原谅，计算机线路暂时出现故障，我们在尽快排除，请稍候。”

（10）收到客户的投诉、建议时，应说：“非常感谢您对我们的工作提出宝贵意见，请您留下姓名和电话号码，我们处理后尽快与您联系。”

【课堂活动】

一位老年客户来到某商业银行办理存款业务，请学生模拟银行大堂经理和银行柜员接待过程。

模块4　商业银行从业人员接待与拜访礼仪

一、商业银行从业人员接待礼仪

（一）助臂服务

下台阶或过光滑地面时，应对老者、行动不便的人或孕妇予以助臂。助臂一般只是轻扶肘部，以左手扶客户右臂。

（二）递送物品

在递送物品时，以双手递物为佳，不方便双手并用时，也要采用右手；将有文字的物品递交他人时，须使之正面朝向客户；将带尖、带刃或其他易于伤人的物品递于他人时，切勿以尖、刃直指对方；递给客户的物品，以直接交到客户手中为好。服务人员在递物于客户时，应为客户留出便于接取物品的地方。

（三）接递名片

互换名片时，先用双手将自己的名片递上，文字正面朝向对方，上身成15°鞠躬状态递给对方，后双手接过对方名片。接过名片仔细浏览后，将其慎重地放在合适的地方，不可随意乱放或拿在手中玩弄。

（四）上下楼梯

上下楼梯时，如果是单独行走，一般来讲，要靠自己的右手边走。如果引导客户上楼，银行从业人员应该走在客户左手的后方。当引导客户下楼的时候，应该走在客户的左手前方。

（五）接电话

在电话铃声三声内拿起话筒，面带微笑自报家门，然后再询问对方来电的意图等。在交流过程中要认真理解对方意图，并对对方的谈话做必要的重复和附和，以示对对方的积极反馈。电话内容讲完后，应等对方结束谈话再以“再见”为结束语，在对方放下话筒之后，自己再轻轻放下，以示对对方的尊敬。并且，在接听电话过程中应备有电话记录本，做好电话记录。

（六）奉茶

奉茶时应注意依季节选择合适的茶，尽可能让客户选择，茶水的温度以 80°为宜，注意入量为茶杯容量的六至七成。奉茶给客户时，勿以手指拿捏杯缘，两杯以上时宜使用托盘端茶。奉茶时应注意先后顺序：先给主宾及其同事奉茶，再给本单位的人员奉茶。当空间不便时，依顺时针方向把茶水端给客户，最后是本单位人员。

二、商业银行从业人员拜访礼仪

银行从业人员在拜访他人时，必须谨记以下几个基本要求。

（一）预约在先

拜访客户前，一定要提前与客户约好拜访时间。如果没有与客户约好拜访时间，就直接登门拜访，那是对客户的一种不尊重和非常鲁莽的行为。在与客户约定时间时，要以客户的时间为准，要在客户方便的时候拜访，这样既可以充分体现出对客户的尊重，也会在未见面时就先给客户留下较好的印象。

（二）精心准备

与客户会面前准备好拜访谈话中可能涉及的资料和名片，并确认资料摆放的顺序在出示时是否方便，它能令拜访者在客户面前表现自如。

（三）形象修饰

拜访者的衣着要大方得体，要体现出良好的精神风貌。特别需要强调的是对头发的修饰：不要让刘海遮住眼睛，最好用发胶稍微将其固定一下；切忌用手玩弄发丝，否则会给客户留下不稳重的印象。

（四）珍惜时间

一般来说，拜访者应该提前 10~60 分钟抵达拜访地点。如果拜访者到达拜访地点的时间较早，拜访者可以先熟悉一下周围环境，缓解一下紧张情绪，同时整理自己的形象，回顾拜访措辞。拜访者适宜在约定时间前 15 分钟左右的时间内给客户去电话，表示自己已经到达拜访地点，等待客户的会见。千万不要迟到，因为没有人愿意与不守时的人进行交易。

（五）出入房间

进房间前无论门开着还是关着，都要先敲门，得到允许后再入内。敲门时，每次敲2~3下，每隔3~5秒敲一次。道别后出房间时应面向客户，礼貌地倒退两步，轻轻把门关上。

有形、规范、系统的银行服务礼仪，不仅可以树立银行从业人员自身和企业良好的形象，更可以塑造受客户欢迎的服务规范和服务技巧，能让服务人员在和客户交往中赢得理解、好感和信任。所以，作为银行从业人员来说，学习和运用服务礼仪，已不仅仅是提升自身形象的需要，更是提高双效益、提升竞争力的需要。

【课堂活动】

张女士办理 5 万元取款业务，这笔业务涉及填写凭证，出示身份证等相关有效证件，请学生模拟银行柜员身份演示接待过程。

知识巩固练习

一、不定项选择题

1. 商业银行服务素质包括（　　）。

A. 专业态度　　B. 专业技巧　　C. 专业知识　　D. 专业形象

E. 专业语言

2. 在商业银行服务客户时，客户不喜欢的服务态度分为（　　）。

A. 漠视顾客型、专业素质缺乏型、自我调节能力低下型

B. 漠视顾客型、专业素质缺乏型

C. 冷漠、清高、粗心

D. 专业素质缺乏型、自我调节能力低下型

3. 商业银行的男性工作人员要特别注意自己的（　　）。

A. 发型和制服　　B. 发型　　C. 制服　　D. 以上都不对

4. 在商业银行服务时与客户保持适度的距离，其服务距离是（　　）。

A. 左前方 1.5 米左右　　B. 1~3 米

C. 0.5~1 米　　D. 3 米之外

5. 在商业银行优质服务中，平息客户抱怨的有效技巧是（　　）。

A. 交给上级领导处理

B. 不与客户争辩，让客户讲完，不要急于反驳

C. 推卸责任，“这不是我的工作”“这种事有其他人负责”

D. 除了问题之外，找出共同话题，让客户感受轻松

二、判断题

1. 蹲姿要领：站在所取物品的旁边，屈膝蹲下去拿，而不宜低头，也不宜弓背，要慢慢地使腰部降低；两腿合力支撑身体，掌握好身体的重心，臀部向下。（　　）

2. 在与客户约定时间时，要以客户的时间为准，要在客户方便的时候拜访，这样既可以充分体现出对客户的尊重，也会在未见面时就先给客户留下较好的印象。（　　）

3. 在递送物品时，以双手递物为佳，不方便双手并用时，也要采用左手。（　　）

4. 引导客户上楼的时候，银行从业人员应该走在客户右手的后方。当引导客户下楼的时候，应该走在客户的右手前方。（　　）

5. 在向客人提出某项具体要求或请求时，都要加上一个“请”字。（　　）

三、实训题

1. 为满足商业银行从业人员仪容仪表礼仪要求，请学生以小组为单位，采取互帮互助的方式，按照要求修饰头发、装扮仪容以及整理服装。

2. 请学生模拟一位先生到银行办理定期储蓄存款提前支取手续（按规定要出示身份证），由于银行客户很多，这位先生等候了 15 多分钟才轮到他办理业务，非常焦急，请学生模拟银行柜员为他办理业务。

参考文献

[1] 杨则文，吴娜．商业银行综合柜台业务［M］．3版．北京：中国财政经济出版社，2019.

[2] 董瑞丽．商业银行综合柜台业务［M］．4版．北京：中国金融出版社，2021.

[3] 王梅．商业银行模拟实训教程［M］．北京：中国金融出版社，2019.

[4] 武飞．商业银行信贷业务［M］．2版．北京：中国人民大学出版社，2014.

[5] 马文怡，达之玢．基于业务架构的商业银行合作方分类方法研究［J］．中国金融电脑，2021(4)：51-55.

[6] 孙岩．基于虚拟化平台的省级集中式同城系统建设及成效［J］．金融科技时代，2021，29(1)：44-47.

[7] 吕浩．大数据时代下信息在商业银行营销中的应用综述［J］．现代商业，2016(3)：44-45.

[8] 张春梅．关于提升银行柜员服务水平的思考［J］．经济研究导刊，2013(5)：98-99.

[9] 中国农村金融编写组．柜员转型："小窗口"的"大改革"：农信柜员管理与转型之道［J］．中国农村金融，2020(14)：96.